I0576186

www.ingramcontent.com/pod-product-compliance
Lightning Source LLC
Chambersburg PA
CBHW020646110726
47901CB00001B/68
9781588141606

دیوان حافظ

دیوان حافظ

براساس نسخه‌ای به تصحیح
علامه محمد قزوینی و دکتر قاسم غنی

Ibex Publishers,
Bethesda, Maryland

دیوان حافظ شیرازی
به اهتمام محمد قزوینی و قاسم غنی

The Complete Ghazals of Hafez [Persian Language]
by Shamseddin Hafez of Shiraz
Edited by Mohammad Ghazvini and Ghassem Ghani

Copyright © 2018 Ibex Publishers

ISBN 978-1-58814-160-6

Library of Congress Control Number: 2017956840

Manufactured in the United States of America

The paper used in this book meets the minimum requirements of the American National Standard for Information Services—Permanence of Paper for Printed Library Materials, ANSI Z39.48–1984

Ibex Publishers strives to create books which are as complete and free of errors as possible. Please help us with future editions by reporting any errors or suggestions for improvement to the address below, or corrections@ibexpub.com

Ibex Publishers, Inc.
Post Office Box 30087
Bethesda, Maryland 20824
Telephone: 301–718–8188
Facsimile: 301–907–8707
www.ibexpublishers.com

غزل ۱

الا یـا ایهـا السـاقی ادر کاسـا و ناولهـا

که عشـق آسـان نمود اول ولی افتاد مشـکل‌ها

بـه بوی نافـه‌ای کاخر صبـا زان طره بگشـاید

ز تاب جعد مشـکینش چه خـون افتاد در دل‌ها

مـرا در منزل جانان چه امـن عیش چون هر دم

جـرس فریاد مـی‌دارد کـه بربندیـد محمل‌ها

به می سـجاده رنگین کن گـرت پیر مغان گوید

کـه سـالک بی‌خبر نبـود ز راه و رسـم منزل‌ها

شـب تاریک و بیم موج و گردابـی چنین هایل

کجـا داننـد حـال مـا سبکباران ساحل‌ها

همـه کارم ز خـود کامی به بدنامی کشـید آخر

نهـان کی مانـد آن رازی کز او سـازند محفل‌ها

حضوری گر همی‌خواهی از او غایب مشو حافظ

متـی ما تلـق مـن تهـوی دع الدنیـا و اهملها

غزل ۲

صـلاح کـار کجـا و مـن خـراب کجـا

ببیـن تفـاوت ره کـز کجاسـت تـا بـه کجـا

دلـم ز صومعـه بگرفـت و خرقـه سـالوس

کجاسـت دیـر مغـان و شـراب نـاب کجـا

چه نسـبت اسـت به رنـدی صلاح و تقوا را

سـماع وعـظ کجـا نغمـه ربـاب کجـا

ز روی دوسـت دل دشـمنان چـه دریابـد

چـراغ مـرده کجـا شـمع آفتـاب کجـا

چـو کحـل بینـش مـا خاک آسـتان شماسـت

کجـا رویـم بفرمـا از ایـن جنـاب کجـا

مبیـن به سـیب زنخدان کـه چاه در راه اسـت

کجـا همـی‌روی ای دل بدیـن شـتاب کجـا

بشـد کـه یـاد خوشـش بـاد روزگار وصـال

خـود آن کرشـمه کجـا رفـت و آن عتاب کجـا

قـرار و خـواب ز حافظ طمع مدار ای دوسـت

قـرار چیسـت صبـوری کـدام و خـواب کجـا

غزل ۳

اگـر آن تـرک شـیرازی به دسـت آرد دل ما را

به خـال هندویـش بخشـم سـمرقند و بخارا را

بده سـاقی می باقی کـه در جنت نخواهی یافت

کنـار آب رکـن آبـاد و گلگشـت مصـلا را

فغان کاین لولیان شوخ شـیرین کار شهرآشوب

چنان بردند صبـر از دل که ترکان خوان یغما را

ز عشـق ناتمـام ما جمال یار مسـتغنی اسـت

به آب و رنگ و خال و خط چه حاجت روی زیبا را

من از آن حسن روزافزون که یوسف داشت دانستم

که عشـق از پـرده عصمت بـرون آرد زلیخا را

اگـر دشـنام فرمایـی و گـر نفرین دعـا گویم

جـواب تلـخ می‌زیبـد لـب لعـل شـکرخا را

نصیحت گوش کن جانا که از جان دوست‌تر دارند

جوانـان سـعادتمند پنـد پیـر دانـا را

حدیـث از مطرب و می گو و راز دهر کمتر جو

که کس نگشود و نگشاید به حکمت این معما را

غزل گفتی و در سفتی بیا و خوش بخوان حافظ

کـه بـر نظـم تـو افشـاند فلـک عقد ثریـا را

غزل ۴

صبا به لطف بگو آن غزال رعنا را
که سر به کوه و بیابان تو داده‌ای ما را

شکرفروش که عمرش دراز باد چرا
تفقدی نکند طوطی شکرخا را

غرور حسنت اجازت مگر نداد ای گل
که پرسشی نکنی عندلیب شیدا را

به خلق و لطف توان کرد صید اهل نظر
به بند و دام نگیرند مرغ دانا را

ندانم از چه سبب رنگ آشنایی نیست
سهی قدان سیه چشم ماه سیما را

چو با حبیب نشینی و باده پیمایی
به یاد دار محبان بادپیما را

جز این قدر نتوان گفت در جمال تو عیب
که وضع مهر و وفا نیست روی زیبا را

در آسمان نه عجب گر به گفته حافظ
سرود زهره به رقص آورد مسیحا را

غزل ۵

دل می‌رود ز دستم صاحب دلان خدا را
دردا که راز پنهان خواهد شد آشکارا
کشتی شکستگانیم ای باد شرطه برخیز
باشد که بازبینیم دیدار آشنا را
ده روزه مهر گردون افسانه است و افسون
نیکی به جای یاران فرصت شمار یارا
در حلقه گل و مل خوش خواند دوش بلبل
هات الصبوح هبوا یا ایها السکارا
ای صاحب کرامت شکرانه سلامت
روزی تفقدی کن درویش بی‌نوا را
آسایش دو گیتی تفسیر این دو حرف است
با دوستان مروت با دشمنان مدارا
در کوی نیک نامی ما را گذر ندادند
گر تو نمی‌پسندی تغییر کن قضا را
آن تلخ وش که صوفی ام الخبائث خواند
اشهی لنا و احلی من قبله العذارا
هنگام تنگدستی در عیش کوش و مستی
کاین کیمیای هستی قارون کند گدا را
سرکش مشو که چون شمع از غیرتت بسوزد
دلبر که در کف او موم است سنگ خارا
آیینه سکندر جام می است بنگر
تا بر تو عرضه دارد احوال ملک دارا
خوبان پارسی گو بخشندگان عمرند
ساقی بده بشارت رندان پارسا را
حافظ به خود نپوشید این خرقه می آلود
ای شیخ پاکدامن معذور دار ما را

غزل ۶

بــه ملازمــان ســلطان کــه رسـاند ایــن دعا را

کــه بــه شــکر پادشــاهی ز نظـر مران گـدا را

ز رقیــب دیوسـیرت بــه خـدای خــود پناهم

مگــر آن شـهاب ثاقـب مــددی دهد خـدا را

مــژه سـیاهت ار کــرد بــه خــون ما اشــارت

ز فریــب او بیندیــش و غلــط مکــن نــگارا

دل عالمــی بســوزی چــو عــذار برفروزی

تــو از ایــن چــه ســود داری که نمی‌کنــی مدارا

همه شــب در ایـن امیدم که نسـیم صبحگاهی

بــه پیــام آشــنایان بنــوازد آشــنا را

چه قیامت اسـت جانـا که به عاشــقان نمودی

دل و جــان فــدای رویــت بنمـا عــذار مـا را

به خدا کــه جرعه‌ای ده تو به حافظ ســحرخیز

کــه دعـای صبحگاهـی اثـری کند شــما را

غزل ۷

صوفـی بیـا کـه آینـه صافیسـت جـام را

تـا بنگـری صفـای مـی لعـل فـام را

راز درون پـرده ز رنـدان مسـت پـرس

کایـن حـال نیسـت زاهـد عالـی مقـام را

عنقـا شـکار کـس نشـود دام بازچیـن

کان جـا همیشـه بـاد به دسـت اسـت دام را

در بـزم دور یـک دو قـدح درکـش و بـرو

یعنـی طمـع مـدار وصـال دوام را

ای دل شباب رفت و نچیدی گلـی ز عیش

پیرانـه سـر مکـن هنـری ننـگ و نـام را

در عیـش نقد کـوش که چـون آبخـور نماند

آدم بهشـت روضـه دارالسـلام را

مـا را بـر آسـتان تو بـس حق خدمت اسـت

ای خواجـه بازبیـن بـه ترحـم غـلام را

حافـظ مریـد جـام مـی اسـت ای صبا برو

وز بنـده بندگـی برسـان شـیخ جـام را

غزل ۸

ساقیا برخیز و درده جام را
خاک بر سر کن غم ایام را
ساغر می بر کفم نه تا ز بر
برکشم این دلق ازرق فام را
گر چه بدنامیست نزد عاقلان
ما نمی‌خواهیم ننگ و نام را
باده درده چند از این باد غرور
خاک بر سر نفس نافرجام را
دودِ آه سینه نالان من
سوخت این افسردگان خام را
محرم راز دل شیدای خود
کس نمی‌بینم ز خاص و عام را
با دلارامی مرا خاطر خوش است
کز دلم یک باره برد آرام را
ننگرد دیگر به سرو اندر چمن
هر که دید آن سرو سیم اندام را
صبر کن حافظ به سختی روز و شب
عاقبت روزی بیابی کام را

غزل ۹

رونـق عهـد شبـاب اسـت دگـر بسـتان را

می‌رسـد مـژده گل بلبـل خـوش الحـان را

ای صبـا گـر بـه جوانـان چمـن بازرسـی

خدمـت مـا برسـان سـرو و گل و ریحـان را

گـر چنیـن جلـوه کنـد مغبچـه بـاده فروش

خاکـروب در میخانـه کنـم مـژگان را

ای کـه بـر مـه کشـی از عنبـر سـارا چـوگان

مضطـرب حـال مگـردان مـن سـرگردان را

تـرسـم ایـن قوم کـه بـر دردکشـان می‌خندند

در سـر کار خرابـات کننـد ایمـان را

یـار مـردان خـدا بـاش کـه در کشـتی نوح

هسـت خاکـی کـه به آبـی نخـرد طوفـان را

بـرو از خانـه گـردون بـه در و نـان مطلـب

کان سـیه کاسـه در آخـر بکشـد مهمـان را

هـر کـه را خوابگـه آخـر مشـتی خاک اسـت

گـو چه حاجـت کـه به افلاک کشـی ایـوان را

مـاه کنعانـی مـن مسـند مصـر آن تـو شـد

وقـت آن اسـت کـه بـدرود کنـی زنـدان را

حافظـا می خور و رندی کن و خوش باش ولی

دام تزویـر مکـن چـون دگـران قـرآن را

زل ۱۰

دوش از مسجد سوی میخانه آمد پیر ما

چیست یاران طریقت بعد از این تدبیر ما

ما مریدان روی سوی قبله چون آریم چون

روی سوی خانه خمار دارد پیر ما

در خرابات طریقت ما به هم منزل شویم

کاین چنین رفته‌ست در عهد ازل تقدیر ما

عقل اگر داند که دل دربند زلفش چون خوش است

عاقلان دیوانه گردند از پی زنجیر ما

روی خوبت آیتی از لطف بر ما کشف کرد

زان زمان جز لطف و خوبی نیست در تفسیر ما

با دل سنگینت آیا هیچ درگیرد شبی

آه آتشناک و سوز سینه شبگیر ما

تیر آه ما ز گردون بگذرد حافظ خموش

رحم کن بر جان خود پرهیز کن از تیر ما

غزل ۱۱

سـاقی بـه نـور بـاده برافـروز جـام مـا
مطـرب بگـو کـه کار جهـان شـد بـه کام ما

مـا در پیالـه عکـس رخ یـار دیدهایـم
ای بیخبـر ز لـذت شـرب مـدام مـا

هرگـز نمیـرد آن کـه دلش زنده شـد بـه عشـق
ثبـت اسـت بـر جریـده عالـم دوام مـا

چنـدان بـود کرشـمه و نـاز سهی قـدان
کایـد بـه جلـوه سـرو صنوبرخـرام مـا

ای بـاد اگـر بـه گلشـن احبـاب بگـذری
زنهـار عرضـه ده بـر جانان پیـام مـا

گـو نـام مـا ز یـاد بـه عمـدا چـه میبـری
خـود آیـد آن کـه یـاد نیـاری ز نـام مـا

مسـتی به چشـم شـاهد دلبند ما خوش اسـت
زان رو سپردهاند بـه مسـتی زمـام مـا

ترسـم کـه صرفـهای نبـرد روز بازخواسـت
نـان حـلال شـیخ ز آب حـرام مـا

حافـظ ز دیـده دانـه اشـکی همیفشـان
باشـد کـه مـرغ وصـل کنـد قصد دام مـا

دریـای اخضـر فلـک و کشـتی هـلال
هسـتند غـرق نعمـت حاجـی قـوام مـا

غزل ۱۲

ای فـروغ مـاه حسـن از روی رخشـان شـما
آب روی خـوبـی از چـاه زنخـدان شـما

عـزم دیـدار تـو دارد جـان بـر لـب آمـده
بازگـردد یـا بـرآیـد چیسـت فرمـان شـما

کـس بـه دور نرگسـت طرفـی نبسـت از عافیت
بـه کـه نفروشـند مسـتوری بـه مسـتان شـما

بخـت خـواب آلود مـا بیـدار خواهـد شـد مگر
زان کـه زد بـر دیـده آبـی روی رخشـان شـما

بـا صبا همـراه بفرسـت از رخـت گلدسـته‌ای
بـو کـه بویـی بشـنویم از خـاک بسـتان شـما

عمرتــان بـاد و مـراد ای سـاقیان بـزم جـم
گـر چـه جـام مـا نشـد پرمی بـه دوران شـما

دل خرابـی مـی‌کنـد دلـدار را آگـه کنیـد
زینهـار ای دوسـتان جـان مـن و جـان شـما

کی دهد دسـت این غرض یا رب کـه همدسـتان شوند
خاطـر مجمـوع مـا زلـف پریشـان شـما

دور دار از خـاک و خون دامن چو بر مـا بگذری
کانـدر ایـن ره کشـته بسـیارند قربـان شـما

ای صبـا بـا سـاکنان شـهر یـزد از مـا بگـو
کای سـر حق ناشناسـان گـوی چوگان شـما

گر چـه دوریـم از بسـاط قرب همـت دور نیسـت
بنـده شـاه شـماییم و ثناخـوان شـما

ای شهنشـاه بلنداختـر خـدا را همتـی
تـا ببوسـم همچـو اختـر خـاک ایوان شـما

مـی‌کنـد حافـظ دعایـی بشـنو آمینـی بگـو
روزی مـا بـاد لعـل شکرافشـان شـما

غزل ۱۳

می‌دمد صبح و کله بست سحاب

الصبوح الصبوح یا اصحاب

می‌چکد ژاله بر رخ لاله

المدام المدام یا احباب

می‌وزد از چمن نسیم بهشت

هان بنوشید دم به دم می ناب

تخت زمرد زده است گل به چمن

راح چون لعل آتشین دریاب

در میخانه بسته‌اند دگر

افتتح یا مفتح الابواب

لب و دندانت را حقوق نمک

هست بر جان و سینه‌های کباب

این چنین موسمی عجب باشد

که ببندند میکده به شتاب

بر رخ ساقی پری پیکر

همچو حافظ بنوش باده ناب

غزل ۱۴

گفتم ای سلطان خوبان رحم کن بر این غریب

گفت در دنبال دل ره گم کند مسکین غریب

گفتمش مگذر زمانی گفت معذورم بدار

خانه پروردی چه تاب آرد غم چندین غریب

خفته بر سنجاب شاهی نازنینی را چه غم

گر ز خار و خاره سازد بستر و بالین غریب

ای که در زنجیر زلفت جای چندین آشناست

خوش فتاد آن خال مشکین بر رخ رنگین غریب

می‌نماید عکس می در رنگ روی مه وشت

همچو برگ ارغوان بر صفحه نسرین غریب

بس غریب افتاده است آن مور خط گرد رخت

گر چه نبود در نگارستان خط مشکین غریب

گفتم ای شام غریبان طره شبرنگ تو

در سحرگاهان حذر کن چون بنالد این غریب

گفت حافظ آشنایان در مقام حیرتند

دور نبود گر نشیند خسته و مسکین غریب

غزل ۱۵

ای شــاهد قدســی کــه کشــد بنــد نقابت

و ای مــرغ بهشــتی کــه دهــد دانــه و آبت

خوابــم بشــد از دیــده در این فکر جگرســوز

کاغــوش کــه شــد منــزل آســایش و خوابت

درویــش نمی‌پرســی و ترســم کــه نباشــد

اندیشــه آمــرزش و پــروای ثوابت

راه دل عشــاق زد آن چشــم خماری

پیداست از این شــیوه که مســت است شرابت

تیــری کــه زدی بــر دلــم از غمزه خطــا رفت

تــا بــاز چــه اندیشــه کند رای صوابت

هــر نالــه و فریــاد کــه کــردم نشــنیدی

پیداست نــگارا کــه بلنــد اســت جنابت

دور اســت ســر آب از ایــن بادیــه هــش دار

تــا غــول بیابــان نفریبــد بــه ســرابت

تــا در ره پیــری بــه چــه آییــن روی ای دل

بــاری بــه غلــط صــرف شــد ایــام شبابت

ای قصــر دل افــروز کــه منزلگــه انســی

یــا رب مکنــاد آفــت ایــام خرابت

حافــظ نــه غلامیســت کــه از خواجــه گریزد

صلحــی کــن و بــازآ کــه خرابــم ز عتابت

غزل ۱۶

خمــی که ابروی شــوخ تــو در کمــان انداخت

بــه قصــد جــان مــن زار ناتــوان انداخت

نبــود نقــش دو عالــم کــه رنــگ الفــت بــود

زمانــه طــرح محبت نــه ایــن زمــان انداخت

به یک کرشــمه که نرگس به خودفروشــی کرد

فریــب چشــم تو صد فتنــه در جهان انداخت

شــراب خــورده و خوی کرده مــی‌روی به چمن

کــه آب روی تــو آتــش در ارغــوان انداخت

بــه بزمــگاه چمــن دوش مســت بگذشــتم

چــو از دهــان تــوام غنچــه در گمــان انداخت

بنفشــه طــره مفتــول خــود گــره مــی‌زد

صبــا حکایــت زلــف تــو در میــان انداخت

ز شــرم آن کــه بــه روی تــو نســبتش کــردم

ســمن به دســت صبا خاک در دهــان انداخت

مــن از ورع مــی و مطــرب ندیدمــی زیــن پیش

هــوای مغبچگانــم در ایــن و آن انداخت

کنــون بــه آب مــی لعــل خرقــه می‌شــویم

نصیبه ازل از خــود نمی‌تــوان انداخت

مگــر گشــایش حافــظ در ایــن خرابــی بــود

کــه بخشــش ازلــش در مــی مغــان انداخت

جهان به کام مــن اکنون شــود کــه دور زمان

مــرا بــه بندگــی خواجــه جهــان انداخت

غزل ۱۷

سینه از آتش دل در غم جانانه بسوخت
آتشی بود در این خانه که کاشانه بسوخت

تنم از واسطه دوری دلبر بگداخت
جانم از آتش مهر رخ جانانه بسوخت

سوز دل بین که ز بس آتش اشکم دل شمع
دوش بر من ز سر مهر چو پروانه بسوخت

آشنایی نه غریب است که دلسوز من است
چون من از خویش برفتم دل بیگانه بسوخت

خرقه زهد مرا آب خرابات ببرد
خانه عقل مرا آتش میخانه بسوخت

چون پیاله دلم از توبه که کردم بشکست
همچو لاله جگرم بی می و خمخانه بسوخت

ماجرا کم کن و بازآ که مرا مردم چشم
خرقه از سر به درآورد و به شکرانه بسوخت

ترک افسانه بگو حافظ و می نوش دمی
که نخفتیم شب و شمع به افسانه بسوخت

غزل ۱۸

ســاقیا آمــدن عیــد مبــارک بــادت

وان مواعیــد کــه کــردی مــرواد از یــادت

در شــگفتم کــه در ایــن مــدت ایــام فــراق

برگرفتــی ز حریفــان دل و دل مــی‌دادت

برســان بندگــی دختــر رز گــو بــه درآی

کــه دم و همــت مــا کــرد ز بنــد آزادت

شــادی مجلســیان در قــدم و مقــدم توســت

جای غــم باد مــر آن دل کــه نخواهد شــادت

شــکر ایزد کــه ز تــاراج خــزان رخنــه نیافت

بوســتان ســمن و ســرو و گل و شمشــادت

چشــم بــد دور کــز آن تفرقــه‌ات بــازآورد

طالــع نامــور و دولــت مــادرزادت

حافــظ از دســت مده دولــت این کشــتی نوح

ور نــه طوفــان حــوادث ببــرد بنیــادت

غزل ۱۹

ای نسیم سحر آرامگه یار کجاست

منزل آن مه عاشق کش عیار کجاست

شب تار است و ره وادی ایمن در پیش

آتش طور کجا موعد دیدار کجاست

هر که آمد به جهان نقش خرابی دارد

در خرابات بگویید که هشیار کجاست

آن کس است اهل بشارت که اشارت داند

نکته‌ها هست بسی محرم اسرار کجاست

هر سر موی مرا با تو هزاران کار است

ما کجاییم و ملامت گر بی‌کار کجاست

بازپرسید ز گیسوی شکن در شکنش

کاین دل غمزده سرگشته گرفتار کجاست

عقل دیوانه شد آن سلسله مشکین کو

دل ز ما گوشه گرفت ابروی دلدار کجاست

ساقی و مطرب و می جمله مهیاست ولی

عیش بی یار مهیا نشود یار کجاست

حافظ از باد خزان در چمن دهر مرنج

فکر معقول بفرما گل بی خار کجاست

غزل ۲۰

روزه یک سو شد و عید آمد و دل‌ها برخاست
می ز خمخانه به جوش آمد و می باید خواست

نوبه زهدفروشان گران جان بگذشت
وقت رندی و طرب کردن رندان پیداست

چه ملامت بود آن را که چنین باده خورد
این چه عیب است بدین بی خردی وین چه خطاست

باده نوشی که در او روی و ریایی نبود
بهتر از زهدفروشی که در او روی و ریاست

ما نه رندان ریاییم و حریفان نفاق
آن که او عالم سر است بدین حال گواست

فرض ایزد بگذاریم و به کس بد نکنیم
وان چه گویند روا نیست نگوییم رواست

چه شود گر من و تو چند قدح باده خوریم
باده از خون رزان است نه از خون شماست

این چه عیب است کز آن عیب خلل خواهد بود
ور بود نیز چه شد مردم بی‌عیب کجاست

غزل ۲۱

دل و دینـم شـد و دلبـر به ملامت برخاسـت
گفـت با ما منشـین کز تو سـلامت برخاسـت

که شـنیدی که در این بزم دمی خوش بنشسـت
کـه نـه در آخر صحبت بـه ندامت برخاسـت

شـمع اگـر زان لـب خندان بـه زبـان لافی زد
پیـش عشـاق تو شـب‌ها به غرامت برخاسـت

در چمـن بـاد بهـاری ز کنـار گل و سـرو
بـه هـواداری آن عـارض و قامت برخاسـت

مسـت بگذشـتی و از خلوتیـان ملکـوت
بـه تماشـای تـو آشـوب قیامت برخاسـت

پیـش رفتـار تـو پـا برنگرفت از خجلـت
سرو سـرکش که به ناز از قد و قامت برخاست

حافـظ ایـن خرقـه بینـداز مگـر جـان ببری
کاتـش از خرقه سـالوس و کرامت برخاسـت

غزل ۲۲

چو بشنوی سخن اهل دل مگو که خطاست

سخن شناس نه‌ای جان من خطا این جاست

سرم به دنیی و عقبی فرو نمی‌آید

تبارک الله از این فتنه‌ها که در سر ماست

در اندرون من خسته دل ندانم کیست

که من خموشم و او در فغان و در غوغاست

دلم ز پرده برون شد کجایی ای مطرب

بنال هان که از این پرده کار ما به نواست

مرا به کار جهان هرگز التفات نبود

رخ تو در نظر من چنین خوشش آراست

نخفته‌ام ز خیالی که می‌پزد دل من

خمار صدشبه دارم شرابخانه کجاست

چنین که صومعه آلوده شد ز خون دلم

گرم به باده بشویید حق به دست شماست

از آن به دیر مغانم عزیز می‌دارند

که آتشی که نمیرد همیشه در دل ماست

چه ساز بود که در پرده می‌زد آن مطرب

که رفت عمر و هنوزم دماغ پر ز هواست

ندای عشق تو دیشب در اندرون دادند

فضای سینه حافظ هنوز پر ز صداست

غزل ۲۳

خیـال روی تـو در هـر طریـق همره ماسـت

نسـیم مـوی تـو پیونـد جـان آگـه ماسـت

بـه رغـم مدعیانـی کـه منـع عشـق کننـد

جمـال چهـره تـو حجـت موجـه ماسـت

ببیـن کـه سـیب زنخـدان تـو چـه می‌گوید

هـزار یوسـف مصـری فتـاده در چه ماسـت

اگـر بـه زلـف دراز تـو دسـت مـا نرسـد

گنـاه بخـت پریشـان و دسـت کوتـه ماسـت

بـه حاجـب در خلـوت سـرای خـاص بگو

فـلان ز گوشـه نشـینان خـاک درگه ماسـت

بـه صورت از نظـر ما اگر چه محجوب اسـت

همیشـه در نظـر خاطـر مرفـه ماسـت

اگـر بـه سـالی حافـظ دری زنـد بگشـای

که سال‌هاست که مشـتاق روی چون مه ماست

غزل ۲۴

مطلـب طاعـت و پیمان و صلاح از من مسـت
کـه به پیمانه کشـی شـهره شـدم روز الســت
من همان دم که وضو سـاختم از چشـمه عشق
چارتکبیـر زدم یک سـره بر هر چه که هسـت
مـی بـده تـا دهمـت آگهـی از سـر قضـا
که به روی که شـدم عاشـق و از بوی که مست
کمـر کـوه کـم اسـت از کمـر مـور ایـن جا
ناامیـد از در رحمـت مشـو ای بـاده پرسـت
بجـز آن نرگس مسـتانه که چشـمش مرسـاد
زیـر ایـن طارم فیروزه کسـی خوش ننشسـت
جـان فـدای دهنـش بـاد کـه در بـاغ نظـر
چمن آرای جهان خوشـتر از این غنچه نبسـت
حافـظ از دولـت عشـق تـو سـلیمانی شـد
یعنی از وصل تواش نیسـت بجز باد به دسـت

غزل ۲۵

شـــکفته شــد گل حمرا و گشــت بلبل مســت
صـــلای سرخوشـــی ای صوفیـــان باده پرســـت
اســـاس توبـــه کـــه در محکمی چو ســـنگ نمود
ببیـــن که جـــام زجاجی چه طرفه‌اش بشکســـت
بیـــار بـــاده کـــه در بـــارگاه اســـتغنا
چه پاسبان و چه سلطان چه هوشیار و چه مست
از ایـــن رباط دودر چون ضرورت اســـت رحیل
رواق و طاق معیشـــت چه ســـربلند و چه پست
مقـــام عیـــش میســـر نمی‌شـــود بی‌رنـــج
بلـــی بـــه حکـــم بـــلا بســـته‌اند عهـــد الســـت
به هست و نیست مرنجان ضمیر و خوش می‌باش
کـــه نیستیســـت ســـرانجام هر کمال که هســـت
شـــکوه آصفـــی و اســـب بـــاد و منطـــق طیـــر
بـــه باد رفـــت و از او خواجه هیچ طرف نبســـت
بـــه بـــال و پـــر مـــرو از ره کـــه تیـــر پرتابـــی
هـــوا گرفـــت زمانـــی ولـــی بـــه خاک نشســـت
زبـــان کلـــک تـــو حافـــظ چـــه شـــکر آن گوید
کـــه گفتـــه ســـخنت می‌برند دســـت به دســـت

غزل ۲۶

زلف آشـفته و خوی کرده و خندان لب و مست

پیرهن چاک و غزل خوان و صراحی در دسـت

نرگسـش عربده جـوی و لبش افسـوس کنان

نیـم شـب دوش بـه بالیـن مـن آمد بنشسـت

سـر فـرا گـوش مـن آورد بـه آواز حزیـن

گفـت ای عاشـق دیرینـه من خوابت هسـت

عاشـقی را کـه چنیـن بـاده شبگیر دهند

کافـر عشـق بـود گـر نشـود بـاده پرسـت

بـرو ای زاهـد و بـر دردکشـان خـرده مگیر

کـه ندادنـد جـز ایـن تحفه بـه ما روز السـت

آن چـه او ریخـت بـه پیمانـه مـا نوشـیدیم

اگـر از خمـر بهشـت اسـت وگر بـاده مسـت

خنـده جـام مـی و زلـف گـره گیـر نـگار

ای بسـا توبـه که چـون توبه حافظ بشـکسـت

غزل ۲۷

در دیــر مغــان آمــد یــارم قدحــی در دســت

مست از می و میخواران از نرگس مستش مست

در نعــل ســمند او شــکل مــه نــو پیــدا

وز قـد بلنـد او بـالای صنوبـر پسـت

آخر به چه گویم هست از خود خبرم چون نیست

وز بهر چه گویم نیست با وی نظرم چون هست

شــمع دل دمســازم بنشــست چو او برخاســت

و افغــان ز نظربازان برخاســت چو او بنشســت

گــر غالیه خوش بو شــد در گیســوی او پیچید

ور وســمه کمانکش گشت در ابروی او پیوست

بــازآی کــه بازآیــد عمــر شــده حافظ

هر چنــد که ناید باز تیری که بشــد از شســت

غزل ۲۸

بــه جــان خواجه و حــق قدیم و عهد درســت
کــه مونــس دم صبحــم دعــای دولت توســت

سرشــک مــن کــه ز طوفان نــوح دســت برد
ز لــوح ســینه نیارســت نقــش مهر تو شســت

بکــن معاملــه‌ای ویــن دل شکســته بخــر
کــه بــا شکســتگی ارزد بــه صد هزار درســت

زبــان مور بــه آصف دراز گشــت و رواســت
که خواجــه خاتم جم یــاوه کرد و بازنجســت

دلا طمــع مبــر از لطــف بی‌نهایــت دوســت
چو لاف عشــق زدی ســر بباز چابک و چست

بــه صدق کــوش که خورشــید زاید از نفســت
کــه از دروغ ســیه روی گشــت صبح نخســت

شدم ز دســت تو شــیدای کوه و دشت و هنوز
نمی‌کنــی بــه ترحــم نطــاق سلســله سســت

مرنــج حافــظ و از دلبــران حفــاظ مجــوی
گنــاه بــاغ چــه باشــد چــو ایــن گیاه نرســت

غزل ۲۹

مـــا را ز خیـــال تــو چه پروای شـــراب است

خم گو ســر خود گیر که خمخانه خراب است

گر خمر بهشـت است بریزید که بی دوست

هـر شـربت عذبم کـه دهی عین عذاب است

افسـوس کـه شـد دلبـر و در دیـده گریـان

تحریـر خیـال خـط او نقـش بـر آب است

بیـدار شـو ای دیـده کـه ایمـن نتـوان بـود

زین سـیل دمادم که در این منزل خواب است

معشـوق عیـان می‌گـذرد بـر تـو ولیکـن

اغیـار همی‌بیننـد از آن بسـته نقـاب است

گل بـر رخ رنگیـن تـو تـا لطـف عـرق دید

در آتـش شـوق از غـم دل غرق گلاب است

سـبز است در و دشت بیـا تـا نگذاریـم

دسـت از سـر آبی که جهان جمله سراب است

در کنـج دماغـم مطلـب جـای نصیحـت

کاین گوشـه پـر از زمزمه چنگ و رباب است

حافظ چه شـد ار عاشق و رند است و نظرباز

بـس طـور عجـب لازم ایـام شباب است

غزل ۳۰

زلفـت هـزار دل بـه یکـی تـار مـو ببسـت

راه هـزار چـاره گـر از چـار سـو ببسـت

تـا عاشـقان بـه بـوی نسـیمش دهنـد جـان

بگشـود نافـه‌ای و در آرزو ببسـت

شـیدا از آن شـدم کـه نـگارم چـو مـاه نـو

ابـرو نمـود و جلـوه گری کـرد و رو ببسـت

سـاقی بـه چند رنـگ می انـدر پیالـه ریخت

ایـن نقش‌ها نگر که چه خوش در کدو ببسـت

یـا رب چه غمزه کـرد صراحی کـه خون خم

بـا نعره‌هـای قلقلـش انـدر گلـو ببسـت

مطـرب چه پرده سـاخت کـه در پرده سـماع

بـر اهـل وجـد و حـال در های و هو ببسـت

حافظ هر آن که عشـق نورزید و وصل خواست

احـرام طـوف کعبـه دل بـی وضـو ببسـت

غزل ۳۱

آن شب قدری که گویند اهل خلوت امشب است

یا رب این تاثیر دولت در کدامین کوکب است

تـا به گیسـوی تو دسـت ناسـزایان کم رسـد

هر دلـی از حلقه‌ای در ذکر یارب یارب است

کشـته چـاه زنخـدان تـوام کـز هـر طـرف

صد هزارش گردن جان زیر طوق غبغب است

شهسـوار مـن که مـه آیینـه دار روی اوسـت

تاج خورشـید بلندش خاک نعل مرکب اسـت

عکس خوی بـر عارضش بین کفتـاب گرم رو

در هوای آن عرق تا هست هر روزش تب است

مـن نخواهـم کرد تـرک لعـل یار و جـام می

زاهـدان معذور داریـدم که اینم مذهب است

انـدر آن سـاعت که بر پشـت صبا بندند زین

با سـلیمان چون برانم من که مورم مرکب است

آن کـه نـاوک بر دل مـن زیر چشـمی می‌زند

قوت جـان حافظـش در خنده زیر لب است

آب حیوانـش ز منقـار بلاغـت می‌چکـد

زاغ کلک من به نام ایزد چه عالی مشـرب است

غزل ۳۲

خــدا چو صــورت ابروی دلگشــای تو بســت
گشــاد کار مــن انــدر کرشــمه‌های تو بست

مــرا و ســرو چمــن را بــه خــاک راه نشــاند
زمانــه تــا قصب نرگس قبــای تــو بست

ز کار مــا و دل غنچــه صــد گــره بگشــود
نسیم گل چــو دل انــدر پــی هوای تو بست

مــرا بــه بنــد تــو دوران چــرخ راضــی کــرد
ولی چه ســود که سررشــته در رضای تو بست

چــو نافــه بــر دل مســکین مــن گــره مفکــن
کــه عهد با ســر زلــف گره گشــای تو بست

تــو خود وصــال دگر بــودی ای نســیم وصال
خطــا نگــر کــه دل امیــد در وفــای تو بست

ز دســت جــور تو گفتــم ز شــهر خواهم رفت
به خنــده گفت که حافظ برو که پای تو بست

غزل ۳۳

خلــوت گزیــده را به تماشــا چه حاجت اســت
چون کوی دوست هست به صحرا چه حاجت است

جانــا بــه حاجتـی که تــو را هســت بــا خدا
کخـر دمـی بپرس که مــا را چه حاجت است

ای پادشــاه حســن خــدا را بســوختیم
آخر ســال کــن که گــدا را چه حاجت اســت

اربــاب حاجتیــم و زبــان ســال نیست
در حضـرت کریــم تمنا چه حاجت است

محتــاج قصه نیســت گرت قصد خون ماست
چون رخت از آن توست به یغما چه حاجت است

جــام جهــان نماست ضمیــر منیــر دوست
اظهــار احتیاج خــود آن جا چه حاجت اســت

آن شــد کــه بــار منت مــلاح بردمی
گوهر چو دســت داد به دریا چه حاجت اســت

ای مدعــی بــرو که مــرا بــا تــو کار نیست
احبــاب حاضرنــد به اعــدا چه حاجت اســت

ای عاشــق گــدا چــو لــب روح بخــش یــار
می‌دانــدت وظیفــه تقاضــا چه حاجت اســت

حافـظ تو ختــم کن که هنــر خود عیان شــود
بــا مدعــی نــزاع و محــاکا چه حاجت اســت

غزل ۳۴

رواق منظر چشم من آشیانه توست
کرم نما و فرود آ که خانه خانه توست

به لطف خال و خط از عارفان ربودی دل
لطیفه‌های عجب زیر دام و دانه توست

دلت به وصل گل ای بلبل صبا خوش باد
که در چمن همه گلبانگ عاشقانه توست

علاج ضعف دل ما به لب حوالت کن
که این مفرح یاقوت در خزانه توست

به تن مقصرم از دولت ملازمتت
ولی خلاصه جان خاک آستانه توست

من آن نیم که دهم نقد دل به هر شوخی
در خزانه به مهر تو و نشانه توست

تو خود چه لعبتی ای شهسوار شیرین کار
که توسنی چو فلک رام تازیانه توست

چه جای من که بلغزد سپهر شعبده باز
از این حیل که در انبانه بهانه توست

سرود مجلست اکنون فلک به رقص آرد
که شعر حافظ شیرین سخن ترانه توست

غزل ۳۵

بــرو بــه کار خــود ای واعظ این چه فریادســت

مــرا فتــاد دل از ره تــو را چــه افتادســت

میــان او کــه خــدا آفریــده اســت از هیــچ

دقیقه‌ایســت کــه هیــچ آفریــده نگشادســت

بــه کام تــا نرســاند مــرا لبــش چــون نــای

نصیحــت همــه عالــم به گــوش من بادســت

گــدای کوی تــو از هشــت خلد مستغنیست

اســیر عشــق تــو از هــر دو عالــم آزادســت

اگــر چــه مســتی عشــقم خــراب کــرد ولی

اســاس هســتی مــن زان خــراب آبادســت

دلا منــال ز بیــداد و جــور یــار کــه یــار

تــو را نصیب همیــن کرد و این از آن دادســت

بــرو فســانه مخــوان و فســون مــدم حافظ

کــز این فســانه و افســون مرا بســی یادســت

غزل ۳۶

تـا سـر زلـف تو در دسـت نسـیم افتادسـت
دل سـودازده از غصـه دو نیـم افتادسـت
چشـم جادوی تو خود عین سـواد سحر است
لیکن این هسـت که این نسـخه سقیم افتادست
در خـم زلـف تو آن خال سـیه دانی چیسـت
نقطـه دوده کـه در حلقـه جیـم افتادسـت
زلـف مشـکین تـو در گلشـن فـردوس عذار
چیسـت طاووس کـه در بـاغ نعیم افتادسـت
دل مـن در هـوس روی تـو ای مونـس جـان
خاک راهیسـت که در دسـت نسـیم افتادست
همچـو گرد ایـن تن خاکـی نتواند برخاسـت
از سـر کـوی تـو زان رو کـه عظیم افتادسـت
سـایه قـد تـو بـر قالبـم ای عیسـی دم
عکس روحیسـت که بـر عظم رمیم افتادسـت
آن کـه جـز کعبـه مقامـش نبـد از یـاد لبت
بـر در میکـده دیـدم کـه مقیـم افتادسـت
حافـظ گمشـده را بـا غمـت ای یـار عزیـز
اتحادیسـت کـه در عهـد قدیـم افتادسـت

غزل ۳۷

بیـا کـه قصـر امل سـخت سسـت بنیادسـت
بیــار بــاده کــه بنیــاد عمــر بــر بادســت
غــلام همــت آنــم کــه زیــر چــرخ کبــود
ز هــر چــه رنــگ تعلــق پذیــرد آزادســت
چه گویمت که به میخانه دوش مســت و خراب
ســروش عالــم غیبــم چــه مژدههــا دادســت
کــه ای بلندنظــر شــاهباز ســدره نشــین
نشــیمن تــو نــه ایــن کنــج محنت آبادســت
تــو را ز کنگــره عــرش میزننــد صفیــر
ندانمــت کــه در ایــن دامگــه چــه افتادســت
نصیحتــی کنمــت یــاد گیــر و در عمــل آر
کــه ایــن حدیــث ز پیــر طریقتــم یادســت
غــم جهــان مخــور و پنــد مــن مبــر از یــاد
کــه ایــن لطیفــه عشــقم ز ره روی یادســت
رضــا بــه داده بــده وز جبیــن گــره بگشــای
کــه بــر مــن و تــو در اختیــار نگشادســت
مجــو درســتی عهــد از جهــان سســت نهــاد
کــه ایــن عجــوز عــروس هزاردامادســت
نشــان عهــد و وفــا نیســت در تبســم گل
بنــال بلبــل بــی دل کــه جــای فریادســت
حســد چــه میبری ای سســت نظم بــر حافظ
قبــول خاطــر و لطــف ســخن خدادادســت

غزل ۳۸

بی مهر رخت روز مرا نور نماندست
وز عمر مرا جز شب دیجور نماندست
هنگام وداع تو ز بس گریه که کردم
دور از رخ تو چشم مرا نور نماندست
می‌رفت خیال تو ز چشم من و می‌گفت
هیهات از این گوشه که معمور نماندست
وصل تو اجل را ز سرم دور همی‌داشت
از دولت هجر تو کنون دور نماندست
نزدیک شد آن دم که رقیب تو بگوید
دور از رخت این خسته رنجور نماندست
صبر است مرا چاره هجران تو لیکن
چون صبر توان کرد که مقدور نماندست
در هجر تو گر چشم مرا آب روان است
گو خون جگر ریز که معذور نماندست
حافظ ز غم از گریه نپرداخت به خنده
ماتم زده را داعیه سور نماندست

غزل ۳۹

باغ مرا چه حاجت سرو و صنوبر است
شمشاد خانه پرور ما از که کمتر است
ای نازنین پسر تو چه مذهب گرفته‌ای
کت خون ما حلالتر از شیر مادر است
چون نقش غم ز دور ببینی شراب خواه
تشخیص کرده‌ایم و مداوا مقرر است
از آستان پیر مغان سر چرا کشیم
دولت در آن سرا و گشایش در آن در است
یک قصه بیش نیست غم عشق وین عجب
کز هر زبان که می‌شنوم نامکرر است
دی وعده داد وصلم و در سر شراب داشت
امروز تا چه گوید و بازش چه در سر است
شیراز و آب رکنی و این باد خوش نسیم
عیبش مکن که خال رخ هفت کشور است
فرق است از آب خضر که ظلمات جای او است
تا آب ما که منبعش الله اکبر است
ما آبروی فقر و قناعت نمی‌بریم
با پادشه بگوی که روزی مقدر است
حافظ چه طرفه شاخ نباتیست کلک تو
کش میوه دلپذیرتر از شهد و شکر است

غزل ۴۰

المنــه لله کــه در میکــده بــاز است

زان رو کــه مــرا بــر در او روی نیــاز است

خم‌هــا همــه در جوش و خروشند ز مســتی

وان می که در آن جاست حقیقت نه مجاز است

از وی همــه مســتی و غــرور اســت و تکبــر

وز مــا همــه بیچارگــی و عجــز و نیاز است

رازی کــه بــر غیــر نگفتیــم و نگوییــم

بــا دوست بگوییم کــه او محــرم راز است

شــرح شــکن زلــف خــم انــدر خم جانان

کوتــه نتــوان کــرد کــه این قصــه دراز است

بــار دل مجنــون و خــم طــره لیلــی

رخســاره محمــود و کــف پــای ایاز است

بردوختــه‌ام دیــده چــو بــاز از همــه عالــم

تــا دیــده مــن بــر رخ زیبــای تــو باز است

در کعبــه کــوی تــو هــر آن کــس کــه بیایــد

از قبلــه ابــروی تــو در عیــن نمــاز است

ای مجلسیــان ســوز دل حافــظ مســکین

از شــمع بپرســید کــه در ســوز و گداز است

غزل ۴۱

اگـر چـه بـاده فرح بخـش و باد گل‌بیز اسـت
به بانگ چنگ مخور می که محتسـب تیز است

صراحـی ای و حریفـی گـرت به چنـگ افتد
بـه عقـل نـوش کـه ایـام فتنـه انگیز اسـت

در آسـتین مرقـع پیالـه پنهـان کـن
که همچو چشـم صراحی زمانه خون‌ریز است

بـه آب دیـده بشـوییم خرقه‌هـا از مـی
کـه موسـم ورع و روزگار پرهیـز اسـت

مجـوی عیـش خـوش از دور باژگون سـپهر
که صاف این سـر خم جمله دردی آمیز است

سـپهر برشـده پرویزنیسـت خـون افشان
کـه ریزه‌اش سـر کسـری و تاج پرویز اسـت

عـراق و فارس گرفتی به شـعر خـوش حافظ
بیـا کـه نوبـت بغـداد و وقـت تبریـز اسـت

غزل ۴۲

حـال دل بـا تـو گفتنـم هـوس است
خبـر دل شـنفتنم هـوس است

طمـع خـام بیـن که قصـه فـاش
از رقیبـان نهفتنم هـوس است

شب قـدری چنیـن عزیـز و شـریف
بـا تـو تـا روز خفتنم هـوس است

وه کـه دردانـه‌ای چنیـن نـازک
در شـب تـار سـفتنم هـوس است

ای صبـا امشـبم مـدد فرمـای
که سـحرگه شـکفتنم هـوس است

از بـرای شـرف بـه نـوک مـژه
خاک راه تـو رفتنم هـوس است

همچـو حافـظ بـه رغـم مدعیـان
شعر رندانـه گفتنـم هـوس است

غزل ۴۳

صحن بستان ذوق بخش و صحبت یاران خوش است

وقت گل خوش باد کز وی
وقت میخواران خوش است

از صبا هر دم مشام جان ما خوش می‌شود
آری آری طیب انفاس هواداران خوش است

ناگشوده گل نقاب آهنگ رحلت ساز کرد
ناله کن بلبل که گلبانگ دل افکاران خوش است

مرغ خوش‌خوان را بشارت باد کاندر راه عشق
دوست را با ناله شب‌های بیداران خوش است

نیست در بازار عالم خوشدلی ور زان که هست
شیوه رندی و خوش باشی عیاران خوش است

از زبان سوسن آزاده‌ام آمد به گوش
کاندر این دیر کهن کار سبکباران خوش است

حافظا ترک جهان گفتن طریق خوشدلیست
تا نپنداری که احوال جهان داران خوش است

غزل ۴۴

کنــون کــه بــر کف گل جــام باده صاف اســت
بــه صد هــزار زبان بلبلــش در اوصاف اســت

بخــواه دفتــر اشــعار و راه صحــرا گیــر
چه وقت مدرســه و بحث کشف کشاف است

فقیــه مدرســه دی مســت بــود و فتــوی داد
کــه مــی حــرام ولی بــه ز مــال اوقاف اســت

به درد و صاف تو را حکم نیست خوش درکش
کــه هــر چــه ســاقی ما کــرد عین الطاف اســت

ببــر ز خلــق و چــو عنقــا قیــاس کار بگیــر
کــه صیت گوشــه نشــینان ز قاف تا قاف اســت

حدیــث مدعیــان و خیــال همــکاران
همــان حکایــت زردوز و بوریابــاف اســت

خمــوش حافظ و این نکته‌های چون زر ســرخ
نــگاه دار کــه قــلاب شــهر صــراف اســت

غزل ۴۵

در ایــن زمانــه رفیقــی که خالی از خلل اســت
صراحــی مــی نــاب و ســفینه غــزل اســت
ریــده رو کــه گــذرگاه عافیــت تنــگ اســت
پیالــه گیــر کــه عمــر عزیــز بی‌بــدل اســت
نــه مــن ز بی عملــی در جهــان ملولــم و بس
ملالــت علمــا هــم ز علــم بــی عمــل اســت
بــه چشــم عقــل در ایــن رهگــذار پرآشــوب
جهــان و کار جهــان بی‌ثبات و بی‌محل اســت
بگیــر طــره مــه چهــره‌ای و قصــه مخــوان
که ســعد و نحــس ز تاثیر زهره و زحل اســت
دلــم امیــد فــراوان به وصــل روی تو داشــت
ولــی اجــل بــه ره عمــر رهــزن امــل اســت
بــه هیــچ دور نخواهنــد یافــت هشــیارش
چنیــن کــه حافــظ ما مســت بــاده ازل اســت

غزل ۴۶

گل در بر و می در کف و معشوق به کام است

سلطان جهانم به چنین روز غلام است

گو شمع میارید در این جمع که امشب

در مجلس ما ماه رخ دوست تمام است

در مذهب ما باده حلال است ولیکن

بی روی تو ای سرو گل اندام حرام است

گوشم همه بر قول نی و نغمه چنگ است

چشمم همه بر لعل لب و گردش جام است

در مجلس ما عطر میامیز که ما را

هر لحظه ز گیسوی تو خوش بوی مشام است

از چاشنی قند مگو هیچ و ز شکر

زان رو که مرا از لب شیرین تو کام است

تا گنج غمت در دل ویرانه مقیم است

همواره مرا کوی خرابات مقام است

از ننگ چه گویی که مرا نام ز ننگ است

وز نام چه پرسی که مرا ننگ ز نام است

میخواره و سرگشته و رندیم و نظرباز

وان کس که چو ما نیست در این شهر کدام است

با محتسبم عیب مگویید که او نیز

پیوسته چو ما در طلب عیش مدام است

حافظ منشین بی می و معشوق زمانی

کایام گل و یاسمن و عید صیام است

غزل ۴۷

بــه کــوی میکده هــر ســالکی که ره دانســت

دری دگــر زدن اندیشــه تبــه دانســت

زمانــه افســر رنــدی نــداد جــز بــه کســی

کـه ســرفرازی عالــم در ایــن کلــه دانســت

بــر آستانه میخانــه هــر کــه یافت رهــی

ز فیــض جــام مــی اسرار خانقــه دانســت

هــر آن کــه راز دو عالــم ز خط ســاغر خواند

رمــوز جــام جــم از نقــش خــاک ره دانســت

ورای طاعــت دیوانــگان ز مــا مطلب

کــه شــیخ مذهــب مــا عاقلــی گنــه دانســت

دلــم ز نرگس ســاقی امــان نخواســت به جان

چــرا کــه شــیوه آن تــرک دل ســیه دانســت

ز جــور کوکــب طالــع ســحرگهان چشــمم

چنــان گریســت کــه ناهیــد دیــد و مه دانســت

حدیــث حافــظ و ســاغر کــه می‌زنــد پنهــان

چه جای محتســب و شــحنه پادشــه دانســت

بلندمرتبــه شــاهی کــه نــه رواق ســپهر

نمونــه‌ای ز خــم طــاق بارگــه دانســت

غزل ۴۸

صوفــی از پرتــو مــی راز نهانـــی دانســـت

گوهــر هر کــس از ایـــن لعـل توانی دانست

قـدر مجموعـه گل مـرغ سـحر دانـد و بس

کــه نه هـر کو ورقـی خوانـد معانی دانست

عرضـه کـردم دو جهـان بـر دل کارافتـاده

بجـز از عشـق تـو باقـی همـه فانی دانست

آن شـد اکنـون کـه ز ابنـای عـوام اندیشـم

محتسـب نیـز در ایـن عیـش نهانـی دانست

دلبـر آسـایش مـا مصلحـت وقـت ندیـد

ور نـه از جانـب مـا دل نگرانـی دانست

سـنگ و گل را کنـد از یمن نظر لعـل و عقیق

هـر کـه قـدر نفس بـاد یمانـی دانست

ای کـه از دفتـر عقـل آیـت عشـق آمـوزی

ترسـم ایـن نکتـه بـه تحقیـق ندانی دانست

مـی بیـاور کـه ننـازد بـه گل بـاغ جهـان

هـر کـه غارتگـری بـاد خزانـی دانست

حافـظ این گوهر منظـوم که از طبـع انگیخت

ز اثـر تربیت آصـف ثانـی دانـست

غزل ۴۹

روضه خلد برین خلوت درویشان است
مایه محتشمی خدمت درویشان است
گنج عزلت که طلسمات عجایب دارد
فتح آن در نظر رحمت درویشان است
قصر فردوس که رضوانش به دربانی رفت
منظری از چمن نزهت درویشان است
آن چه زر می‌شود از پرتو آن قلب سیاه
کیمیاییست که در صحبت درویشان است
آن که پیشش بنهد تاج تکبر خورشید
کبریاییست که در حشمت درویشان است
دولتی را که نباشد غم از آسیب زوال
بی تکلف بشنو دولت درویشان است
خسروان قبله حاجات جهانند ولی
سببش بندگی حضرت درویشان است
روی مقصود که شاهان به دعا می‌طلبند
مظهرش آینه طلعت درویشان است
از کران تا به کران لشکر ظلم است ولی
از ازل تا به ابد فرصت درویشان است
ای توانگر مفروش این همه نخوت که تو را
سر و زر در کنف همت درویشان است
گنج قارون که فرو می‌شود از قهر هنوز
خوانده باشی که هم از غیرت درویشان است
من غلام نظر آصف عهدم کو را
صورت خواجگی و سیرت درویشان است
حافظ ار آب حیات ازلی می‌خواهی
منبعش خاک در خلوت درویشان است

غزل ۵۰

بــه دام زلف تــو دل مبتلای خویشـتن است

بکش به غمزه که اینش ســزای خویشتن است

گــرت ز دســت برآیــد مــراد خاطــر مــا

به دســت باش که خیری به جای خویشتن است

به جانت ای بت شــیرین دهن که همچون شمع

شــبان تیــره مــرادم فنــای خویشــتن است

چـو رای عشــق زدی بـا تـو گفتــم ای بلبـل

مکــن که آن گل خندان بــرای خویشــتن اسـت

به مشـک چین و چگل نیسـت بوی گل محتاج

کــه نافه‌هــاش ز بنــد قبــای خویشــتن است

مــرو بــه خانــه اربــاب بی‌مــروت دهــر

که گنــج عافیتت در ســرای خویشــتن اسـت

بســوخت حافــظ و در شــرط عشــقبازی او

هنــوز بر ســر عهــد و وفای خویشــتن اسـت

غزل ۵۱

لعل ســیراب به خون تشــنه لب یار من است
وز پــی دیــدن او دادن جــان کار مــن است

شــرم از آن چشــم ســیه بادش و مــژگان دراز
هر کــه دل بــردن او دید و در انکار من است

ســاروان رخــت بــه دروازه مبــر کان ســر کو
شاهراهیســت کــه منزلگــه دلــدار من است

بنــده طالــع خویشــم کــه در ایــن قحط وفا
عشــق آن لولــی سرمســت خریدار من است

طبلــه عطــر گل و زلــف عبیرافشــانش
فیض یک شــمه ز بوی خوش عطار من است

باغبــان همچــو نســیمم ز در خویــش مــران
کــب گلزار تو از اشــک چــو گلنار من است

شــربت قنــد و گلاب از لــب یــارم فرمــود
نرگــس او کــه طبیــب دل بیمــار مــن است

آن کــه در طــرز غــزل نکته به حافــظ آموخت
یــار شــیرین ســخن نــادره گفتــار من است

غزل ۵۲

روزگاریست که سودای بتان دین من است

غم این کار نشاط دل غمگین من است

دیدن روی تو را دیده جان بین باید

وین کجا مرتبه چشم جهان بین من است

یار من باش که زیب فلک و زینت دهر

از مه روی تو و اشک چو پروین من است

تا مرا عشق تو تعلیم سخن گفتن کرد

خلق را ورد زبان مدحت و تحسین من است

دولت فقر خدایا به من ارزانی دار

کاین کرامت سبب حشمت و تمکین من است

واعظ شحنه شناس این عظمت گو مفروش

زان که منزلگه سلطان دل مسکین من است

یا رب این کعبه مقصود تماشاگه کیست

که مغیلان طریقش گل و نسرین من است

حافظ از حشمت پرویز دگر قصه مخوان

که لبش جرعه کش خسرو شیرین من است

غزل ۵۳

منم که گوشه میخانه خانقاه من است
دعای پیر مغان ورد صبحگاه من است
گرم ترانه چنگ صبوح نیست چه باک
نوای من به سحر آه عذرخواه من است
ز پادشاه و گدا فارغم بحمدالله
گدای خاک در دوست پادشاه من است
غرض ز مسجد و میخانه‌ام وصال شماست
جز این خیال ندارم خدا گواه من است
مگر به تیغ اجل خیمه برکنم ور نی
رمیدن از در دولت نه رسم و راه من است
از آن زمان که بر این آستان نهادم روی
فراز مسند خورشید تکیه گاه من است
گناه اگر چه نبود اختیار ما حافظ
تو در طریق ادب باش و گو گناه من است

غزل ۵۴

ز گریه مردم چشمم نشسته در خون است
ببین که در طلبت حال مردمان چون است
به یاد لعل تو و چشم مست میگونت
ز جام غم می لعلی که می‌خورم خون است
ز مشرق سر کو آفتاب طلعت تو
اگر طلوع کند طالعم همایون است
حکایت لب شیرین کلام فرهاد است
شکنج طره لیلی مقام مجنون است
دلم بجو که قدت همچو سرو دلجوی است
سخن بگو که کلامت لطیف و موزون است
ز دور باده به جان راحتی رسان ساقی
که رنج خاطرم از جور دور گردون است
از آن دمی که ز چشمم برفت رود عزیز
کنار دامن من همچو رود جیحون است
چگونه شاد شود اندرون غمگینم
به اختیار که از اختیار بیرون است
ز بیخودی طلب یار می‌کند حافظ
چو مفلسی که طلبکار گنج قارون است

غزل ۵۵

خــم زلــف تــو دام کفــر و دیــن است

ز کارستان او یــک شمــه ایــن است

جمالــت معجــز حســن است لیکــن

حدیــث غمــزهات ســحر مبین است

ز چشــم شــوخ تــو جــان کــی تــوان بــرد

کــه دایــم بــا کمــان انــدر کمین است

بــر آن چشــم ســیه صــد آفریــن بــاد

کــه در عاشــق کشــی ســحرآفرین است

عجــب علمیست علــم هیت عشــق

کــه چــرخ هشــتمش هفتــم زمین است

تــو پنــداری کــه بدگــو رفــت و جــان بــرد

حســابش بــا کــرام الکاتبیــن است

مشــو حافــظ ز کیــد زلفــش ایمــن

کــه دل بــرد و کنــون دربنــد دیــن است

غزل ۵۶

دل سراپرده محبت اوست
دیده آیینه دار طلعت اوست

من که سر درنیاورم به دو کون
گردنم زیر بار منت اوست

تو و طوبی و ما و قامت یار
فکر هر کس به قدر همت اوست

گر من آلوده دامنم چه عجب
همه عالم گواه عصمت اوست

من که باشم در آن حرم که صبا
پرده دار حریم حرمت اوست

بی خیالش مباد منظر چشم
زان که این گوشه جای خلوت اوست

هر گل نو که شد چمن آرای
ز اثر رنگ و بوی صحبت اوست

دور مجنون گذشت و نوبت ماست
هر کسی پنج روز نوبت اوست

ملکت عاشقی و گنج طرب
هر چه دارم ز یمن همت اوست

من و دل گر فدا شدیم چه باک
غرض اندر میان سلامت اوست

فقر ظاهر مبین که حافظ را
سینه گنجینه محبت اوست

غزل ۵۷

آن ســیه چــرده کــه شــیرینی عالم با اوســت
چشـــم میگـــون لب خنــدان دل خرم با اوســت

گــر چــه شــیرین دهنـان پادشــهانند ولــی
او ســلیمان زمـان اســت کـه خاتم با اوســت

روی خــوب اســت و کمـال هنــر و دامن پاک
لاجــرم همــت پــاکان دو عالـم بــا اوســت

خال مشــکین که بدان عـارض گندمگون اسـت
ســر آن دانــه کــه شــد رهــزن آدم با اوســت

دلبــرم عــزم ســفر کــرد خــدا را یــاران
چــه کنــم بــا دل مجروح کــه مرهم با اوســت

بـا کـه این نکته تــوان گفت که آن ســنگین دل
کشــت مـا را و دم عیســی مریــم بــا اوســت

حافـظ از معتقــدان اســت گرامــی دارش
زان کــه بخشــایش بــس روح مکرم با اوســت

غزل ۵۸

سر ارادت ما و آستان حضرت دوست

که هر چه بر سر ما می‌رود ارادت اوست

نظیر دوست ندیدم اگر چه از مه و مهر

نهادم آینه‌ها در مقابل رخ دوست

صبا ز حال دل تنگ ما چه شرح دهد

که چون شکنج ورق‌های غنچه تو بر توست

نه من سبوکش این دیر رندسوزم و بس

بسا سرا که در این کارخانه سنگ و سبوست

مگر تو شانه زدی زلف عنبرافشان را

که باد غالیه سا گشت و خاک عنبربوست

نثار روی تو هر برگ گل که در چمن است

فدای قد تو هر سروبن که بر لب جوست

زبان ناطقه در وصف شوق نالان است

چه جای کلک بریده زبان بیهده گوست

رخ تو در دلم آمد مراد خواهم یافت

چرا که حال نکو در قفای فال نکوست

نه این زمان دل حافظ در آتش هوس است

که داغدار ازل همچو لاله خودروست

غزل ۵۹

دارم امید عاطفتی از جانب دوست
کردم جنایتی و امیدم به عفو اوست

دانم که بگذرد ز سر جرم من که او
گر چه پریوش است ولیکن فرشته خوست

چندان گریستم که هر کس که برگذشت
در اشک ما چو دید روان گفت کاین چه جوست

هیچ است آن دهان و نبینم از او نشان
موی است آن میان و ندانم که آن چه موست

دارم عجب ز نقش خیالش که چون نرفت
از دیده‌ام که دم به دمش کار شست و شوست

بی گفت و گوی زلف تو دل را همی‌کشد
با زلف دلکش تو که را روی گفت و گوست

عمریست تا ز زلف تو بویی شنیده‌ام
زان بوی در مشام دل من هنوز بوست

حافظ بد است حال پریشان تو ولی
بر بوی زلف یار پریشانیت نکوست

غزل ۶۰

آن پیک نامور که رسید از دیار دوست
آورد حرز جان ز خط مشکبار دوست
خوش می‌دهد نشان جلال و جمال یار
خوش می‌کند حکایت عز و وقار دوست
دل دادمش به مژده و خجلت همی‌برم
زین نقد قلب خویش که کردم نثار دوست
شکر خدا که از مدد بخت کارساز
بر حسب آرزوست همه کار و بار دوست
سیر سپهر و دور قمر را چه اختیار
در گردشند بر حسب اختیار دوست
گر باد فتنه هر دو جهان را به هم زند
ما و چراغ چشم و ره انتظار دوست
کحل الجواهری به من آر ای نسیم صبح
زان خاک نیکبخت که شد رهگذار دوست
ماییم و آستانه عشق و سر نیاز
تا خواب خوش که را برد اندر کنار دوست
دشمن به قصد حافظ اگر دم زند چه باک
منت خدای را که نیم شرمسار دوست

غزل ۶۱

صبــا اگــر گــذری افتدت به کشــور دوست
بیــار نفحــه‌ای از گیســوی معنبر دوست

بــه جــان او که بــه شــکرانه جان برافشــانم
اگــر به ســوی مــن آری پیامــی از بر دوســت

و گــر چنــان کــه در آن حضرتــت نباشــد بار
بــرای دیــده بیــاور غبــاری از در دوست

مــن گــدا و تمنــای وصــل او هیهــات
مگــر بــه خــواب ببینــم خیــال منظر دوست

دل صنوبریــم همچــو بیــد لــرزان اســت
ز حســرت قــد و بــالای چون صنوبر دوست

اگــر چه دوســت بــه چیــزی نمی‌خرد مــا را
بــه عالمــی نفروشــیم مویــی از ســر دوست

چــه باشــد ار شــود از بنــد غــم دلــش آزاد
چو هست حافظ مســکین غلام و چاکر دوست

غزل ۶۲

مرحبـا ای پیـک مشـتاقان بـده پیغام دوسـت
تـا کنم جان از سـر رغبـت فدای نام دوسـت
والـه و شیداسـت دایـم همچو بلبـل در قفس
طوطـی طبعم ز عشـق شـکر و بادام دوسـت
زلـف او دام اسـت و خالش دانـه آن دام و من
بـر امیـد دانـه‌ای افتـاده‌ام در دام دوسـت
سـر ز مسـتی برنگیرد تـا به صبح روز حشـر
هر که چون من در ازل یک جرعه خورد از جام دوست
بس نگویم شـمه‌ای از شرح شوق خود از آنک
دردسـر باشـد نمودن بیش از این ابرام دوست
گـر دهد دسـتم کشـم در دیده همچـون توتیا
خاک راهی کان مشـرف گردد از اقدام دوسـت
میل من سـوی وصـال و قصد او سـوی فراق
تـرک کام خـود گرفتم تـا برآید کام دوسـت
حافـظ اندر درد او می‌سـوز و بی‌درمان بسـاز
زان کـه درمانـی نـدارد درد بـی‌آرام دوسـت

غزل ۶۳

روی تـو کـس ندیـد و هزارت رقیب هسـت
در غنچـه‌ای هنـوز و صـدت عندلیب هسـت
گـر آمـدم به کـوی تو چنـدان غریب نیسـت
چـون مـن در آن دیار هـزاران غریب هسـت
در عشـق خانقـاه و خرابـات فـرق نیسـت
هـر جـا که هسـت پرتـو روی حبیب هسـت
آن جـا کـه کار صومعـه را جلـوه می‌دهنـد
ناقـوس دیـر راهـب و نـام صلیـب هسـت
عاشـق که شـد که یـار بـه حالش نظـر نکرد
ای خواجـه درد نیسـت وگرنـه طبیب هسـت
فریـاد حافـظ ایـن همه آخـر به هرزه نیسـت
هم قصـه‌ای غریـب و حدیثی عجیب هسـت

غزل ۶۴

اگـر چـه عـرض هنـر پیش یـار بی‌ادبیسـت
زبـان خمـوش ولیکن دهـان پر از عربیسـت

پـری نهفتـه رخ و دیـو در کرشمـه حسـن
بسوخت دیده ز حیرت که این چه بوالعجبیسـت

در ایـن چمـن گل بی خـار کس نچیـد آری
چـراغ مصطفـوی بـا شـرار بولهبیسـت

سبب مپرس که چرخ از چه سـفله پرور شـد
کـه کام بخشـی او را بهانـه بـی سببیسـت

بـه نیـم جـو نخـرم طـاق خانقـاه و ربـاط
مـرا کـه مصطبه ایـوان و پـای خم طنبیسـت

جمـال دختـر رز نـور چشـم ماسـت مگر
کـه در نقـاب زجاجـی و پـرده عنبیسـت

هـزار عقـل و ادب داشـتم مـن ای خواجـه
کنـون کـه مسـت خرابم صـلاح بی‌ادبیسـت

بیـار مـی کـه چـو حافـظ هـزارم اسـتظهار
بـه گریـه سـحری و نیـاز نیـم شبیسـت

غزل ۶۵

خوشتر ز عیش و صحبت و باغ و بهار چیست

ساقی کجاست گو سبب انتظار چیست

هر وقت خوش که دست دهد مغتنم شمار

کس را وقوف نیست که انجام کار چیست

پیوند عمر بسته به موییست هوش دار

غمخوار خویش باش غم روزگار چیست

معنی آب زندگی و روضه ارم

جز طرف جویبار و می خوشگوار چیست

مستور و مست هر دو چو از یک قبیله‌اند

ما دل به عشوه که دهیم اختیار چیست

راز درون پرده چه داند فلک خموش

ای مدعی نزاع تو با پرده دار چیست

سهو و خطای بنده گرش اعتبار نیست

معنی عفو و رحمت آمرزگار چیست

زاهد شراب کوثر و حافظ پیاله خواست

تا در میانه خواسته کردگار چیست

غزل ۶۶

بنال بلبل اگر با منت سر یاریست
که ما دو عاشق زاریم و کار ما زاریست
در آن زمین که نسیمی وزد ز طره دوست
چه جای دم زدن نافه‌های تاتاریست
بیار باده که رنگین کنیم جامه زرق
که مست جام غروریم و نام هشیاریست
خیال زلف تو پختن نه کار هر خامیست
که زیر سلسله رفتن طریق عیاریست
لطیفه‌ایست نهانی که عشق از او خیزد
که نام آن نه لب لعل و خط زنگاریست
جمال شخص نه چشم است و زلف و عارض و خال
هزار نکته در این کار و بار دلداریست
قلندران حقیقت به نیم جو نخرند
قبای اطلس آن کس که از هنر عاریست
بر آستان تو مشکل توان رسید آری
عروج بر فلک سروری به دشواریست
سحر کرشمه چشمت به خواب می‌دیدم
زهی مراتب خوابی که به ز بیداریست
دلش به ناله میازار و ختم کن حافظ
که رستگاری جاوید در کم آزاریست

غزل ۶۷

یا رب این شـمـع دل افروز ز کاشـانـه کیسـت

جـان مـا سـوخت بپرسـید کـه جانانه کیست

حالیـا خانـه برانـداز دل و دیـن مـن اسـت

تـا در آغوش که می‌خسبد و همخانه کیست

بـاده لعـل لبـش کـز لـب مـن دور مبـاد

راح روح کـه و پیمـان ده پیمانه کیست

دولـت صحبـت آن شـمـع سـعادت پرتـو

بازپرسـید خـدا را کـه بـه پروانـه کیست

می‌دهـد هـر کسـش افسـونی و معلوم نشـد

کـه دل نـازک او مایـل افسانه کیست

یـا رب آن شـاهوش مـاه رخ زهـره جبیـن

در یکتـای کـه و گوهـر یـک دانـه کیست

گفتـم آه از دل دیوانـه حافـظ بـی تـو

زیـر لب خنـده زنان گفـت که دیوانه کیست

غزل ۶۸

ماهم این هفته برون رفت و به چشــــم سالیست

حال هجران تو چه دانی که چه مشکل حالیست

مــردم دیــده ز لطـف رخ او در رخ او

عکس خود دید گمان برد که مشــکین خالیست

می‌چکد شــیر هنــوز از لب همچون شــکرش

گــر چه در شــیوه گری هــر مژه‌اش قتالیست

ای کــه انگشـــت نمایی بــه کرم در همه شــهر

وه کــه در کار غریبــان عجبــت اهمالیست

بعــد از اینــم نبــود شــابه در جوهــر فــرد

کــه دهان تــو در این نکته خوش استدلالیست

مــژده دادنــد کــه بــر ما گــذری خواهــی کرد

نیت خیــر مگــردان کــه مبــارک فالیست

کــوه انــدوه فراقــت بــه چــه حالــت بکشد

حافظ خســته کــه از نالــه تنش چون نالیست

غزل ۶۹

کس نیست که افتاده آن زلف دوتا نیست
در رهگذر کیست که دامی ز بلا نیست
چون چشم تو دل می‌برد از گوشه نشینان
همراه تو بودن گنه از جانب ما نیست
روی تو مگر آینه لطف الهیست
حقا که چنین است و در این روی و ریا نیست
نرگس طلبد شیوه چشم تو زهی چشم
مسکین خبرش از سر و در دیده حیا نیست
از بهر خدا زلف مپیرای که ما را
شب نیست که صد عربده با باد صبا نیست
بازآی که بی روی تو ای شمع دل افروز
در بزم حریفان اثر نور و صفا نیست
تیمار غریبان اثر ذکر جمیل است
جانا مگر این قاعده در شهر شما نیست
دی می‌شد و گفتم صنما عهد به جای آر
گفتا غلطی خواجه در این عهد وفا نیست
گر پیر مغان مرشد من شد چه تفاوت
در هیچ سری نیست که سری ز خدا نیست
عاشق چه کند گر نکشد بار ملامت
با هیچ دلاور سپر تیر قضا نیست
در صومعه زاهد و در خلوت صوفی
جز گوشه ابروی تو محراب دعا نیست
ای چنگ فروبرده به خون دل حافظ
فکرت مگر از غیرت قرآن و خدا نیست

غزل ۷۰

مـردم دیـده مـا جز بـه رخـت ناظر نیسـت
دل سرگشـته مـا غیـر تـو را ذاکـر نیسـت
اشـکم احـرام طـواف حرمـت می‌بنـدد
گـر چـه از خـون دل ریش دمی طاهر نیسـت
بسـته دام و قفـس بـاد چـو مـرغ وحشـی
طایـر سـدره اگـر در طلبـت طایـر نیسـت
عاشـق مفلـس اگـر قلـب دلـش کـرد نثـار
مکنـش عیـب که بـر نقـد روان قادر نیسـت
عاقبـت دسـت بـدان سـرو بلنـدش برسـد
هـر کـه را در طلبـت همـت او قاصر نیسـت
از روان بخشـی عیسـی نزنـم دم هرگـز
زان کـه در روح فزایـی چو لبت ماهر نیسـت
مـن کـه در آتـش سـودای تـو آهـی نزنـم
کی تـوان گفـت که بـر داغ دلم صابر نیسـت
روز اول کـه سـر زلـف تـو دیـدم گفتـم
کـه پریشـانی ایـن سلسـله را آخـر نیسـت
سـر پیونـد تـو تنهـا نـه دل حافـظ راسـت
کیسـت آن کش سـر پیوند تو در خاطر نیسـت

غزل ۷۱

زاهد ظاهرپرست از حال ما آگاه نیست
در حق ما هر چه گوید جای هیچ اکراه نیست
در طریقت هر چه پیش سالک آید خیر اوست
در صراط مستقیم ای دل کسی گمراه نیست
تا چه بازی رخ نماید بیدقی خواهیم راند
عرصه شطرنج رندان را مجال شاه نیست
چیست این سقف بلند ساده بسیارنقش
زین معما هیچ دانا در جهان آگاه نیست
این چه استغناست یارب وین چه قادر حکمت است
کاین همه زخم نهان هست و مجال آه نیست
صاحب دیوان ما گویی نمی‌داند حساب
کاندر این طغرا نشان حسبه لله نیست
هر که خواهد گو بیا و هر چه خواهد گو بگو
کبر و ناز و حاجب و دربان بدین درگاه نیست
بر در میخانه رفتن کار یک رنگان بود
خودفروشان را به کوی می فروشان راه نیست
هر چه هست از قامت ناساز بی اندام ماست
ور نه تشریف تو بر بالای کس کوتاه نیست
بنده پیر خراباتم که لطفش دایم است
ور نه لطف شیخ و زاهد گاه هست و گاه نیست
حافظ ار بر صدر ننشیند ز عالی مشربیست
عاشق دردی کش اندربند مال و جاه نیست

غزل ۷۲

راهیست راه عشق که هیچش کناره نیست
آن جا جز آن که جان بسپارند چاره نیست
هر گه که دل به عشق دهی خوش دمی بود
در کار خیر حاجت هیچ استخاره نیست
ما را ز منع عقل مترسان و می بیار
کان شحنه در ولایت ما هیچ کاره نیست
از چشم خود بپرس که ما را که می‌کشد
جانا گناه طالع و جرم ستاره نیست
او را به چشم پاک توان دید چون هلال
هر دیده جای جلوه آن ماه پاره نیست
فرصت شمر طریقه رندی که این نشان
چون راه گنج بر همه کس آشکاره نیست
نگرفت در تو گریه حافظ به هیچ رو
حیران آن دلم که کم از سنگ خاره نیست

غزل ۷۳

روشـــن از پرتو رویت نظری نیســـت که نیست
منـــت خاک درت بر بصری نیســـت که نیســـت
ناظـــر روی تـــو صاحـــب نظرانـــد آری
ســـر گیسوی تو در هیچ ســـری نیست که نیست
اشـــک غمـــاز مـــن ار ســـرخ برآمد چـــه عجب
خجل از کرده خود پرده دری نیســـت که نیست
تـــا بـــه دامـــن ننشـــیند ز نســـیمش گـــردی
ســـیل خیز از نظرم رهگذری نیســـت که نیست
تـــا دم از شـــام ســـر زلـــف تـــو هـــر جـــا نزنند
با صبا گفت و شـــنیدم ســـحری نیست که نیست
مـــن از ایـــن طالـــع شـــوریده برنجـــم ور نـــی
بهره مند از ســـر کویت دگری نیســـت که نیست
از حیـــای لـــب شـــیرین تـــو ای چشـــمه نوش
غرق آب و عرق اکنون شـــکری نیست که نیست
مصلحت نیســـت کـــه از پـــرده برون افتـــد راز
ور نه در مجلس رندان خبری نیســـت که نیست
شـــیر در بادیـــه عشـــق تـــو روبـــاه شـــود
آه از این راه که در وی خطری نیســـت که نیست
آب چشـــمم کـــه بـــر او منت خاک در توســـت
زیر صد منت او خاک دری نیســـت که نیســـت
از وجودم قدری نام و نشـــان هســـت که هست
ور نه از ضعف در آن جا اثری نیســـت که نیست
غیر از این نکته که حافظ ز تو ناخشـــنود اســـت
در ســـراپای وجودت هنری نیســـت که نیســـت

غزل ۷۴

حاصل کارگه کون و مکان این همه نیست
باده پیش آر که اسباب جهان این همه نیست
از دل و جان شرف صحبت جانان غرض است
غرض این است وگرنه دل و جان این همه نیست
منت سدره و طوبی ز پی سایه مکش
که چو خوش بنگری ای سرو روان این همه نیست
دولت آن است که بی خون دل آید به کنار
ور نه با سعی و عمل باغ جنان این همه نیست
پنج روزی که در این مرحله مهلت داری
خوش بیاسای زمانی که زمان این همه نیست
بر لب بحر فنا منتظریم ای ساقی
فرصتی دان که ز لب تا به دهان این همه نیست
زاهد ایمن مشو از بازی غیرت زنهار
که ره از صومعه تا دیر مغان این همه نیست
دردمندی من سوخته زار و نزار
ظاهرا حاجت تقریر و بیان این همه نیست
نام حافظ رقم نیک پذیرفت ولی
پیش رندان رقم سود و زیان این همه نیست

غزل ۷۵

خـواب آن نرگـس فتـان تو بی چیزی نیسـت

تـاب آن زلف پریشـان تـو بی چیزی نیسـت

از لبـت شـیر روان بـود کـه مـن می‌گفتـم

این شـکر گـرد نمکـدان تو بی چیزی نیسـت

جـان درازی تـو بـادا کـه یقیـن می‌دانـم

در کمـان نـاوک مژگان تـو بی چیزی نیسـت

مبتلایـی بـه غـم محنـت و انـدوه فـراق

ای دل ایـن نالـه و افغان تو بی چیزی نیسـت

دوش باد از سـر کویش به گلسـتان بگذشـت

ای گل ایـن چاک گریبان تو بی چیزی نیسـت

درد عشـق ار چـه دل از خلـق نهـان می‌دارد

حافـظ ایـن دیده گریـان تو بی چیزی نیسـت

غزل ۷۶

جـز آسـتان تـوام در جهـان پنـاهـی نیست

سـر مـرا بجـز ایـن در حوالـه گاهی نیست

عـدو چـو تیـغ کشد مـن سپـر بینـدازم

کـه تیـغ مـا بجـز از نالـه‌ای و آهی نیست

چـرا ز کـوی خرابـات روی برتابـم

کز این به هم به جهان هیچ رسـم و راهی نیست

زمانـه گـر بزنـد آتشـم بـه خرمـن عمـر

بگـو بسـوز که بـر من بـه برگ کاهی نیست

غـلام نرگـس جمـاش آن سهی سـروم

که از شـراب غـرورش به کس نگاهی نیست

مبـاش در پـی آزار و هـر چـه خواهـی کن

کـه در شـریعت ما غیـر از این گناهی نیست

عنـان کشیـده رو ای پادشـاه کشـور حسن

که نیست بر سـر راهی که دادخواهی نیست

چنیـن کـه از همـه سـو دام راه می‌بینـم

بـه از حمایـت زلفـش مـرا پناهی نیست

خزینـه دل حافـظ بـه زلـف و خـال مـده

کـه کارهـای چنیـن حد هر سیاهی نیست

غزل ۷۷

بلبلی بــرگ گلی خوش رنگ در منقار داشت
و اندر آن برگ و نوا خوش ناله‌های زار داشت

گفتمش در عین وصل این ناله و فریاد چیست
گفــت ما را جلوه معشــوق در این کار داشت

یــار اگر ننشســت با ما نیســت جــای اعتراض
پادشــاهی کامــران بــود از گدایی عار داشت

در نمی‌گیــرد نیــاز و ناز ما با حســن دوست
خرم آن کــز نازنینــان بخت برخوردار داشت

خیــز تا بر کلــک آن نقــاش جان افشان کنیم
کاین همه نقش عجب در گردش پرگار داشت

گــر مریــد راه عشــقی فکــر بدنامــی مکن
شــیخ صنعــان خرقه رهن خانه خمار داشت

وقت آن شــیرین قلندر خوش که در اطوار سیر
ذکــر تســبیح ملــک در حلقــه زنــار داشت

چشــم حافظ زیــر بام قصر آن حوری سرشت
شــیوه جنــات تجــری تحتها الانهار داشت

غزل ۷۸

دیـدی که یار جز سـر جور و سـتم نداشـت
بشکسـت عهـد وز غـم مـا هیچ غم نداشـت
یـا رب مگیـرش ار چـه دل چـون کبوتـرم
افکنـد و کشـت و عـزت صید حرم نداشـت
بـر مـن جفـا ز بخـت مـن آمـد وگرنـه یار
حاشـا که رسـم لطـف و طریق کرم نداشـت
با ایـن همه هر آن کـه نه خواری کشـید از او
هـر جا کـه رفت هیچ کسـش محترم نداشـت
سـاقی بیـار بـاده و بـا محتسـب بگـو
انـکار مـا مکن کـه چنین جـام جم نداشـت
هـر راهـرو کـه ره بـه حریـم درش نبـرد
مسـکین بریـد وادی و ره در حـرم نداشـت
حافـظ ببـر تـو گـوی فصاحـت کـه مدعی
هیچـش هنـر نبـود و خبـر نیـز هم نداشـت

غزل ۷۹

کنون که می‌دمد از بوستان نسیم بهشت
من و شراب فرح بخش و یار حورسرشت
گدا چرا نزند لاف سلطنت امروز
که خیمه سایه ابر است و بزمگه لب کشت
چمن حکایت اردیبهشت می‌گوید
نه عاقل است که نسیه خرید و نقد بهشت
به می عمارت دل کن که این جهان خراب
بر آن سر است که از خاک ما بسازد خشت
وفا مجوی ز دشمن که پرتوی ندهد
چو شمع صومعه افروزی از چراغ کنشت
مکن به نامه سیاهی ملامت من مست
که آگه است که تقدیر بر سرش چه نوشت
قدم دریغ مدار از جنازه حافظ
که گر چه غرق گناه است می‌رود به بهشت

غزل ۸۰

عیب رندان مکن ای زاهد پاکیزه سرشت
که گناه دگران بر تو نخواهند نوشت

من اگر نیکم و گر بد تو برو خود را باش
هر کسی آن درود عاقبت کار که کشت

همه کس طالب یارند چه هشیار و چه مست
همه جا خانه عشق است چه مسجد چه کنشت

سر تسلیم من و خشت در میکده‌ها
مدعی گر نکند فهم سخن گو سر و خشت

ناامیدم مکن از سابقه لطف ازل
تو پس پرده چه دانی که که خوب است و که زشت

نه من از پرده تقوا به درافتادم و بس
پدرم نیز بهشت ابد از دست بهشت

حافظا روز اجل گر به کف آری جامی
یک سر از کوی خرابات برندت به بهشت

غزل ۸۱

صبحدم مرغ چمن با گل نوخاسته گفت
ناز کم کن که در این باغ بسی چون تو شکفت
گل بخندید که از راست نرنجیم ولی
هیچ عاشق سخن سخت به معشوق نگفت
گر طمع داری از آن جام مرصع می لعل
ای بسا در که به نوک مژه‌ات باید سفت
تا ابد بوی محبت به مشامش نرسد
هر که خاک در میخانه به رخساره نرفت
در گلستان ارم دوش چو از لطف هوا
زلف سنبل به نسیم سحری می‌آشفت
گفتم ای مسند جم جام جهان بینت کو
گفت افسوس که آن دولت بیدار بخفت
سخن عشق نه آن است که آید به زبان
ساقیا می ده و کوتاه کن این گفت و شنفت
اشک حافظ خرد و صبر به دریا انداخت
چه کند سوز غم عشق نیارست نهفت

غزل ۸۲

آن تــرک پــری چهره کــه دوش از بــر ما رفت
آیـا چـه خطـا دیـد کـه از راه خطـا رفـت
تـا رفـت مـرا از نظـر آن چشـم جهـان بین
کـس واقف ما نیسـت که از دیـده چه‌ها رفت
بـر شـمع نرفـت از گـذر آتـش دل دوش
آن دود کـه از سـوز جگـر بـر سـر مـا رفت
دور از رخ تـو دم بـه دم از گوشـه چشـمم
سـیلاب سرشـک آمـد و طوفـان بـلا رفـت
از پـای فتادیـم چـو آمـد غـم هجـران
در درد بمردیـم چـو از دسـت دوا رفـت
دل گفـت وصالـش بـه دعا بـاز تـوان یافت
عمریسـت که عمـرم همـه در کار دعـا رفت
احـرام چـه بندیم چـو آن قبله نه این جاسـت
در سـعی چه کوشـیم چـو از مـروه صفا رفت
دی گفت طبیب از سـر حسـرت چـو مرا دید
هیهـات کـه رنـج تـو ز قانـون شـفا رفـت
ای دوسـت بـه پرسـیدن حافـظ قدمـی نـه
زان پیـش کـه گوینـد کـه از دار فنـا رفـت

غزل ۸۳

گر ز دســت زلف مشـکینت خطایی رفت رفت

ور ز هنـدوی شـما بر مـا جفایـی رفت رفت

برق عشق ار خرمن پشمینه پوشی سوخت سوخت

جور شـاه کامـران گر بـر گدایی رفت رفت

در طریقــت رنجـش خاطـر نباشــد مـی بیار

هـر کدورت را که بینی چون صفایی رفت رفت

عشـقبازی را تحمـل بایـد ای دل پـای دار

گـر ملالی بـود بـود و گر خطایـی رفت رفت

گـر دلـی از غمـزه دلـدار بـاری بـرد بـرد

ور میـان جـان و جانـان ماجرایـی رفت رفت

از سخن چینـان ملالت‌هـا پدیـد آمـد ولی

گـر میـان همنشـینان ناسـزایی رفت رفت

عیـب حافظ گو مکن واعظ کـه رفت از خانقاه

پـای آزادی چـه بندی گر به جایـی رفت رفت

غزل ۸۴

ساقی بیار باده که ماه صیام رفت
درده قدح که موسم ناموس و نام رفت

وقت عزیز رفت بیا تا قضا کنیم
عمری که بی حضور صراحی و جام رفت

مستم کن آن چنان که ندانم ز بیخودی
در عرصه خیال که آمد کدام رفت

بر بوی آن که جرعه جامت به ما رسد
در مصطبه دعای تو هر صبح و شام رفت

دل را که مرده بود حیاتی به جان رسید
تا بویی از نسیم می‌اش در مشام رفت

زاهد غرور داشت سلامت نبرد راه
رند از ره نیاز به دارالسلام رفت

نقد دلی که بود مرا صرف باده شد
قلب سیاه بود از آن در حرام رفت

در تاب توبه چند توان سوخت همچو عود
می ده که عمر در سر سودای خام رفت

دیگر مکن نصیحت حافظ که ره نیافت
گمگشته‌ای که باده نابش به کام رفت

غزل ۸۵

شربتی از لب لعلش نچشیدیم و برفت
روی مه پیکر او سیر ندیدیم و برفت
گویی از صحبت ما نیک به تنگ آمده بود
بار بربست و به گردش نرسیدیم و برفت
بس که ما فاتحه و حرز یمانی خواندیم
وز پی اش سوره اخلاص دمیدیم و برفت
عشوه دادند که بر ما گذری خواهی کرد
دیدی آخر که چنین عشوه خریدیم و برفت
شد چمان در چمن حسن و لطافت لیکن
در گلستان وصالش نچمیدیم و برفت
همچو حافظ همه شب ناله و زاری کردیم
کای دریغا به وداعش نرسیدیم و برفت

غزل ۸۶

ساقی بیا که یار ز رخ پرده برگرفت
کار چراغ خلوتیان باز درگرفت

آن شمع سرگرفته دگر چهره برفروخت
وین پیر سالخورده جوانی ز سر گرفت

آن عشوه داد عشق که مفتی ز ره برفت
وان لطف کرد دوست که دشمن حذر گرفت

زنهار از آن عبارت شیرین دلفریب
گویی که پسته تو سخن در شکر گرفت

بار غمی که خاطر ما خسته کرده بود
عیسی دمی خدا بفرستاد و برگرفت

هر سروقد که بر مه و خور حسن می‌فروخت
چون تو درآمدی پی کاری دگر گرفت

زین قصه هفت گنبد افلاک پرصداست
کوته نظر ببین که سخن مختصر گرفت

حافظ تو این سخن ز که آموختی که بخت
تعویذ کرد شعر تو را و به زر گرفت

غزل ۸۷

حسنت بـه اتفـاق ملاحـت جهـان گرفـت

آری بـه اتفـاق جهـان می‌تـوان گرفـت

افشـای راز خلوتیـان خواسـت کـرد شـمع

شـکر خـدا کـه سـر دلـش در زبان گرفـت

زیـن آتـش نهفتـه کـه در سـینه مـن اسـت

خورشـید شعلـه‌ایسـت کـه در آسـمان گرفـت

می‌خواسـت گل که دم زند از رنگ و بوی دوسـت

از غیـرت صبـا نفسـش در دهـان گرفـت

آسـوده بـر کنـار چـو پرگـار می‌شـدم

دوران چـو نقطـه عاقبتـم در میـان گرفـت

آن روز شـوق سـاغر مـی خرمنـم بسـوخت

کتـش ز عکـس عـارض سـاقی در آن گرفـت

خواهـم شـدن به کـوی مغان آسـتین فشان

زیـن فتنه‌هـا کـه دامـن آخرزمـان گرفـت

مـی خـور کـه هر کـه آخـر کار جهـان بدید

از غـم سـبک برآمـد و رطـل گـران گرفـت

بـر بـرگ گل بـه خـون شـقایق نوشـته‌اند

کان کس که پخته شـد مـی چون ارغوان گرفـت

حافـظ چـو آب لطـف ز نظـم تـو می‌چکـد

حاسـد چگونـه نکتـه توانـد بـر آن گرفـت

غزل ۸۸

شنیده‌ام سخنی خوش که پیر کنعان گفت
فراق یار نه آن می‌کند که بتوان گفت

حدیث هول قیامت که گفت واعظ شهر
کنایتیست که از روزگار هجران گفت

نشان یار سفرکرده از که پرسم باز
که هر چه گفت برید صبا پریشان گفت

فغان که آن مه نامهربان مهرگسل
به ترک صحبت یاران خود چه آسان گفت

من و مقام رضا بعد از این و شکر رقیب
که دل به درد تو خو کرد و ترک درمان گفت

غم کهن به می سالخورده دفع کنید
که تخم خوشدلی این است پیر دهقان گفت

گره به باد مزن گر چه بر مراد رود
که این سخن به مثل باد با سلیمان گفت

به مهلتی که سپهرت دهد ز راه مرو
تو را که گفت که این زال ترک دستان گفت

مزن ز چون و چرا دم که بنده مقبل
قبول کرد به جان هر سخن که جانان گفت

که گفت حافظ از اندیشه تو آمد باز
من این نگفته‌ام آن کس که گفت بهتان گفت

غزل ۸۹

یـا رب سببی سـاز کـه یـارم بـه سـلامت
بازآیـد و بـرهانـدم از بنـد ملامـت

خـاک ره آن یـار سفرکرده بیاریـد
تـا چشـم جهـان بیـن کنمـش جـای اقامت

فریـاد کـه از شـش جهتـم راه ببستند
آن خـال و خط و زلف و رخ و عارض و قامت

امـروز کـه در دسـت تـوام مرحمتـی کـن
فـردا کـه شـوم خاک چه سـود اشـک ندامت

ای آن کـه بـه تقریر و بیـان دم زنی از عشـق
مـا بـا تـو نداریـم سـخن خیـر و سـلامت

درویـش مکـن نالـه ز شمشیـر احبا
کایـن طایفـه از کشـته سـتاننـد غرامـت

در خرقـه زن آتـش کـه خـم ابـروی سـاقی
بـر مـیشـکند گوشـه محـراب امامت

حاشـا کـه مـن از جـور و جفـای تـو بنالـم
بیـداد لطیفـان همـه لطـف اسـت و کرامـت

کوتـه نکنـد بحـث سـر زلـف تـو حافـظ
پیوسته شد ایـن سلسله تـا روز قیامت

غزل ۹۰

ای هدهد صبا به سبا می‌فرستمت
بنگر که از کجا به کجا می‌فرستمت
حیف است طایری چو تو در خاکدان غم
زین جا به آشیان وفا می‌فرستمت
در راه عشق مرحله قرب و بعد نیست
می‌بینمت عیان و دعا می‌فرستمت
هر صبح و شام قافله‌ای از دعای خیر
در صحبت شمال و صبا می‌فرستمت
تا لشکر غمت نکند ملک دل خراب
جان عزیز خود به نوا می‌فرستمت
ای غایب از نظر که شدی همنشین دل
می‌گویمت دعا و ثنا می‌فرستمت
در روی خود تفرج صنع خدای کن
کیینه خدای نما می‌فرستمت
تا مطربان ز شوق منت آگهی دهند
قول و غزل به ساز و نوا می‌فرستمت
ساقی بیا که هاتف غیبم به مژده گفت
با درد صبر کن که دوا می‌فرستمت
حافظ سرود مجلس ما ذکر خیر توست
بشتاب هان که اسب و قبا می‌فرستمت

غزل ۹۱

ای غایب از نظر به خدا می‌سپارمت

جانم بسوختی و به دل دوست دارمت

تا دامن کفن نکشم زیر پای خاک

باور مکن که دست ز دامن بدارمت

محراب ابرویت بنما تا سحرگهی

دست دعا برآرم و در گردن آرمت

گر بایدم شدن سوی هاروت بابلی

صد گونه جادویی بکنم تا بیارمت

خواهم که پیش میرمت ای بی‌وفا طبیب

بیمار بازپرس که در انتظارمت

صد جوی آب بسته‌ام از دیده بر کنار

بر بوی تخم مهر که در دل بکارمت

خونم بریخت و از غم عشقم خلاص داد

منت پذیر غمزه خنجر گذارمت

می‌گریم و مرادم از این سیل اشکبار

تخم محبت است که در دل بکارمت

بارم ده از کرم سوی خود تا به سوز دل

در پای دم به دم گهر از دیده بارمت

حافظ شراب و شاهد و رندی نه وضع توست

فی‌الجمله می‌کنی و فرو می‌گذارمت

غزل ۹۲

میر مـــن خوش می‌روی کاندر ســـر و پا میرمت
خوش خرامان شـــو کـــه پیش قد رعنـــا میرمت
گفته بودی کی بمیری پیش من تعجیل چیســـت
خـــوش تقاضـــا می‌کنـــی پیـــش تقاضـــا میرمت
عاشـــق و مخمور و مهجورم بت ساقی کجاست
گـــو کـــه بخرامـــد کـــه پیـــش ســـروبالا میرمت
آن که عمری شـــد که تـــا بیمارم از ســـودای او
گو نگاهـــی کن که پیش چشـــم شـــهلا میرمت
گفتـــه لعـــل لبـــم هـــم درد بخشـــد هـــم دوا
گاه پیـــش درد و گـــه پیـــش مـــداوا میرمـــت
خوش خرامان می‌روی چشم بد از روی تو دور
دارم انـــدر ســـر خیـــال آن کـــه در پـــا میرمـــت
گر چه جای حافظ اندر خلوت وصل تو نیســـت
ای همـــه جای تو خوش پیـــش همه جا میرمت

غزل ۹۳

چـه لطـف بـود کـه نـاگاه رشـحه قلمـت

حقـوق خدمـت مـا عرضـه کـرد بـر کرمـت

بـه نـوک خامـه رقـم کـردهای سـلام مـرا

که کارخانـه دوران مبـاد بـی رقمـت

نگویـم از مـن بـیدل بـه سـهو کـردی یـاد

کـه در حسـاب خرد نیسـت سهو بـر قلمـت

مـرا ذلیـل مگـردان بـه شـکر ایـن نعمـت

کـه داشـت دولـت سـرمد عزیـز و محترمـت

بیـا کـه بـا سـر زلفـت قـرار خواهـم کـرد

کـه گـر سـرم بـرود برنـدارم از قدمـت

ز حـال مـا دلـت آگـه شـود مگـر وقتـی

کـه لالـه بردمـد از خـاک کشـتگان غمـت

روان تشنه مـا را بـه جرعـهای دریـاب

چـو میدهنـد زلال خضـر ز جـام جمـت

همیشـه وقت تـو ای عیسـی صبا خـوش باد

کـه جـان حافظ دلخسـته زنده شـد بـه دمت

غزل ۹۴

زان یـار دلنـوازم شکریـست بـا شکایت

گـر نکتـه دان عشـقی بشنو تو ایـن حکایت

بـی مـزد بـود و منـت هـر خدمتی کـه کردم

یا رب مبـاد کـس را مخـدوم بـی عنایت

رنـدان تشـنه لـب را آبـی نمی‌دهـد کـس

گویـی ولـی شناسان رفتنـد از ایـن ولایت

در زلـف چون کمنـدش ای دل مپیـچ کان جا

سـرها بریـده بینـی بـی جـرم و بـی جنایت

چشـمت به غمزه ما را خون خورد و می‌پسندی

جانـا روا نباشـد خـون ریـز را حمایـت

در این شـب سـیاهم گـم گشـت راه مقصود

از گوشـه‌ای بـرون آی ای کوکـب هدایـت

از هـر طـرف کـه رفتم جـز وحشـتم نیفزود

زنهار از ایـن بیابـان ویـن راه بی‌نهایت

ای آفتـاب خوبـان می‌جوشـد انـدرونـم

یـک سـاعتم بگنجـان در سـایه عنایـت

ایـن راه را نهایـت صـورت کجا تـوان بسـت

کـش صد هـزار منزل بیـش اسـت در بدایت

هـر چنـد بـردی آبـم روی از درت نتابـم

جـور از حبیـب خوشـتر کـز مدعـی رعایت

عشقت رسـد به فریاد ار خود به سـان حافظ

قـرآن ز بـر بخوانـی در چـارده روایـت

غزل ۹۵

مدامم مست می‌دارد نسیم جعد گیسویت

خرابم می‌کند هر دم فریب چشم جادویت

پس از چندین شکیبایی شبی یا رب توان دیدن

که شمع دیده افروزیم در محراب ابرویت

سواد لوح بینش را عزیز از بهر آن دارم

که جان را نسخه‌ای باشد ز لوح خال هندویت

تو گر خواهی که جاویدان جهان یک سر بیارایی

صبا را گو که بردارد زمانی برقع از رویت

و گر رسم فنا خواهی که از عالم براندازی

برافشان تا فروریزد هزاران جان ز هر مویت

من و باد صبا مسکین دو سرگردان بی‌حاصل

من از افسون چشمت مست و او از بوی گیسویت

زهی همت که حافظ راست از دنیی و از عقبی

نیاید هیچ در چشمش بجز خاک سر کویت

غزل ۹۶

درد مـــا را نیســت درمـــان الغیـــاث

هجـــر مـــا را نیســت پایـــان الغیـــاث

دیـــن و دل بردنـــد و قصـــد جـــان کننـــد

الغیـــاث از جـــور خوبـــان الغیـــاث

در بهـــای بوســـه‌ای جانـــی طلـــب

می‌کننـــد ایـــن دلستانان الغیـــاث

خـــون مـــا خوردنـــد ایـــن کافـــردلان

ای مســـلمانان چـــه درمان الغیـــاث

همچـــو حافـــظ روز و شـــب بـــی خویشـــتن

گشـــته‌ام ســـوزان و گریـــان الغیـــاث

غزل ۹۷

تویـی کـه بـر سـر خوبـان کشوری چـون تاج

سـزد اگـر همـه دلبـران دهنـدت بـاج

دو چشـم شـوخ تو برهـم زده خطـا و حبش

بـه چین زلف تـو ماچین و هنـد داده خراج

بیـاض روی تـو روشـن چو عـارض رخ روز

سـواد زلـف سـیاه تـو هسـت ظلمـت داج

دهـان شـهد تـو داده رواج آب خضـر

لـب چـو قند تـو بـرد از نبـات مصر رواج

از این مـرض به حقیقت شـفا نخواهم یافت

کـه از تـو درد دل ای جان نمی‌رسـد به علاج

چـرا همی‌شـکنی جـان مـن ز سـنگ دلـی

دل ضعیـف کـه باشـد بـه نازکی چـو زجاج

لـب تـو خضـر و دهان تـو آب حیوان است

قـد تو سـرو و میان مـوی و بر بـه هیت عاج

فتـاد در دل حافـظ هـوای چـون تـو شـهی

کمینـه ذره خـاک در تـو بـودی کاج

غزل ۹۸

اگر به مذهب تو خون عاشق است مباح
صلاح ما همه آن است کان تو راست صلاح
سواد زلف سیاه تو جاعل الظلمات
بیاض روی چو ماه تو فالق الاصباح
ز چین زلف کمندت کسی نیافت خلاص
از آن کمانچه ابرو و تیر چشم نجاح
ز دیده‌ام شده یک چشمه در کنار روان
که آشنا نکند در میان آن ملاح
لب چو آب حیات تو هست قوت جان
وجود خاکی ما را از اوست ذکر رواح
بداد لعل لبت بوسه‌ای به صد زاری
گرفت کام دلم ز او به صد هزار الحاح
دعای جان تو ورد زبان مشتاقان
همیشه تا که بود متصل مسا و صباح
صلاح و توبه و تقوی ز ما مجو حافظ
ز رند و عاشق و مجنون کسی نیافت صلاح

غزل ۹۹

دل مـن ر هـوای روی فـرخ
بـود آشـفته همچـون مـوی فـرخ

بجـز هنـدوی زلفـش هیـچ کـس نیسـت
کـه برخـوردار شـد از روی فـرخ

سیاهی نیکبخت است آن که دایـم
بـود همـراز و هـم زانـوی فـرخ

شـود چـون بیـد لـرزان سـرو آزاد
اگـر بینـد قـد دلجـوی فـرخ

بـده سـاقی شـراب ارغوانـی
بـه یـاد نرگـس جـادوی فـرخ

دوتـا شـد قامتـم همچـون کمانـی
ز غـم پیوسـته چـون ابـروی فـرخ

نسـیم مشـک تاتـاری خجـل کـرد
شمیم زلـف عنبربـوی فـرخ

اگـر میـل دل هـر کـس بـه جایسـت
بـود میـل دل مـن سـوی فـرخ

غـلام همـت آنـم کـه باشـد
چـو حافـظ بنـده و هنـدوی فـرخ

غزل ۱۰۰

دی پیـر مـی فـروش که ذکـرش به خیـر بـاد

گفتـا شـراب نـوش و غـم دل بـبر ز یـاد

گفتـم بـه بـاد می‌دهـدم بـاده نـام و ننـگ

گفتـا قبـول کـن سـخن و هـر چـه بـاد بـاد

سـود و زیـان و مایه چو خواهد شـدن ز دست

از بهـر ایـن معاملـه غمگیـن مبـاش و شـاد

بـادت به دسـت باشـد اگـر دل نهـی بـه هیچ

در معرضـی کـه تخـت سـلیمان رود بـه بـاد

حافـظ گـرت ز پنـد حکیمـان ملالت اسـت

کوتـه کنیـم قصـه کـه عمـرت دراز بـاد

غزل ۱۰۱

شراب و عیش نهان چیست کار بی‌بنیاد
زدیم بر صف رندان و هر چه بادا باد
گره ز دل بگشا و از سپهر یاد مکن
که فکر هیچ مهندس چنین گره نگشاد
ز انقلاب زمانه عجب مدار که چرخ
از این فسانه هزاران هزار دارد یاد
قدح به شرط ادب گیر زان که ترکیبش
ز کاسه سر جمشید و بهمن است و قباد
که آگه است که کاووس و کی کجا رفتند
که واقف است که چون رفت تخت جم بر باد
ز حسرت لب شیرین هنوز می‌بینم
که لاله می‌دمد از خون دیده فرهاد
مگر که لاله بدانست بی‌وفایی دهر
که تا بزاد و بشد جام می ز کف ننهاد
بیا بیا که زمانی ز می خراب شویم
مگر رسیم به گنجی در این خراب آباد
نمی‌دهند اجازت مرا به سیر و سفر
نسیم باد مصلا و آب رکن آباد
قدح مگیر چو حافظ مگر به ناله چنگ
که بسته‌اند بر ابریشم طرب دل شاد

غزل ۱۰۲

دوش آگهـی ز یـار سـفرکرده داد بـاد
مـن نیـز دل بـه بـاد دهـم هـر چـه بـاد باد

کارم بـدان رسـید کـه همـراز خـود کنـم
هـر شـام بـرق لامـع و هـر بامـداد بـاد

در چیـن طـره تـو دل بـی حفـاظ مـن
هرگـز نگفـت مسـکن مالـوف یـاد بـاد

امـروز قـدر پنـد عزیـزان شـناختم
یـا رب روان ناصـح مـا از تـو شـاد بـاد

خون شـد دلـم به یاد تـو هر گه کـه در چمن
بنـد قبـای غنچـه گل مـیگشـاد بـاد

از دسـت رفتـه بـود وجـود ضعیـف مـن
صبحـم بـه بـوی وصل تـو جـان بـازداد باد

حافـظ نهـاد نیـک تـو کامـت بـرآورد
جانهـا فـدای مـردم نیکونهـاد بـاد

غزل ۱۰۳

روز وصل دوستداران یاد باد

یاد باد آن روزگاران یاد باد

کامم از تلخی غم چون زهر گشت

بانگ نوش شادخواران یاد باد

گر چه یاران فارغند از یاد من

از من ایشان را هزاران یاد باد

مبتلا گشتم در این بند و بلا

کوشش آن حق گزاران یاد باد

گر چه صد رود است در چشمم مدام

زنده رود باغ کاران یاد باد

راز حافظ بعد از این ناگفته ماند

ای دریغا رازداران یاد باد

غزل ۱۰۴

جمالـت آفتـاب هـر نظـر بـاد

ز خوبـی روی خوبـت خوبتـر بـاد

همـای زلـف شـاهین شـهپرت را

دل شـاهان عالـم زیـر پـر بـاد

کسـی کـو بسـته زلفـت نباشـد

چـو زلفـت درهـم و زیـر و زبـر بـاد

دلـی کـو عاشـق رویـت نباشـد

همیشـه غرقـه در خـون جگـر بـاد

بتـا چـون غمـزهات نـاوک فشـاند

دل مجـروح مـن پیشـش سـپر بـاد

چـو لعـل شـکرینت بوسـه بخشـد

مـذاق جـان مـن ز او پرشـکر بـاد

مـرا از توسـت هـر دم تـازه عشـقی

تـو را هـر سـاعتی حسـنی دگـر بـاد

بـه جـان مشـتاق روی توسـت حافـظ

تـو را در حـال مشـتاقان نظـر بـاد

غزل ۱۰۵

صوفـی ار بـاده بـه انـدازه خورد نوشـش باد

ور نـه انـدیشـه ایـن کار فـراموشـش بـاد

آن کـه یـک جرعـه مـی از دسـت توانـد دادن

دسـت بـا شـاهـد مقصـود در آغوشـش بـاد

پیـر مـا گفـت خطـا بـر قلـم صنـع نرفـت

آفـریـن بـر نظـر پـاک خطاپوشـش بـاد

شـاه تـرکان سـخن مدعیـان مـیشـنود

شـرمی از مظلمـه خـون سیاووشـش بـاد

گـر چه از کبر سـخن بـا من درویـش نگفت

جـان فـدای شـکرین پسـته خاموشـش بـاد

چشـمم از آینـه داران خـط و خالش گشت

لـبم از بوسـه ربایان بـر و دوشـش بـاد

نرگـس مسـت نـوازش کـن مـردم دارش

خون عاشـق بـه قدح گـر بخورد نوشـش باد

بـه غلامـی تـو مشـهور جهـان شـد حافظ

حلقـه بندگـی زلـف تـو در گوشـش باد

غزل ۱۰۶

تنـت بـه نـاز طبیبـان نیازمنـد مبـاد

وجـود نازکـت آزرده گزنـد مبـاد

سلامت همـه آفـاق در سـلامت توسـت

بـه هیـچ عارضـه شـخص تـو دردمنـد مباد

جمـال صـورت و معنی ز امن صحت توسـت

کـه ظاهـرت دژم و باطنـت نژنـد مبـاد

در ایـن چمـن چـو درآیـد خـزان بـه یغمایی

رهـش بـه سـرو سـهی قامـت بلنـد مبـاد

در آن بسـاط کـه حسـن تـو جلـوه آغـازد

مجـال طعنـه بدبیـن و بدپسـند مبـاد

هـر آن کـه روی چو ماهت به چشـم بـد بیند

بـر آتـش تـو بجـز جـان او سپند مباد

شـفا ز گفتـه شکرفشـان حافـظ جـوی

کـه حاجتـت بـه عـلاج گلاب و قنـد مبـاد

غزل ۱۰۷

حســن تــو همیشــه در فــزون بــاد
رویــت همــه ســاله لالــه گــون بــاد

انــدر ســر مــا خیــال عشــقت
هــر روز کــه بــاد در فــزون بــاد

هــر ســرو کــه در چمــن درآیــد
در خدمــت قامتــت نگــون بــاد

چشــمی کــه نــه فتنــه تــو باشــد
چــون گوهــر اشــک غــرق خــون بــاد

چشــم تــو ز بهــر دلربایــی
در کــردن ســحر ذوفنــون بــاد

هــر جــا کــه دلیســت در غــم تــو
بــی صبــر و قــرار و بــی ســکون بــاد

قــد همــه دلبــران عالــم
پیــش الــف قــدت چــو نــون بــاد

هــر دل کــه ز عشــق توســت خالــی
از حلقــه وصــل تــو بــرون بــاد

لعــل تــو کــه هســت جــان حافــظ
دور از لــب مردمــان دون بــاد

غزل ۱۰۸

خسروا گـوی فلـک در خـم چوگان تـو باد
سـاحت کـون و مـکان عرصـه میدان تـو باد

زلـف خاتـون ظفـر شـیفته پرچـم توسـت
دیـده فتـح ابـد عاشـق جـولان تـو بـاد

ای کـه انشـا عطـارد صفت شـوکت توسـت
عقـل کل چاکـر طغراکـش دیـوان تـو بـاد

طیـره جلـوه طوبـی قـد چون سـرو تو شـد
غیـرت خلـد بریـن سـاحت بسـتان تـو باد

نـه بـه تنهـا حیوانـات و نباتـات و جمـاد
هـر چـه در عالم امـر اسـت بـه فرمان تـو باد

غزل ۱۰۹

دیر است که دلدار پیامی نفرستاد
نتوشت سلامی و کلامی نفرستاد
صد نامه فرستادم و آن شاه سواران
پیکی ندوانید و سلامی نفرستاد
سوی من وحشی صفت عقل رمیده
آهوروشی کبک خرامی نفرستاد
دانست که خواهد شدنم مرغ دل از دست
و از آن خط چون سلسله دامی نفرستاد
فریاد که آن ساقی شکرلب سرمست
دانست که مخمورم و جامی نفرستاد
چندان که زدم لاف کرامات و مقامات
هیچم خبر از هیچ مقامی نفرستاد
حافظ به ادب باش که واخواست نباشد
گر شاه پیامی به غلامی نفرستاد

غزل ۱۱۰

پیرانه سرم عشق جوانی به سر افتاد
وان راز که در دل بنهفتم به درافتاد
از راه نظر مرغ دلم گشت هواگیر
ای دیده نگه کن که به دام که درافتاد
دردا که از آن آهوی مشکین سیه چشم
چون نافه بسی خون دلم در جگر افتاد
از رهگذر خاک سر کوی شما بود
هر نافه که در دست نسیم سحر افتاد
مژگان تو تا تیغ جهان گیر برآورد
بس کشته دل زنده که بر یک دگر افتاد
بس تجربه کردیم در این دیر مکافات
با دردکشان هر که درافتاد برافتاد
گر جان بدهد سنگ سیه لعل نگردد
با طینت اصلی چه کند بدگهر افتاد
حافظ که سر زلف بتان دست کشش بود
بس طرفه حریفیست کش اکنون به سر افتاد

غزل ۱۱۱

عکـس روی تـو چـو در آیـنـه جـام افـتـاد
عـارف از خنـده مـی در طمـع خـام افـتـاد

حسـن روی تو به یـک جلوه کـه در آینه کرد
ایـن همـه نقـش در آیینه اوهـام افـتـاد

ایـن همه عکس مـی و نقش نگاریـن که نمود
یـک فـروغ رخ ساقیسـت کـه در جـام افتاد

غیـرت عشـق زبـان همـه خاصـان بـبریـد
کـز کجـا سـر غمـش در دهـن عـام افتاد

مـن ز مسـجد بـه خرابـات نـه خـود افتادم
ایـنـم از عهـد ازل حاصـل فرجـام افتاد

چـه کنـد کـز پـی دوران نـرود چون پـرگار
هـر کـه در دایـره گـردش ایـام افتـاد

در خـم زلـف تـو آویخـت دل از چـاه زنخ
آه کـز چـاه بـرون آمـد و در دام افتاد

آن شـد ای خواجـه کـه در صومعه بـازم بینی
کار مـا بـا رخ سـاقی و لـب جـام افتاد

زیـر شمشیر غمـش رقص کنـان بایـد رفت
کان کـه شـد کشـته او نیـک سـرانجام افتاد

هـر دمش با مـن دلسـوخته لطفی دگر اسـت
ایـن گـدا بیـن کـه چـه شایسـته انعام افتاد

صوفیـان جملـه حریفنـد و نظربـاز ولـی
زیـن میـان حافـظ دلسـوخته بدنـام افتاد

زل ۱۱۲

آن کــه رخســار تــو را رنگ گل و نســرین داد

صبــر و آرام توانــد بــه مــن مسـکین داد

وان کــه گیسـوی تو را رسـم تطـاول آموخت

هــم توانــد کرمـش داد مـن غمگیــن داد

مــن همـان روز ز فرهــاد طمـع ببریـدم

کــه عنـان دل شـیدا بــه لـب شیرین داد

گنـج زر گــر نبــود کنـج قناعـت باقیست

آن کــه آن داد بــه شـاهان بــه گدایـان این داد

خوش عروسیسـت جهـان از ره صورت لیکن

هر که پیوسـت بـدو عمر خـودش کاوین داد

بعد از این دسـت من و دامن سـرو و لـب جوی

خاصـه اکنــون که صبـا مـژده فروردیـن داد

در کـف غصــه دوران دل حافـظ خـون شـد

از فــراق رخـت ای خواجــه قـوام الدیــن داد

غزل ۱۱۳

بنفشــه دوش بـه گل گفت و خوش نشــانی داد
کــه تــاب مــن بـه جهــان طـره فلانــی داد

دلــم خزانــه اســرار بــود و دســت قضــا
درش ببســت و کلیــدش بـه دلســتانی داد

شکســته وار بــه درگاهـت آمـدم کـه طبیـب
بـه مومیایــی لطـف تــوام نشــانی داد

تنش درســت و دلش شــاد بــاد و خاطـر خوش
کـه دســت دادش و یــاری ناتوانــی داد

بـرو معالجــه خــود کـن ای نصیحتگــو
شــراب و شــاهد شــیرین کـه را زیانــی داد

گذشــت بـر مـن مسـکین و بـا رقیبــان گفت
دریــغ حافـظ مسـکین مـن چـه جانــی داد

غزل ۱۱۴

همای اوج سعادت به دام ما افتد
اگر تو را گذری بر مقام ما افتد
حباب وار براندازم از نشاط کلاه
اگر ز روی تو عکسی به جام ما افتد
شبی که ماه مراد از افق شود طالع
بود که پرتو نوری به بام ما افتد
به بارگاه تو چون باد را نباشد بار
کی اتفاق مجال سلام ما افتد
چو جان فدای لبش شد خیال می‌بستم
که قطره‌ای ز زلالش به کام ما افتد
خیال زلف تو گفتا که جان وسیله مساز
کز این شکار فراوان به دام ما افتد
به ناامیدی از این در مرو بزن فالی
بود که قرعه دولت به نام ما افتد
ز خاک کوی تو هر گه که دم زند حافظ
نسیم گلشن جان در مشام ما افتد

غزل ۱۱۵

درخت دوسـتی بنشـان که کام دل بـه بار آرد
نهـال دشـمنی برکن کـه رنـج بی‌شـمار آرد
چـو مهمـان خراباتی بـه عزت باش بـا رندان
که درد سـر کشی جانا گرت مسـتی خمار آرد
شـب صحبت غنیمت دان کـه بعد از روزگار ما
بسـی گردش کند گردون بسـی لیل و نهار آرد
عمـاری دار لیلی را که مهد ماه در حکم اسـت
خـدا را در دل اندازش که بـر مجنون گذار آرد
بهار عمر خواه ای دل وگرنه این چمن هر سـال
چو نسرین صد گل آرد بار و چون بلبل هزار آرد
خـدا را چون دل ریشـم قراری بسـت با زلفت
بفرمـا لعـل نوشـین را کـه زودش باقـرار آرد
در این باغ از خدا خواهد دگر پیرانه سـر حافظ
نشـیند بر لـب جویی و سـروی در کنـار آرد

غزل ۱۱۶

کسی که حسن و خط دوست در نظر دارد
محقق است که او حاصل بصر دارد
چو خامه در ره فرمان او سر طاعت
نهاده‌ایم مگر او به تیغ بردارد
کسی به وصل تو چون شمع یافت پروانه
که زیر تیغ تو هر دم سری دگر دارد
به پای بوس تو دست کسی رسید که او
چو آستانه بدین در همیشه سر دارد
ز زهد خشک ملولم کجاست باده ناب
که بوی باده مدامم دماغ تر دارد
ز باده هیچت اگر نیست این نه بس که تو را
دمی ز وسوسه عقل بی‌خبر دارد
کسی که از ره تقوا قدم برون ننهاد
به عزم میکده اکنون ره سفر دارد
دل شکسته حافظ به خاک خواهد برد
چو لاله داغ هوایی که بر جگر دارد

غزل ۱۱۷

دل ما به دور رویت ز چمن فراغ دارد
که چو سرو پایبند است و چو لاله داغ دارد
سر ما فرونیاید به کمان ابروی کس
که درون گوشه گیران ز جهان فراغ دارد
ز بنفشه تاب دارم که ز زلف او زند دم
تو سیاه کم بها بین که چه در دماغ دارد
به چمن خرام و بنگر بر تخت گل که لاله
به ندیم شاه ماند که به کف ایاغ دارد
شب ظلمت و بیابان به کجا توان رسیدن
مگر آن که شمع رویت به رهم چراغ دارد
من و شمع صبحگاهی سزد ار به هم بگرییم
که بسوختیم و از ما بت ما فراغ دارد
سزدم چو ابر بهمن که بر این چمن بگریم
طرب آشیان بلبل بنگر که زاغ دارد
سر درس عشق دارد دل دردمند حافظ
که نه خاطر تماشا نه هوای باغ دارد

غزل ۱۱۸

آن کس که به دست جام دارد
سلطانی جم مدام دارد
آبی که خضر حیات از او یافت
در میکده جو که جام دارد
سررشته جان به جام بگذار
کاین رشته از او نظام دارد
ما و می و زاهدان و تقوا
تا یار سر کدام دارد
بیرون ز لب تو ساقیا نیست
در دور کسی که کام دارد
نرگس همه شیوه‌های مستی
از چشم خوشت به وام دارد
ذکر رخ و زلف تو دلم را
وردیست که صبح و شام دارد
بر سینه ریش دردمندان
لعلت نمکی تمام دارد
در چاه ذقن چو حافظ ای جان
حسن تو دو صد غلام دارد

غزل ۱۱۹

دلـی کـه غیب نمـای اسـت و جام جـم دارد
ز خاتمـی کـه دمـی گـم شـود چه غـم دارد
بـه خـط و خـال گدایـان مـده خزینـه دل
بـه دسـت شاهوشـی ده کـه محتـرم دارد
نـه هـر درخـت تحمـل کنـد جفـای خزان
غـلام همـت سـروم کـه ایـن قـدم دارد
رسـید موسـم آن کز طرب چو نرگس مسـت
نهـد بـه پای قـدح هـر کـه شـش درم دارد
زر از بهـای مـی اکنـون چـو گل دریـغ مدار
کـه عقـل کل بـه صـدت عیـب متهـم دارد
ز سـر غیـب کـس آگاه نیسـت قصـه مخوان
کـدام محـرم دل ره در ایـن حـرم دارد
دلـم کـه لاف تجـرد زدی کنـون صد شـغل
بـه بـوی زلـف تـو بـا بـاد صبحـدم دارد
مـراد دل ز کـه پرسـم کـه نیسـت دلـداری
کـه جلـوه نظـر و شـیوه کـرم دارد
ز جیـب خرقـه حافظ چـه طرف بتوان بسـت
کـه مـا صمـد طلبیدیـم و او صنـم دارد

غزل ۱۲۰

بتـی دارم کــه گرد گل ز ســنبل ســایه بان دارد

بهـار عارضش خطـی به خـون ارغـوان دارد

غبـار خط بپوشـانید خورشـید رخـش یا رب

بقـای جاودانـش ده که حسـن جاودان دارد

چو عاشق می‌شـدم گفتم که بردم گوهر مقصود

ندانسـتم که این دریا چه موج خون فشـان دارد

ز چشـمت جان نشاید برد کز هر سو که می‌بینم

کمین از گوشه‌ای کرده‌ست و تیر اندر کمان دارد

چـو دام طـره افشـاند ز گـرد خاطـر عشـاق

بـه غمـاز صبـا گویـد کـه راز مـا نهـان دارد

بیفشـان جرعه‌ای بر خاک و حال اهل دل بشنو

که از جمشـید و کیخسـرو فراوان داستان دارد

چو در رویت بخندد گل مشو در دامش ای بلبل

کـه بر گل اعتمـادی نیسـت گر حسـن جهان دارد

خـدا را داد من بسـتان از او ای شـحنه مجلس

کـه می با دیگری خورده‌ست و با من سر گران دارد

به فتـراک ار همی‌بندی خـدا را زود صیدم کن

کـه آفت‌هاسـت در تاخیر و طالـب را زیان دارد

ز سـروقد دلجویـت مکـن محروم چشـمم را

بدین سرچشمه‌اش بنشان که خوش آبی روان دارد

ز خـوف هجـرم ایمـن کـن اگر امیـد آن داری

که از چشـم بداندیشـان خدایـت در امان دارد

چه عذر بخت خود گویم که آن عیار شهرآشوب

به تلخی کشـت حافظ را و شـکر در دهان دارد

غزل ۱۲۱

هــر آن کــو خاطر مجمــوع و یار نازنیــن دارد
سعادت همدم او گشــت و دولت همنشین دارد
حریم عشــق را درگه بســی بالاتر از عقل است
کسی آن آســتان بوســد که جان در آستین دارد
دهان تنگ شــیرینش مگر ملک ســلیمان اســت
کــه نقش خاتــم لعلش جهــان زیر نگیــن دارد
لب لعل و خط مشکین چو آنش هست و اینش هست
بنــازم دلبر خــود را که حســنش آن و این دارد
بــه خواری منگر ای منعم ضعیفــان و نحیفان را
که صدر مجلس عشــرت گدای رهنشــین دارد
چــو بر روی زمین باشــی توانایــی غنیمت دان
کــه دوران ناتوانی‌هــا بســی زیــر زمیــن دارد
بلاگــردان جــان و تن دعای مســتمندان اســت
که بیند خیر از آن خرمن که ننگ از خوشه چین دارد
صبا از عشــق مــن رمزی بگو با آن شــه خوبان
که صد جمشــید و کیخســرو غلام کمترین دارد
و گر گوید نمی‌خواهم چو حافظ عاشــق مفلس
بگوییــدش که ســلطانی گدایی همنشــین دارد

غزل ۱۲۲

هـر آن کـه جانـب اهـل خـدا نگـه دارد
خـداش در همـه حـال از بـلا نگـه دارد
حدیث دوسـت نگویم مگر به حضرت دوست
کـه آشـنا سـخن آشـنا نگـه دارد
دلا معـاش چنـان کـن کـه گـر بلغـزد پـای
فرشـته‌ات بـه دو دسـت دعـا نگـه دارد
گـرت هواسـت کـه معشـوق نگسـلد پیمان
نـگاه دار سـر رشـته تـا نگـه دارد
صبـا بـر آن سـر زلـف ار دل مـرا بینـی
ز روی لطـف بگویـش کـه جـا نگـه دارد
چـو گفتمـش که دلـم را نـگاه دار چـه گفت
ز دسـت بنـده چـه خیـزد خـدا نگـه دارد
سـر و زر و دل و جانـم فـدای آن یـاری
کـه حـق صحبـت مهـر و وفـا نگـه دارد
غبـار راه راهگـذارت کجاسـت تـا حافـظ
بـه یـادگار نسـیم صبـا نگـه دارد

غزل ۱۲۳

مطرب عشق عجب ساز و نوایی دارد
نقش هر نغمه که زد راه به جایی دارد
عالم از ناله عشاق مبادا خالی
که خوش آهنگ و فرح بخش هوایی دارد
پیر دردی کش ما گر چه ندارد زر و زور
خوش عطابخش و خطاپوش خدایی دارد
محترم دار دلم کاین مگس قندپرست
تا هواخواه تو شد فر همایی دارد
از عدالت نبود دور گرش پرسد حال
پادشاهی که به همسایه گدایی دارد
اشک خونین بنمودم به طبیبان گفتند
درد عشق است و جگرسوز دوایی دارد
ستم از غمزه میاموز که در مذهب عشق
هر عمل اجری و هر کرده جزایی دارد
نغز گفت آن بت ترسابچه باده پرست
شادی روی کسی خور که صفایی دارد
خسروا حافظ درگاه نشین فاتحه خواند
و از زبان تو تمنای دعایی دارد

غزل ۱۲۴

آن که از سنبل او غالیه تابی دارد
باز با دلشدگان ناز و عتابی دارد
از سر کشته خود می‌گذری همچون باد
چه توان کرد که عمر است و شتابی دارد
ماه خورشید نمایش ز پس پرده زلف
آفتابیست که در پیش سحابی دارد
چشم من کرد به هر گوشه روان سیل سرشک
تا سهی سرو تو را تازه‌تر آبی دارد
غمزه شوخ تو خونم به خطا می‌ریزد
فرصتش باد که خوش فکر صوابی دارد
آب حیوان اگر این است که دارد لب دوست
روشن است این که خضر بهره سرابی دارد
چشم مخمور تو دارد ز دلم قصد جگر
ترک مست است مگر میل کبابی دارد
جان بیمار مرا نیست ز تو روی سال
ای خوش آن خسته که از دوست جوابی دارد
کی کند سوی دل خسته حافظ نظری
چشم مستش که به هر گوشه خرابی دارد

غزل ۱۲۵

شاهد آن نیست که مویی و میانی دارد
بنده طلعت آن باش که آنی دارد
شیوه حور و پری گر چه لطیف است ولی
خوبی آن است و لطافت که فلانی دارد
چشمه چشم مرا ای گل خندان دریاب
که به امید تو خوش آب روانی دارد
گوی خوبی که برد از تو که خورشید آن جا
نه سواریست که در دست عنانی دارد
دل نشان شد سخنم تا تو قبولش کردی
آری آری سخن عشق نشانی دارد
خم ابروی تو در صنعت تیراندازی
برده از دست هر آن کس که کمانی دارد
در ره عشق نشد کس به یقین محرم راز
هر کسی بر حسب فکر گمانی دارد
با خرابات نشینان ز کرامات ملاف
هر سخن وقتی و هر نکته مکانی دارد
مرغ زیرک نزند در چمنش پرده سرای
هر بهاری که به دنباله خزانی دارد
مدعی گو لغز و نکته به حافظ مفروش
کلک ما نیز زبانی و بیانی دارد

غزل ۱۲۶

جان بی جمال جانان میل جهان ندارد
هر کس که این ندارد حقا که آن ندارد
با هیچ کس نشانی زان دلستان ندیدم
یا من خبر ندارم یا او نشان ندارد
هر شبنمی در این ره صد بحر آتشین است
دردا که این معما شرح و بیان ندارد
سرمنزل فراغت نتوان ز دست دادن
ای ساروان فروکش کاین ره کران ندارد
چنگ خمیده قامت می‌خواندت به عشرت
بشنو که پند پیران هیچت زیان ندارد
ای دل طریق رندی از محتسب بیاموز
مست است و در حق او کس این گمان ندارد
احوال گنج قارون کایام داد بر باد
در گوش دل فروخوان تا زر نهان ندارد
گر خود رقیب شمع است اسرار از او بپوشان
کان شوخ سربریده بند زبان ندارد
کس در جهان ندارد یک بنده همچو حافظ
زیرا که چون تو شاهی کس در جهان ندارد

غزل ۱۲۷

روشنی طلعت تو ماه ندارد
پیش تو گل رونق گیاه ندارد

گوشه ابروی توست منزل جانم
خوشتر از این گوشه پادشاه ندارد

تا چه کند با رخ تو دود دل من
آینه دانی که تاب آه ندارد

شوخی نرگس نگر که پیش تو بشکفت
چشم دریده ادب نگاه ندارد

دیدم و آن چشم دل سیه که تو داری
جانب هیچ آشنا نگاه ندارد

رطل گرانم ده ای مرید خرابات
شادی شیخی که خانقاه ندارد

خون خور و خامش نشین که آن دل نازک
طاقت فریاد دادخواه ندارد

گو برو و آستین به خون جگر شوی
هر که در این آستانه راه ندارد

نی من تنها کشم تطاول زلفت
کیست که او داغ آن سیاه ندارد

حافظ اگر سجده تو کرد مکن عیب
کافر عشق ای صنم گناه ندارد

غزل ۱۲۸

نیست در شهر نگاری که دل ما ببرد
بختم ار یار شود رختم از این جا ببرد

کو حریفی کش سرمست که پیش کرمش
عاشق سوخته دل نام تمنا ببرد

باغبانا ز خزان بی‌خبرت می‌بینم
آه از آن روز که بادت گل رعنا ببرد

رهزن دهر نخفته‌ست مشو ایمن از او
اگر امروز نبرده‌ست که فردا ببرد

در خیال این همه لعبت به هوس می‌بازم
بو که صاحب نظری نام تماشا ببرد

علم و فضلی که به چل سال دلم جمع آورد
ترسم آن نرگس مستانه به یغما ببرد

بانگ گاوی چه صدا بازدهد عشوه مخر
سامری کیست که دست از ید بیضا ببرد

جام مینایی می سد ره تنگ دلیست
منه از دست که سیل غمت از جا ببرد

راه عشق ار چه کمینگاه کمانداران است
هر که دانسته رود صرفه ز اعدا ببرد

حافظ ار جان طلبد غمزه مستانه یار
خانه از غیر بپرداز و بهل تا ببرد

غزل ۱۲۹

اگر نه باده غم دل ز یاد ما ببرد
نهیب حادثه بنیاد ما ز جا ببرد
اگر نه عقل به مستی فروکشد لنگر
چگونه کشتی از این ورطه بلا ببرد
فغان که با همه کس غایبانه باخت فلک
که کس نبود که دستی از این دغا ببرد
گذار بر ظلمات است خضر راهی کو
مباد کتش محرومی آب ما ببرد
دل ضعیفم از آن می‌کشد به طرف چمن
که جان ز مرگ به بیماری صبا ببرد
طبیب عشق منم باده ده که این معجون
فراغت آرد و اندیشه خطا ببرد
بسوخت حافظ و کس حال او به یار نگفت
مگر نسیم پیامی خدای را ببرد

غزل ۱۳۰

سحر بلبل حکایت با صبا کرد
که عشق روی گل با ما چه‌ها کرد
از آن رنگ رخم خون در دل افتاد
و از آن گلشن به خارم مبتلا کرد
غلام همت آن نازنینم
که کار خیر بی روی و ریا کرد
من از بیگانگان دیگر ننالم
که با من هر چه کرد آن آشنا کرد
گر از سلطان طمع کردم خطا بود
ور از دلبر وفا جستم جفا کرد
خوشش باد آن نسیم صبحگاهی
که درد شب نشینان را دوا کرد
نقاب گل کشید و زلف سنبل
گره بند قبای غنچه وا کرد
به هر سو بلبل عاشق در افغان
تنعم از میان باد صبا کرد
بشارت بر به کوی می فروشان
که حافظ توبه از زهد ریا کرد
وفا از خواجگان شهر با من
کمال دولت و دین بوالوفا کرد

غزل ۱۳۱

بیا که ترک فلک خوان روزه غارت کرد
هلال عید به دور قدح اشارت کرد
ثواب روزه و حج قبول آن کس برد
که خاک میکده عشق را زیارت کرد
مقام اصلی ما گوشه خرابات است
خداش خیر دهاد آن که این عمارت کرد
بهای باده چون لعل چیست جوهر عقل
بیا که سود کسی برد کاین تجارت کرد
نماز در خم آن ابروان محرابی
کسی کند که به خون جگر طهارت کرد
فغان که نرگس جماش شیخ شهر امروز
نظر به دردکشان از سر حقارت کرد
به روی یار نظر کن ز دیده منت دار
که کار دیده نظر از سر بصارت کرد
حدیث عشق ز حافظ شنو نه از واعظ
اگر چه صنعت بسیار در عبارت کرد

غزل ۱۳۲

به آب روشن می عارفی طهارت کرد
علی الصباح که میخانه را زیارت کرد
همین که ساغر زرین خور نهان گردید
هلال عید به دور قدح اشارت کرد
خوشا نماز و نیاز کسی که از سر درد
به آب دیده و خون جگر طهارت کرد
امام خواجه که بودش سر نماز دراز
به خون دختر رز خرقه را قصارت کرد
دلم ز حلقه زلفش به جان خرید آشوب
چه سود دید ندانم که این تجارت کرد
اگر امام جماعت طلب کند امروز
خبر دهید که حافظ به می طهارت کرد

غزل ۱۳۳

صوفی نهاد دام و سر حقه باز کرد
بنیاد مکر با فلک حقه باز کرد
بازی چرخ بشکندش بیضه در کلاه
زیرا که عرض شعبده با اهل راز کرد
ساقی بیا که شاهد رعنای صوفیان
دیگر به جلوه آمد و آغاز ناز کرد
این مطرب از کجاست که ساز عراق ساخت
و آهنگ بازگشت به راه حجاز کرد
ای دل بیا که ما به پناه خدا رویم
زان چه آستین کوته و دست دراز کرد
صنعت مکن که هر که محبت نه راست باخت
عشقش به روی دل در معنی فراز کرد
فردا که پیشگاه حقیقت شود پدید
شرمنده ره روی که عمل بر مجاز کرد
ای کبک خوش خرام کجا می‌روی بایست
غره مشو که گربه زاهد نماز کرد
حافظ مکن ملامت رندان که در ازل
ما را خدا ز زهد ریا بی‌نیاز کرد

غزل ۱۳۴

بلبلــی خــون دلی خــورد و گلــی حاصل کرد
بـاد غیــرت به صدش خــار پریشان دل کرد

طوطـی ای را بــه خیال شـکری دل خوش بود
ناگهــش سیــل فنـا نقـش امل باطـل کـرد

قـره العیــن مــن آن میــوه دل یـادش بـاد
کــه چــه آســان بشـد و کار مــرا مشــکل کرد

ســاروان بـار مــن افتـاد خــدا را مــددی
کــه امیــد کرمــم همــره ایــن محمـل کرد

روی خاکــی و نــم چشــم مـرا خـوار مـدار
چـرخ فیــروزه طربخانـه از ایــن کهـگل کرد

آه و فریــاد کــه از چشــم حسـود مــه چـرخ
در لحـد مـاه کمـان ابـروی مـن منـزل کرد

نـزدی شـاه رخ و فـوت شـد امکان حافـظ
چــه کنــم بـازی ایـام مـرا غافـل کـرد

غزل ۱۳۵

چو باد عزم سر کوی یار خواهم کرد
نفس به بوی خوشش مشکبار خواهم کرد
به هرزه بی می و معشوق عمر می‌گذرد
بطالتم بس از امروز کار خواهم کرد
هر آبروی که اندوختم ز دانش و دین
نثار خاک ره آن نگار خواهم کرد
چو شمع صبحدمم شد ز مهر او روشن
که عمر در سر این کار و بار خواهم کرد
به یاد چشم تو خود را خراب خواهم ساخت
بنای عهد قدیم استوار خواهم کرد
صبا کجاست که این جان خون گرفته چو گل
فدای نکهت گیسوی یار خواهم کرد
نفاق و زرق نبخشد صفای دل حافظ
طریق رندی و عشق اختیار خواهم کرد

غزل ۱۳۶

دســت در حلقــه آن زلـف دوتــا نتــوان کـرد

تکیــه بــر عهــد تــو و بــاد صبــا نتــوان کـرد

آن چــه ســعی اســت مـن انــدر طلبــت بنمـایم

ایـن قــدر هســت کـه تغییـر قضــا نتــوان کـرد

دامـن دوسـت به صــد خــون دل افتـاد به دســت

بــه فسوســی کـه کنـد خصـم رهــا نتــوان کـرد

عارضــش را بــه مثــل ماه فلـک نتــوان گفـت

نسـبت دوسـت به هر بـی ســر و پا نتــوان کـرد

ســروبالای مـن آن گـه کـه درآیــد به ســماع

چـه محـل جامــه جــان را کـه قبــا نتــوان کـرد

نظــر پــاک توانـد رخ جانــان دیــدن

کــه در آیینــه نظــر جــز بـه صفــا نتــوان کـرد

مشــکل عشــق نــه در حوصلــه دانـش ماسـت

حـل ایـن نکتــه بدیــن فکر خطــا نتــوان کـرد

غیرتـم کشـت کـه محبــوب جهانــی لیکـن

روز و شــب عربـده بــا خلـق خدا نتــوان کـرد

مــن چـه گویم کــه تــو را نازکی طبــع لطیف

تــا بـه حدیسـت که آهسـته دعــا نتــوان کـرد

بجـز ابــروی تــو محـراب دل حافظ نیسـت

طاعـت غیــر تــو در مذهـب مــا نتــوان کـرد

غزل ۱۳۷

دل از مـن بـرد و روی از مـن نهـان کـرد

خـدا را بـا کـه ایـن بـازی تـوان کـرد

شـب تنهاییـم در قصـد جـان بـود

خیالـش لطف‌هـای بی‌کـران کـرد

چـرا چـون لالـه خونیـن دل نباشـم

کـه بـا مـا نرگـس او سـرگران کـرد

کـه را گویـم کـه بـا ایـن درد جـان سـوز

طبیبـم قصـد جـان ناتـوان کـرد

بـدان سـان سـوخت چون شـمعم کـه بر من

صراحـی گریـه و بربـط فغـان کـرد

صبـا گـر چـاره داری وقـت وقـت اسـت

کـه درد اشـتیاقم قصـد جـان کـرد

میـان مهربانـان کـی تـوان گفـت

کـه یـار مـا چنیـن گفـت و چنـان کـرد

عـدو بـا جـان حافـظ آن نکـردی

کـه تیـر چشـم آن ابروکمـان کـرد

غزل ۱۳۸

یاد باد آن که ز ما وقت سفر یاد نکرد
به وداعی دل غمدیده ما شاد نکرد
آن جوان بخت که می‌زد رقم خیر و قبول
بنده پیر ندانم ز چه آزاد نکرد
کاغذین جامه به خوناب بشویم که فلک
رهنمونیم به پای علم داد نکرد
دل به امید صدایی که مگر در تو رسد
ناله‌ها کرد در این کوه که فرهاد نکرد
سایه تا بازگرفتی ز چمن مرغ سحر
آشیان در شکن طره شمشاد نکرد
شاید ار پیک صبا از تو بیاموزد کار
زان که چالاکتر از این حرکت باد نکرد
کلک مشاطه صنعش نکشد نقش مراد
هر که اقرار بدین حسن خداداد نکرد
مطربا پرده بگردان و بزن راه عراق
که بدین راه بشد یار و ز ما یاد نکرد
غزلیات عراقیست سرود حافظ
که شنید این ره دلسوز که فریاد نکرد

غزل ۱۳۹

رو بر رهش نهادم و بر من گذر نکرد
صد لطف چشم داشتم و یک نظر نکرد
سیل سرشک ما ز دلش کین به درنبرد
در سنگ خاره قطره باران اثر نکرد
یا رب تو آن جوان دلاور نگاه دار
کز تیر آه گوشه نشینان حذر نکرد
ماهی و مرغ دوش ز افغان من نخفت
وان شوخ دیده بین که سر از خواب برنکرد
می‌خواستم که میرمش اندر قدم چو شمع
او خود گذر به ما چو نسیم سحر نکرد
جانا کدام سنگ‌دل بی‌کفایتیست
کو پیش زخم تیغ تو جان را سپر نکرد
کلک زبان بریده حافظ در انجمن
با کس نگفت راز تو تا ترک سر نکرد

غزل ۱۴۰

دلبر برفت و دلشدگان را خبر نکرد
یاد حریف شهر و رفیق سفر نکرد
یا بخت من طریق مروت فروگذاشت
یا او به شاهراه طریقت گذر نکرد
گفتم مگر به گریه دلش مهربان کنم
چون سخت بود در دل سنگش اثر نکرد
شوخی مکن که مرغ دل بی‌قرار من
سودای دام عاشقی از سر به درنکرد
هر کس که دید روی تو بوسید چشم من
کاری که کرد دیده من بی نظر نکرد
من ایستاده تا کنمش جان فدا چو شمع
او خود گذر به ما چو نسیم سحر نکرد

غزل ۱۴۱

دیدی ای دل که غم عشق دگربار چه کرد
چون بشد دلبر و با یار وفادار چه کرد
آه از آن نرگس جادو که چه بازی انگیخت
آه از آن مست که با مردم هشیار چه کرد
اشک من رنگ شفق یافت ز بی‌مهری یار
طالع بی‌شفقت بین که در این کار چه کرد
برقی از منزل لیلی بدرخشید سحر
وه که با خرمن مجنون دل افگار چه کرد
ساقیا جام می‌ام ده که نگارنده غیب
نیست معلوم که در پرده اسرار چه کرد
آن که پرنقش زد این دایره مینایی
کس ندانست که در گردش پرگار چه کرد
فکر عشق آتش غم در دل حافظ زد و سوخت
یار دیرینه ببینید که با یار چه کرد

غزل ۱۴۲

دوستان دختر رز توبه ز مستوری کرد
شد سوی محتسب و کار به دستوری کرد

آمد از پرده به مجلس عرقش پاک کنید
تا نگویند حریفان که چرا دوری کرد

مژدگانی بده ای دل که دگر مطرب عشق
راه مستانه زد و چاره مخموری کرد

نه به هفت آب که رنگش به صد آتش نرود
آن چه با خرقه زاهد می انگوری کرد

غنچه گلبن وصلم ز نسیمش بشکفت
مرغ خوشخوان طرب از برگ گل سوری کرد

حافظ افتادگی از دست مده زان که حسود
عرض و مال و دل و دین در سر مغروری کرد

غزل ۱۴۳

سـال‌ها دل طلـب جـام جـم از مـا می‌کرد

وان چـه خـود داشـت ز بیگانـه تمنـا می‌کرد

گوهـری کز صـدف کون و مکان بیرون است

طلـب از گمشـدگان لـب دریـا می‌کـرد

مشـکل خویـش بـر پیـر مغـان بـردم دوش

کـو بـه تاییـد نظـر حـل معمـا می‌کرد

دیدمـش خـرم و خندان قـدح بـاده به دسـت

و انـدر آن آینـه صـد گونـه تماشـا می‌کرد

گفتـم ایـن جـام جهان بین به تو کـی داد حکیم

گفـت آن روز کـه ایـن گنبـد مینـا می‌کرد

بـی دلـی در همـه احـوال خـدا بـا او بـود

او نمی‌دیـدش و از دور خـدا را می‌کـرد

ایـن همه شـعبده خویـش که می‌کـرد ایـن جا

سـامری پیـش عصـا و یـد بیضـا می‌کرد

گفـت آن یـار کـز او گشـت سـر دار بلنـد

جرمـش ایـن بـود کـه اسـرار هویـدا می‌کرد

فیـض روح القـدس ار بـاز مـدد فرمایـد

دیگـران هـم بکننـد آن چـه مسیحا می‌کرد

گفتمـش سلسـله زلـف بتـان از پی چیسـت

گفـت حافـظ گلـه‌ای از دل شـیدا می‌کرد

غزل ۱۴۴

به سر جام جم آن گه نظر توانی کرد
که خاک میکده کحل بصر توانی کرد
مباش بی می و مطرب که زیر طاق سپهر
بدین ترانه غم از دل به در توانی کرد
گل مراد تو آن گه نقاب بگشاید
که خدمتش چو نسیم سحر توانی کرد
گدایی در میخانه طرفه اکسیریست
گر این عمل بکنی خاک زر توانی کرد
به عزم مرحله عشق پیش نه قدمی
که سودها کنی ار این سفر توانی کرد
تو کز سرای طبیعت نمی‌روی بیرون
کجا به کوی طریقت گذر توانی کرد
جمال یار ندارد نقاب و پرده ولی
غبار ره بنشان تا نظر توانی کرد
بیا که چاره ذوق حضور و نظم امور
به فیض بخشی اهل نظر توانی کرد
ولی تو تا لب معشوق و جام می خواهی
طمع مدار که کار دگر توانی کرد
دلا ز نور هدایت گر آگهی یابی
چو شمع خنده زنان ترک سر توانی کرد
گر این نصیحت شاهانه بشنوی حافظ
به شاهراه حقیقت گذر توانی کرد

زل ۱۴۵

چـه مستیسـت ندانـم کـه رو بـه مـا آورد

که بـود سـاقی و ایـن بـاده از کجـا آورد

تـو نیـز بـاده بـه چنـگ آر و راه صحـرا گیر

کـه مـرغ نغمه سـرا سـاز خـوش نـوا آورد

دلا چـو غنچـه شـکایت ز کار بسـته مکـن

کـه بـاد صبـح نسـیم گـره گشـا آورد

رسـیدن گل و نسـرین بـه خیـر و خوبـی باد

بنفشـه شـاد و کـش آمـد سـمن صفـا آورد

صبـا به خـوش خبری هدهد سـلیمان اسـت

کـه مـژده طـرب از گلشـن سـبا آورد

عـلاج ضعـف دل مـا کرشـمه ساقیسـت

بـرآر سـر کـه طبیـب آمـد و دوا آورد

مریـد پیـر مغانـم ز مـن مرنـج ای شـیخ

چـرا کـه وعـده تـو کـردی و او به جـا آورد

بـه تنـگ چشـمی آن تـرک لشـکری نـازم

کـه حملـه بـر مـن درویـش یـک قبـا آورد

فلـک غلامـی حافـظ کنـون بـه طـوع کنـد

کـه التجـا بـه در دولـت شـما آورد

غزل ۱۴۶

صبـا وقت سـحر بویـی ز زلف یار مـی‌آورد
دل شـوریده مـا را بـه بـو در کار مـی‌آورد
مـن آن شـکل صنوبـر را ز بـاغ دیـده برکندم
که هر گل کز غمش بشکفت محنت بار می‌آورد
فـروغ مـاه می‌دیـدم ز بـام قصـر او روشـن
که رو از شـرم آن خورشـید در دیـوار می‌آورد
ز بیـم غـارت عشـقش دل پرخون رهـا کردم
ولی می‌ریخت خـون و ره بدان هنجار می‌آورد
به قول مطرب و سـاقی بـرون رفتم گه و بی‌گه
کـز آن راه گـران قاصـد خبر دشـوار می‌آورد
سراسر بخشش جانان طریق لطف و احسان بود
اگـر تسـبیح می‌فرمـود اگـر زنـار مـی‌آورد
عفـاالله چیـن ابرویـش اگر چـه ناتوانـم کرد
بـه عشـوه هـم پیامـی بر سـر بیمار مـی‌آورد
عجب می‌داشـتم دیشـب ز حافظ جام و پیمانه
ولـی منعش نمی‌کـردم که صوفـی وار می‌آورد

غزل ۱۴۷

نسیـم بـاد صبـا دوشـم آگهـی آورد

کـه روز محنـت و غـم رو بـه کوتهـی آورد

بـه مطربـان صبوحـی دهیـم جامـه چـاک

بدیـن نویـد کـه بـاد سـحرگهی آورد

بیـا بیـا کـه تـو حـور بهشت را رضـوان

در ایـن جهـان ز بـرای دل رهـی آورد

همی‌رویـم بـه شیـراز بـا عنایـت بخت

زهـی رفیـق کـه بختـم بـه همرهـی آورد

بـه جبـر خاطـر مـا کـوش کایـن کلاه نمـد

بسـا شکسـت کـه بـا افسـر شـهی آورد

چـه نالـه‌هـا کـه رسـید از دلـم به خرمـن ماه

چـو یـاد عـارض آن مـاه خرگهـی آورد

رسـاند رایـت منصـور بـر فلـک حافـظ

کـه التجـا بـه جنـاب شهنشـهی آورد

غزل ۱۴۸

یــارم چــو قــدح بــه دست گیــرد
بــازار بتــان شکسـت گیــرد

هــر کـس کــه بدیــد چشــم او گفت
کو محتسـبی کــه مسـت گیــرد

در بحـر فتـادهام چــو مـاهــی
تــا یــار مــرا بــه شسـت گیــرد

در پـاش فتـادهام بــه زاری
آیــا بــود آن کــه دسـت گیــرد

خــرم دل آن کــه همچــو حافـظ
جامـی ز مــی السـت گیــرد

غزل ۱۴۹

دلـم جـز مهـر مـه رویـان طریقـی بـر نمی‌گیرد

ز هـر در می‌دهـم پنـدش ولیکـن در نمی‌گیرد

خـدا را ای نصیحتگـو حدیـث ساغـر و می گو

کـه نقشـی در خیال مـا از این خوشتـر نمی‌گیرد

بیـا ای ساقـی گلـرخ بیـاور بـاده رنگیـن

کـه فکـری در درون مـا از ایـن بهتـر نمی‌گیرد

صراحـی می‌کشـم پنهـان و مـردم دفتـر انگارند

عجـب گـر آتـش ایـن زرق در دفتـر نمی‌گیرد

من ایـن دلـق مرقـع را بخواهـم سـوختن روزی

کـه پیـر مـی فروشـانش به جامـی بـر نمی‌گیرد

از آن رو هسـت یـاران را صفاهـا بـا مـی لعلش

کـه غیر از راسـتی نقشـی در آن جوهـر نمی‌گیرد

سر و چشمی چنین دلکش تو گویی چشم از او بردوز

بـرو کایـن وعـظ بی‌معنی مـرا در سـر نمی‌گیرد

نصیحتگوی رندان را که با حکم قضا جنگ است

دلـش بس تنـگ می‌بینـم مگر سـاغر نمی‌گیرد

میان گریه می‌خندم که چون شـمع اندر این مجلس

زبـان آتشـینم هسـت لیکـن در نمی‌گیرد

چه خوش صید دلم کردی بنازم چشـم مسـتت را

که کس مرغان وحشـی را از این خوشتر نمی‌گیرد

سـخن در احتیـاج ما و اسـتغنای معشـوق است

چـه سـود افسـونگری ای دل که در دلبر نمی‌گیرد

مـن آن آیینـه را روزی به دسـت آرم سـکندروار

اگر می‌گیـرد ایـن آتـش زمانـی ور نمی‌گیـرد

خـدا را رحمی ای منعـم که درویش سـر کویت

دری دیگـر نمی‌دانـد رهـی دیگـر نمی‌گیـرد

بدیـن شـعر تر شـیرین ز شاهنشه عجب دارم

که سـر تـا پـای حافـظ را چـرا در زر نمی‌گیرد

غزل ۱۵۰

ساقی ار باده از این دست به جام اندازد
عارفان را همه در شرب مدام اندازد
ور چنین زیر خم زلف نهد دانه خال
ای بسا مرغ خرد را که به دام اندازد
ای خوشا دولت آن مست که در پای حریف
سر و دستار نداند که کدام اندازد
زاهد خام که انکار می و جام کند
پخته گردد چو نظر بر می خام اندازد
روز در کسب هنر کوش که می خوردن روز
دل چون آینه در زنگ ظلام اندازد
آن زمان وقت می صبح فروغ است که شب
گرد خرگاه افق پرده شام اندازد
باده با محتسب شهر ننوشی زنهار
بخورد بادهات و سنگ به جام اندازد
حافظا سر ز کله گوشه خورشید برآر
بختت ار قرعه بدان ماه تمام اندازد

غزل ۱۵۱

دمی با غم به ســر بردن جهان یک سر نمی‌ارزد
بــه می بفــروش دلق ما کــز این بهتــر نمی‌ارزد
به کوی می فروشــانش به جامی بــر نمی‌گیرند
زهــی ســجاده تقــوا که یک ســاغر نمــی‌ارزد
رقیبم ســرزنش‌ها کرد کز این به آب رخ برتاب
چه افتاد این ســر مــا را که خــاک در نمی‌ارزد
شــکوه تاج سلطانی که بیم جان در او درج است
کلاهــی دلکش اســت اما به ترک ســر نمی‌ارزد
چه آســان می‌نمــود اول غم دریا به بوی ســود
غلــط کردم که این طوفان به صد گوهر نمی‌ارزد
تــو را آن به که روی خود ز مشــتاقان بپوشــانی
که شــادی جهــان گیری غم لشــکر نمــی‌ارزد
چو حافظ در قناعت کوش و از دنیی دون بگذر
کــه یک جو منت دونان دو صد من زر نمی‌ارزد

غزل ۱۵۲

در ازل پرتو حسنت ز تجلی دم زد
عشق پیدا شد و آتش به همه عالم زد
جلوه‌ای کرد رخت دید ملک عشق نداشت
عین آتش شد از این غیرت و بر آدم زد
عقل می‌خواست کز آن شعله چراغ افروزد
برق غیرت بدرخشید و جهان برهم زد
مدعی خواست که آید به تماشاگه راز
دست غیب آمد و بر سینه نامحرم زد
دیگران قرعه قسمت همه بر عیش زدند
دل غمدیده ما بود که هم بر غم زد
جان علوی هوس چاه زنخدان تو داشت
دست در حلقه آن زلف خم اندر خم زد
حافظ آن روز طربنامه عشق تو نوشت
که قلم بر سر اسباب دل خرم زد

غزل ۱۵۳

سحر چون خسرو خاور علم بر کوهساران زد

به دست مرحمت یارم در امیدواران زد

چو پیش صبح روشن شد که حال مهر گردون چیست

برآمد خنده خوش بر غرور کامگاران زد

نگارم دوش در مجلس به عزم رقص چون برخاست

گره بگشود از ابرو و بر دل‌های یاران زد

من از رنگ صلاح آن دم به خون دل بشستم دست

که چشم باده‌پیمایش صلا بر هوشیاران زد

کدام آهن دلش آموخت این آیین عیاری

کز اول چون برون آمد ره شب زنده‌داران زد

خیال شهسواری پخت و شد ناگه دل مسکین

خداوندا نگه دارش که بر قلب سواران زد

در آب و رنگ رخسارش چه
جان دادیم و خون خوردیم

چو نقشش دست داد اول رقم بر جان سپاران زد

منش با خرقه پشمین کجا اندر کمند آرم

زره مویی که مژگانش ره خنجرگزاران زد

شهنشاه مظفر فر شجاع ملک و دین منصور

که جود بی‌دریغش خنده بر ابر بهاران زد

از آن ساعت که جام می به دست او مشرف شد

زمانه ساغر شادی به یاد میگساران زد

ز شمشیر سرافشانش ظفر آن روز بدرخشید

که چون خورشید انجم سوز تنها بر هزاران زد

دوام عمر و ملک او بخواه از لطف حق ای دل

که چرخ این سکه دولت به دور روزگاران زد

نظر بر قرعه توفیق و یمن دولت شاه است

بده کام دل حافظ که فال بختیاران زد

غزل ۱۵۴

راهی بزن که آهی بر ساز آن توان زد
شعری بخوان که با او رطل گران توان زد
بر آستان جانان گر سر توان نهادن
گلبانگ سربلندی بر آسمان توان زد
قد خمیده ما سهلت نماید اما
بر چشم دشمنان تیر از این کمان توان زد
در خانقه نگنجد اسرار عشقبازی
جام می مغانه هم با مغان توان زد
درویش را نباشد برگ سرای سلطان
ماییم و کهنه دلقی کتش در آن توان زد
اهل نظر دو عالم در یک نظر ببازند
عشق است و داو اول بر نقد جان توان زد
گر دولت وصالت خواهد دری گشودن
سرها بدین تخیل بر آستان توان زد
عشق و شباب و رندی مجموعه مراد است
چون جمع شد معانی گوی بیان توان زد
شد رهزن سلامت زلف تو وین عجب نیست
گر راه زن تو باشی صد کاروان توان زد
حافظ به حق قرآن کز شید و زرق بازآی
باشد که گوی عیشی در این جهان توان زد

غزل ۱۵۵

اگر روم ز پی اش فتنه‌ها برانگیزد
ور از طلب بنشینم به کینه برخیزد
و گر به رهگذری یک دم از وفاداری
چو گرد در پی اش افتم چو باد بگریزد
و گر کنم طلب نیم بوسه صد افسوس
ز حقه دهنش چون شکر فروریزد
من آن فریب که در نرگس تو می‌بینم
بس آب روی که با خاک ره برآمیزد
فراز و شیب بیابان عشق دام بلاست
کجاست شیردلی کز بلا نپرهیزد
تو عمر خواه و صبوری که چرخ شعبده باز
هزار بازی از این طرفه‌تر برانگیزد
بر آستانه تسلیم سر بنه حافظ
که گر ستیزه کنی روزگار بستیزد

غزل ۱۵۶

به حسن و خلق و وفا کس به یار ما نرسد
تو را در این سخن انکار کار ما نرسد
اگر چه حسن فروشان به جلوه آمده‌اند
کسی به حسن و ملاحت به یار ما نرسد
به حق صحبت دیرین که هیچ محرم راز
به یار یک جهت حق گزار ما نرسد
هزار نقش برآید ز کلک صنع و یکی
به دلپذیری نقش نگار ما نرسد
هزار نقد به بازار کائنات آرند
یکی به سکه صاحب عیار ما نرسد
دریغ قافله عمر کان چنان رفتند
که گردشان به هوای دیار ما نرسد
دلا ز رنج حسودان مرنج و واثق باش
که بد به خاطر امیدوار ما نرسد
چنان بزی که اگر خاک ره شوی کس را
غبار خاطری از ره گذار ما نرسد
بسوخت حافظ و ترسم که شرح قصه او
به سمع پادشه کامگار ما نرسد

غزل ۱۵۷

هر که را با خط سبزت سر سودا باشد
پای از این دایره بیرون ننهد تا باشد

من چو از خاک لحد لاله صفت برخیزم
داغ سودای توام سر سویدا باشد

تو خود ای گوهر یک دانه کجایی آخر
کز غمت دیده مردم همه دریا باشد

از بن هر مژه‌ام آب روان است بیا
اگرت میل لب جوی و تماشا باشد

چون گل و می دمی از پرده برون آی و درآ
که دگرباره ملاقات نه پیدا باشد

ظل ممدود خم زلف توام بر سر باد
کاندر این سایه قرار دل شیدا باشد

چشمت از ناز به حافظ نکند میل آری
سرگرانی صفت نرگس رعنا باشد

غزل ۱۵۸

مــن و انــکار شــراب این چــه حکایت بـاشـد

غالبا ایـن قـدرم عقـل و کفایـت باشـد

تـا بـه غایـت ره میخانـه نمی‌دانستم

ور نـه مستوری مـا تـا به چـه غایت باشد

زاهـد و عجـب و نمـاز و من و مسـتی و نیاز

تـا تـو را خـود ز میـان بـا که عنایت باشد

زاهـد ار راه بـه رنـدی نبـرد معـذور است

عشـق کاریسـت کـه مـوقـوف هدایت باشد

من که شـب‌هـا ره تقـوا زده‌ام بـا دف و چنگ

ایـن زمـان سـر بـه ره آرم چه حکایت باشد

بنـده پیـر مغانـم کـه ز جهلـم برهانـد

پیـر مـا هـر چـه کنـد عیـن عنایـت باشد

دوش از ایـن غصـه نخفتم کـه رفیقی می‌گفت

حافـظ ار مسـت بـود جـای شـکایت باشـد

غزل ۱۵۹

نقد صوفی نه همه صافی بی‌غش باشد
ای بسا خرقه که مستوجب آتش باشد
صوفی ما که ز ورد سحری مست شدی
شامگاهش نگران باش که سرخوش باشد
خوش بود گر محک تجربه آید به میان
تا سیه روی شود هر که در او غش باشد
خط ساقی گر از این گونه زند نقش بر آب
ای بسا رخ که به خونابه منقش باشد
ناز پرورد تنعم نبرد راه به دوست
عاشقی شیوه رندان بلاکش باشد
غم دنیی دنی چند خوری باده بخور
حیف باشد دل دانا که مشوش باشد
دلق و سجاده حافظ ببرد باده فروش
گر شرابش ز کف ساقی مه وش باشد

غزل ۱۶۰

خوش است خلوت اگر یار یار من باشد
نه من بسوزم و او شمع انجمن باشد
من آن نگین سلیمان به هیچ نستانم
که گاه گاه بر او دست اهرمن باشد
روا مدار خدایا که در حریم وصال
رقیب محرم و حرمان نصیب من باشد
همای گو مفکن سایه شرف هرگز
در آن دیار که طوطی کم از زغن باشد
بیان شوق چه حاجت که سوز آتش دل
توان شناخت ز سوزی که در سخن باشد
هوای کوی تو از سر نمی‌رود آری
غریب را دل سرگشته با وطن باشد
به سان سوسن اگر ده زبان شود حافظ
چو غنچه پیش تواش مهر بر دهن باشد

غزل ۱۶۱

کی شعر تر انگیزد خاطر که حزین باشد
یک نکته از این معنی گفتیم و همین باشد

از لعل تو گر یابم انگشتری زنهار
صد ملک سلیمانم در زیر نگین باشد

غمناک نباید بود از طعن حسود ای دل
شاید که چو وابینی خیر تو در این باشد

هر کو نکند فهمی زین کلک خیال انگیز
نقشش به حرام ار خود صورتگر چین باشد

جام می و خون دل هر یک به کسی دادند
در دایره قسمت اوضاع چنین باشد

در کار گلاب و گل حکم ازلی این بود
کاین شاهد بازاری وان پرده نشین باشد

آن نیست که حافظ را رندی بشد از خاطر
کاین سابقه پیشین تا روز پسین باشد

غزل ۱۶۲

خوش آمد گل وز آن خوشتر نباشد
که در دستت بجز ساغر نباشد
زمان خوشدلی دریاب و در یاب
که دایم در صدف گوهر نباشد
غنیمت دان و می خور در گلستان
که گل تا هفته دیگر نباشد
ایا پرلعل کرده جام زرین
ببخشا بر کسی کش زر نباشد
بیا ای شیخ و از خمخانه ما
شرابی خور که در کوثر نباشد
بشوی اوراق اگر همدرس مایی
که علم عشق در دفتر نباشد
ز من بنیوش و دل در شاهدی بند
که حسنش بسته زیور نباشد
شرابی بی خمارم بخش یا رب
که با وی هیچ درد سر نباشد
من از جان بنده سلطان اویسم
اگر چه یادش از چاکر نباشد
به تاج عالم آرایش که خورشید
چنین زیبنده افسر نباشد
کسی گیرد خطا بر نظم حافظ
که هیچش لطف در گوهر نباشد

زل ۱۶۳

گل بی رخ یار خوش نباشد
بی باده بهار خوش نباشد
طرف چمن و طواف بستان
بی لاله عذار خوش نباشد
رقصیدن سرو و حالت گل
بی صوت هزار خوش نباشد
با یار شکرلب گل اندام
بی بوس و کنار خوش نباشد
هر نقش که دست عقل بندد
جز نقش نگار خوش نباشد
جان نقد محقر است حافظ
از بهر نثار خوش نباشد

غزل ۱۶۴

نفس باد صبا مشک فشان خواهد شد

عالم پیر دگرباره جوان خواهد شد

ارغوان جام عقیقی به سمن خواهد داد

چشم نرگس به شقایق نگران خواهد شد

این تطاول که کشید از غم هجران بلبل

تا سراپرده گل نعره زنان خواهد شد

گر ز مسجد به خرابات شدم خرده مگیر

مجلس وعظ دراز است و زمان خواهد شد

ای دل ار عشرت امروز به فردا فکنی

مایه نقد بقا را که ضمان خواهد شد

ماه شعبان منه از دست قدح کاین خورشید

از نظر تا شب عید رمضان خواهد شد

گل عزیز است غنیمت شمریدش صحبت

که به باغ آمد از این راه و از آن خواهد شد

مطربا مجلس انس است غزل خوان و سرود

چند گویی که چنین رفت و چنان خواهد شد

حافظ از بهر تو آمد سوی اقلیم وجود

قدمی نه به وداعش که روان خواهد شد

غزل ۱۶۵

مرا مهر سیه چشمان ز سر بیرون نخواهد شد

قضای آسمان است این و دیگرگون نخواهد شد

رقیب آزارها فرمود و جای آشتی نگذاشت

مگر آه سحرخیزان سوی گردون نخواهد شد

مرا روز ازل کاری بجز رندی نفرمودند

هر آن قسمت که آن جا رفت از آن افزون نخواهد شد

خدا را محتسب ما را به فریاد دف و نی بخش

که ساز شرع از این افسانه بیقانون نخواهد شد

مجال من همین باشد که پنهان عشق او ورزم

کنار و بوس و آغوشش چه گویم چون نخواهد شد

شراب لعل و جای امن و یار مهربان ساقی

دلا کی به شود کارت اگر اکنون نخواهد شد

مشوی ای دیده نقش غم ز لوح سینه حافظ

که زخم تیغ دلدار است و رنگ خون نخواهد شد

غزل ۱۶۶

روز هجران و شب فرقت یار آخر شد
زدم این فال و گذشت اختر و کار آخر شد
آن همه ناز و تنعم که خزان می‌فرمود
عاقبت در قدم باد بهار آخر شد
شکر ایزد که به اقبال کله گوشه گل
نخوت باد دی و شوکت خار آخر شد
صبح امید که بد معتکف پرده غیب
گو برون آی که کار شب تار آخر شد
آن پریشانی شب‌های دراز و غم دل
همه در سایه گیسوی نگار آخر شد
باورم نیست ز بدعهدی ایام هنوز
قصه غصه که در دولت یار آخر شد
ساقیا لطف نمودی قدحت پرمی باد
که به تدبیر تو تشویش خمار آخر شد
در شمار ار چه نیاورد کسی حافظ را
شکر کان محنت بی‌حد و شمار آخر شد

غزل ۱۶۷

ستاره‌ای بدرخشید و ماه مجلس شد
دل رمیده ما را رفیق و مونس شد
نگار من که به مکتب نرفت و خط ننوشت
به غمزه مسله آموز صد مدرس شد
به بوی او دل بیمار عاشقان چو صبا
فدای عارض نسرین و چشم نرگس شد
به صدر مصطبه‌ام می‌نشاند اکنون دوست
گدای شهر نگه کن که میر مجلس شد
خیال آب خضر بست و جام اسکندر
به جرعه نوشی سلطان ابوالفوارس شد
طربسرای محبت کنون شود معمور
که طاق ابروی یار منش مهندس شد
لب از ترشح می پاک کن برای خدا
که خاطرم به هزاران گنه موسوس شد
کرشمه تو شرابی به عاشقان پیمود
که علم بی‌خبر افتاد و عقل بی‌حس شد
چو زر عزیز وجود است نظم من آری
قبول دولتیان کیمیای این مس شد
ز راه میکده یاران عنان بگردانید
چرا که حافظ از این راه رفت و مفلس شد

غزل ۱۶۸

گداخـت جان کــه شــود کار دل تمام و نشـد

بسـوختیم در ایـن آرزوی خـام و نشـد

بــه لابــه گفت شـبی میـر مجلـس تو شـوم

شـدم به رغبت خویشـش کمین غلام و نشـد

پیـام داد کــه خواهـم نشسـت بـا رنـدان

بشـد بــه رنـدی و دردی کشـیم نـام و نشـد

رواسـت در بـر اگـر می‌طپـد کبوتـر دل

کـه دیـد در ره خـود تـاب و پیچ دام و نشـد

بـدان هـوس که به مسـتی ببوسـم آن لب لعل

چـه خون که در دلـم افتاد همچو جام و نشـد

بـه کـوی عشـق منـه بی‌دلیـل راه قـدم

کـه من به خویش نمـودم صد اهتمام و نشـد

فغـان کـه در طلـب گنـج نامـه مقصود

شـدم خـراب جهانـی ز غـم تمـام و نشـد

دریغ و درد که در جسـت و جوی گنج حضور

بسـی شـدم بـه گدایـی بـر کـرام و نشـد

هـزار حیلـه برانگیخـت حافـظ از سـر فکـر

در آن هـوس کـه شـود آن نـگار رام و نشـد

غزل ۱۶۹

یـاری انـدر کـس نمی‌بینیــم یـاران را چه شد
دوسـتـی کـی آخـر آمد دوسـتـداران را چه شد

آب حیوان تیره گون شد خضر فرخ پی کجاست
خون چکید از شــاخ گل باد بهاران را چه شد

کـس نمی‌گوید که یـاری داشـت حق دوسـتی
حق شناسـان را چه حال افتاد یاران را چه شد

لعلـی از کان مـروت برنیامـد سال‌هاسـت
تابش خورشــید و سـعی باد و باران را چه شد

شـهر یــاران بـود و خـاک مهربانان ایـن دیار
مهربانـی کـی سـر آمد شـهریاران را چه شـد

گـوی توفیــق و کرامـت در میـان افکنده‌انـد
کـس به میدان در نمی‌آید سـواران را چه شـد

صد هزاران گل شکفت و بانگ مرغی برنخاست
عندلیبـان را چـه پیـش آمد هزاران را چه شد

زهره سازی خوش نمی‌سازد مگر عودش بسوخت
کـس ندارد ذوق مسـتی میگسـاران را چه شـد

حافـظ اسـرار الهـی کـس نمی‌دانـد خموش
از که می‌پرسـی کـه دور روزگـاران را چه شـد

غزل ۱۷۰

زاهد خلوت نشین دوش به میخانه شد
از سر پیمان برفت با سر پیمانه شد
صوفی مجلس که دی جام و قدح می‌شکست
باز به یک جرعه می عاقل و فرزانه شد
شاهد عهد شباب آمده بودش به خواب
باز به پیرانه سر عاشق و دیوانه شد
مغبچه‌ای می‌گذشت راه زن دین و دل
در پی آن آشنا از همه بیگانه شد
آتش رخسار گل خرمن بلبل بسوخت
چهره خندان شمع آفت پروانه شد
گریه شام و سحر شکر که ضایع نگشت
قطره باران ما گوهر یک دانه شد
نرگس ساقی بخواند آیت افسونگری
حلقه اوراد ما مجلس افسانه شد
منزل حافظ کنون بارگه پادشاست
دل بر دلدار رفت جان بر جانانه شد

غزل ۱۷۱

دوش از جناب آصف پیک بشارت آمد
کز حضرت سلیمان عشرت اشارت آمد
خاک وجود ما را از آب دیده گل کن
ویرانسرای دل را گاه عمارت آمد
این شرح بی‌نهایت کز زلف یار گفتند
حرفیست از هزاران کاندر عبارت آمد
عیبم بپوش زنهار ای خرقه می آلود
کان پاک پاکدامن بهر زیارت آمد
امروز جای هر کس پیدا شود ز خوبان
کان ماه مجلس افروز اندر صدارت آمد
بر تخت جم که تاجش معراج آسمان است
همت نگر که موری با آن حقارت آمد
از چشم شوخش ای دل ایمان خود نگه دار
کان جادوی کمانکش بر عزم غارت آمد
آلوده‌ای تو حافظ فیضی ز شاه درخواه
کان عنصر سماحت بهر طهارت آمد
دریاست مجلس او دریاب وقت و در یاب
هان ای زیان رسیده وقت تجارت آمد

غزل ۱۷۲

عشق تو نهال حیرت آمد
وصل تو کمال حیرت آمد

بس غرقه حال وصل کخر
هم بر سر حال حیرت آمد

یک دل بنما که در ره او
بر چهره نه خال حیرت آمد

نه وصل بماند و نه واصل
آن جا که خیال حیرت آمد

از هر طرفی که گوش کردم
آواز سال حیرت آمد

شد منهزم از کمال عزت
آن را که جلال حیرت آمد

سر تا قدم وجود حافظ
در عشق نهال حیرت آمد

غزل ۱۷۳

در نمازم خم ابروی تو با یاد آمد

حالتی رفت که محراب به فریاد آمد

از من اکنون طمع صبر و دل و هوش مدار

کان تحمل که تو دیدی همه بر باد آمد

باده صافی شد و مرغان چمن مست شدند

موسم عاشقی و کار به بنیاد آمد

بوی بهبود ز اوضاع جهان می‌شنوم

شادی آورد گل و باد صبا شاد آمد

ای عروس هنر از بخت شکایت منما

حجله حسن بیارای که داماد آمد

دلفریبان نباتی همه زیور بستند

دلبر ماست که با حسن خداداد آمد

زیر بارند درختان که تعلق دارند

ای خوشا سرو که از بار غم آزاد آمد

مطرب از گفته حافظ غزلی نغز بخوان

تا بگویم که ز عهد طربم یاد آمد

غزل ۱۷۴

مـژده ای دل کـه دگـر بـاد صبـا بازآمـد
هدهـد خـوش خبـر از طـرف سـبا بازآمـد
برکـش ای مـرغ سـحر نغمـه داوودی بـاز
کـه سـلیمان گل از بـاد هـوا بازآمـد
عارفـی کـو کـه کنـد فهـم زبـان سوسـن
تـا بپرسـد کـه چـرا رفـت و چـرا بازآمـد
مردمـی کـرد و کـرم لطـف خـداداد بـه من
کان بـت مـاه رخ از راه وفـا بازآمـد
لالـه بـوی مـی نوشـین بشـنید از دم صبـح
داغ دل بـود بـه امیـد دوا بازآمـد
چشـم مـن در ره ایـن قافلـه راه بمانـد
تـا بـه گـوش دلـم آواز درا بازآمـد
گـر چه حافظ در رنجش زد و پیمان بشکسـت
لطـف او بیـن کـه بـه لطـف از در مـا بازآمد

غزل ۱۷۵

صبا به تهنیت پیر می فروش آمد
که موسم طرب و عیش و ناز و نوش آمد
هوا مسیح نفس گشت و باد نافه گشای
درخت سبز شد و مرغ در خروش آمد
تنور لاله چنان برفروخت باد بهار
که غنچه غرق عرق گشت و گل به جوش آمد
به گوش هوش نیوش از من و به عشرت کوش
که این سخن سحر از هاتفم به گوش آمد
ز فکر تفرقه بازآی تا شوی مجموع
به حکم آن که چو شد اهرمن سروش آمد
ز مرغ صبح ندانم که سوسن آزاد
چه گوش کرد که با ده زبان خموش آمد
چه جای صحبت نامحرم است مجلس انس
سر پیاله بپوشان که خرقه پوش آمد
ز خانقاه به میخانه می‌رود حافظ
مگر ز مستی زهد ریا به هوش آمد

غزل ۱۷۶

سحرم دولت بیدار به بالین آمد

گفت برخیز که آن خسرو شیرین آمد

قدحی درکش و سرخوش به تماشا بخرام

تا ببینی که نگارت به چه آیین آمد

مژدگانی بده ای خلوتی نافه گشای

که ز صحرای ختن آهوی مشکین آمد

گریه آبی به رخ سوختگان بازآورد

ناله فریادرس عاشق مسکین آمد

مرغ دل باز هوادار کمان ابرویست

ای کبوتر نگران باش که شاهین آمد

ساقیا می بده و غم مخور از دشمن و دوست

که به کام دل ما آن بشد و این آمد

رسم بدعهدی ایام چو دید ابر بهار

گریه‌اش بر سمن و سنبل و نسرین آمد

چون صبا گفته حافظ بشنید از بلبل

عنبرافشان به تماشای ریاحین آمد

غزل ۱۷۷

نــه هــر کــه چهــره برافروخــت دلبــری داند
نــه هــر کــه آینــه ســازد ســکندری دانــد
نــه هر که طــرف کله کــج نهاد و تند نشســت
کلاه داری و آییــن ســروری دانــد
تــو بندگــی چو گدایــان به شــرط مــزد مکن
کــه دوســت خــود روش بنــده پــروری داند
غــلام همــت آن رنــد عافیــت ســوزم
کــه در گداصفتــی کیمیاگــری دانــد
وفــا و عهــد نکــو باشــد ار بیامــوزی
وگرنــه هــر کــه تــو بینی ســتمگری دانــد
بباختــم دل دیوانــه و ندانســتم
کــه آدمــی بچــه‌ای شــیوه پــری دانــد
هــزار نکتــه باریکتــر ز مــو ایــن جاســت
نــه هــر کــه ســر بتراشــد قلنــدری دانــد
مــدار نقطــه بینــش ز خــال توســت مــرا
کــه قــدر گوهــر یــک دانــه جوهــری دانــد
بــه قد و چهره هر آن کس که شــاه خوبان شــد
جهــان بگیــرد اگــر دادگســتری دانــد
ز شــعر دلکــش حافــظ کســی بــود آگاه
کــه لطــف طبــع و ســخن گفتــن دری دانــد

غزل ۱۷۸

هـر کـه شـد محـرم دل در حـرم یـار بماند
وان کـه ایـن کار ندانسـت در انـکار بمانـد

اگـر از پـرده بـرون شـد دل مـن عیـب مکن
شـکر ایـزد کـه نـه در پـرده پنـدار بمانـد

صوفیـان واسـتدند از گـرو مـی همـه رخت
دلـق مـا بـود کـه در خانـه خمـار بماند

محتسـب شـیخ شـد و فسـق خود از یاد ببرد
قصـه ماسـت کـه در هـر سـر بـازار بمانـد

هر مـی لعـل کـز آن دسـت بلورین سـتدیم
آب حسـرت شـد و در چشـم گهربـار بماند

جـز دل مـن کـز ازل تـا بـه ابد عاشـق رفت
جـاودان کـس نشـنیدیم کـه در کار بمانـد

گشـت بیمـار کـه چون چشـم تو گـردد نرگس
شـیوه تـو نشـدش حاصـل و بیمـار بمانـد

از صـدای سـخن عشـق ندیـدم خوشـتر
یـادگاری کـه در ایـن گنبـد دوار بمانـد

داشـتم دلقـی و صـد عیـب مـرا می‌پوشید
خرقـه رهن مـی و مطرب شـد و زنار بماند

بـر جمـال تو چنان صـورت چین حیران شـد
کـه حدیثـش همـه جـا در در و دیـوار بماند

بـه تماشـاگه زلفـش دل حافـظ روزی
شـد کـه بازآیـد و جاویـد گرفتـار بمانـد

غزل ۱۷۹

رسید مژده که ایام غم نخواهد ماند
چنان نماند چنین نیز هم نخواهد ماند
من ار چه در نظر یار خاکسار شدم
رقیب نیز چنین محترم نخواهد ماند
چو پرده دار به شمشیر می‌زند همه را
کسی مقیم حریم حرم نخواهد ماند
چه جای شکر و شکایت ز نقش نیک و بد است
چو بر صحیفه هستی رقم نخواهد ماند
سرود مجلس جمشید گفته‌اند این بود
که جام باده بیاور که جم نخواهد ماند
غنیمتی شمر ای شمع وصل پروانه
که این معامله تا صبحدم نخواهد ماند
توانگرا دل درویش خود به دست آور
که مخزن زر و گنج درم نخواهد ماند
بدین رواق زبرجد نوشته‌اند به زر
که جز نکویی اهل کرم نخواهد ماند
ز مهربانی جانان طمع مبر حافظ
که نقش جور و نشان ستم نخواهد ماند

غزل ۱۸۰

ای پسته تو خنده زده بر حدیث قند
مشتاقم از برای خدا یک شکر بخند
طوبی ز قامت تو نیارد که دم زند
زین قصه بگذرم که سخن می‌شود بلند
خواهی که برنخیزدت از دیده رود خون
دل در وفای صحبت رود کسان مبند
گر جلوه می‌نمایی و گر طعنه می‌زنی
ما نیستیم معتقد شیخ خودپسند
ز آشفتگی حال من آگاه کی شود
آن را که دل نگشت گرفتار این کمند
بازار شوق گرم شد آن سروقد کجاست
تا جان خود بر آتش رویش کنم سپند
جایی که یار ما به شکرخنده دم زند
ای پسته کیستی تو خدا را به خود مخند
حافظ چو ترک غمزه ترکان نمی‌کنی
دانی کجاست جای تو خوارزم یا خجند

غزل ۱۸۱

بعـد از این دسـت مـن و دامن آن سـرو بلند
که بـه بـالای چمـان از بـن و بیخـم برکند

حاجـت مطـرب و می نیسـت تو برقع بگشـا
که بـه رقـص آوردم آتـش رویت چو سـپند

هیـچ رویـی نشـود آینـه حجلـه بخـت
مگـر آن روی کـه مالنـد در آن سـم سـمند

گفتم اسـرار غمـت هر چـه بود گـو می‌باش
صبـر از ایـن بیش ندارم چه کنم تـا کی و چند

مکـش آن آهـوی مشـکین مـرا ای صیـاد
شـرم از آن چشـم سـیه دار و مبندش به کمند

مـن خاکـی کـه از ایـن در نتوانم برخاسـت
از کجـا بوسـه زنـم بـر لـب آن قصـر بلنـد

بـاز مسـتان دل از آن گیسـوی مشـکین حافظ
زان کـه دیوانـه همـان بـه که بـود انـدر بند

غزل ۱۸۲

حسـب حالـی ننوشـتی و شـد ایامـی چند
محرمـی کو کـه فرسـتم به تـو پیغامـی چند

مـا بـدان مقصـد عالـی نتوانیـم رسـید
هـم مگر پیـش نهـد لطف شـما گامـی چند

چون می از خم به سـبو رفت و گل افکند نقاب
فرصت عیـش نگـه دار و بـزن جامـی چند

قنـد آمیختـه بـا گل نـه عـلاج دل ماسـت
بوسـه‌ای چنـد برآمیـز بـه دشـنامی چند

زاهـد از کوچـه رنـدان بـه سـلامت بگـذر
تـا خرابـت نکنـد صحبـت بدنامـی چند

عیـب مـی جمله چـو گفتـی هنرش نیـز بگو
نفـی حکمـت مکـن از بهـر دل عامـی چند

ای گدایـان خرابـات خـدا یـار شماسـت
چشـم انعـام مداریـد ز انعامـی چند

پیر میخانه چه خوش گفت به دردی کش خویش
کـه مگـو حـال دل سـوخته بـا خامـی چند

حافـظ از شـوق رخ مهـر فروغ تو بسـوخت
کامـگارا نظـری کـن سـوی ناکامـی چند

غزل ۱۸۳

دوش وقـت سـحر از غصـه نجاتـم دادنـد
وانـدر آن ظلمـت شـب آب حیاتـم دادنـد

بیخـود از شعشـعه پرتـو ذاتـم کردنـد
بـاده از جـام تجلـی صفاتـم دادنـد

چـه مبارک سـحری بـود و چـه فرخنده شبی
آن شـب قـدر کـه ایـن تـازه براتـم دادنـد

بعـد از ایـن روی مـن و آینـه وصـف جمال
کـه در آن جـا خبـر از جلـوه ذاتـم دادنـد

من اگـر کامروا گشـتم و خوشـدل چه عجب
مسـتحق بـودم و اینهـا بـه زکاتـم دادنـد

هاتـف آن روز بـه مـن مـژده این دولـت داد
کـه بـدان جـور و جفـا صبـر و ثباتـم دادند

ایـن همه شـهد و شـکر کـز سـخنم می‌ریزد
اجـر صبریسـت کـز آن شـاخ نباتـم دادنـد

همـت حافـظ و انفـاس سـحرخیزان بـود
کـه ز بنـد غم ایـام نجاتـم دادنـد

غزل ۱۸۴

دوش دیــدم کــه ملایــک در میخانــه زدنــد
گل آدم بسرشـتند و بــه پیمانــه زدنــد

ســاکنان حــرم ســتر و عفــاف ملکــوت
بــا مــن زاه نشـین بــاده مسـتانه زدنــد

آسـمان بــار امانــت نتوانسـت کشـید
قرعــه کار بــه نــام مــن دیوانــه زدنــد

جنـگ هفتــاد و دو ملـت همــه را عــذر بنـه
چــون ندیدنــد حقیقــت ره افسـانه زدنــد

شـکر ایـزد کــه میــان مــن و او صلــح افتــاد
صوفیــان رقـص کنــان ســاغر شـکرانه زدند

آتــش آن نیسـت کــه از شـعله او خندد شـمع
آتــش آن اسـت کــه در خرمــن پروانــه زدند

کـس چو حافـظ نگشــاد از رخ اندیشــه نقاب
تا ســر زلـف ســخن را بــه قلـم شـانه زدند

غزل ۱۸۵

نقدها را بود آیا که عیاری گیرند
تا همه صومعه داران پی کاری گیرند
مصلحت دید من آن است که یاران همه کار
بگذارند و خم طره یاری گیرند
خوش گرفتند حریفان سر زلف ساقی
گر فلکشان بگذارد که قراری گیرند
قوت بازوی پرهیز به خوبان مفروش
که در این خیل حصاری به سواری گیرند
یا رب این بچه ترکان چه دلیرند به خون
که به تیر مژه هر لحظه شکاری گیرند
رقص بر شعر تر و ناله نی خوش باشد
خاصه رقصی که در آن دست نگاری گیرند
حافظ ابنای زمان را غم مسکینان نیست
زین میان گر بتوان به که کناری گیرند

غزل ۱۸۶

گــر مــی فــروش حاجــت رنــدان روا کنــد

ایــزد گنــه ببخشــد و دفــع بــلا کنــد

ســاقی بــه جــام عــدل بــده بــاده تــا گــدا

غیــرت نیــاورد کــه جهــان پربــلا کنــد

حقــا کــز ایــن غمــان برســد مــژده امــان

گــر ســالکی بــه عهــد امانــت وفــا کنــد

گــر رنــج پیــش آیــد و گــر راحــت ای حکیم

نســبت مکــن بــه غیــر کــه این‌هــا خــدا کند

در کارخانــه‌ای کــه ره عقــل و فضــل نیســت

فهــم ضعیــف رای فضولــی چــرا کنــد

مطــرب بســاز پــرده کــه کــس بــی اجــل نمرد

وان کــو نــه ایــن ترانــه ســراید خطــا کنــد

مــا را کــه درد عشــق و بــلای خمــار کشــت

یــا وصــل دوســت یــا مــی صافــی دوا کنــد

جان رفت در ســر مــی و حافظ به عشق سوخت

عیســی دمــی کجاســت کــه احیــای مــا کند

غزل ۱۸۷

دلا بسوز که سوز تو کارها بکند
نیاز نیم شبی دفع صد بلا بکند
عتاب یار پری چهره عاشقانه بکش
که یک کرشمه تلافی صد جفا بکند
ز ملک تا ملکوتش حجاب بردارند
هر آن که خدمت جام جهان نما بکند
طبیب عشق مسیحادم است و مشفق لیک
چو درد در تو نبیند که را دوا بکند
تو با خدای خود انداز کار و دل خوش دار
که رحم اگر نکند مدعی خدا بکند
ز بخت خفته ملولم بود که بیداری
به وقت فاتحه صبح یک دعا بکند
بسوخت حافظ و بویی به زلف یار نبرد
مگر دلالت این دولتش صبا بکند

غزل ۱۸۸

مـرا بـه رنـدی و عشـق آن فضول عیـب کند
کـه اعتـراض بـر اسـرار علـم غیـب کند

کمـال سـر محبـت ببیـن نـه نقـص گنـاه
کـه هر کـه بی‌هنـر افتـد نظـر به عیب کند

ز عطـر حـور بهشـت آن نفـس برآیـد بـوی
کـه خـاک میکـده مـا عبیـر جیب کند

چنـان زنـد ره اسلام غمـزه سـاقی
کـه اجتنـاب ز صهبـا مگـر صهیـب کند

کلیـد گنـج سـعادت قبـول اهـل دل است
مبـاد آن کـه در ایـن نکته شـک و ریب کند

شـبان وادی ایمـن گهـی رسـد بـه مـراد
کـه چند سـال بـه جـان خدمت شـعیب کند

ز دیـده خـون بچکانـد فسانه حافـظ
چـو یـاد وقـت زمـان شبـاب و شیب کند

غزل ۱۸۹

طایـر دولـت اگـر بـاز گـذاری بکنـد
یـار بازآیـد و بـا وصـل قـراری بکنـد

دیـده را دسـتگه در و گهـر گـر چـه نمانـد
بخـورد خونـی و تدبیـر نثـاری بکنـد

دوش گفتـم بکنـد لعـل لبـش چـاره مـن
هاتـف غیـب نـدا داد کـه آری بکنـد

کـس نیـارد بـر او دم زنـد از قصـه مـا
مگـرش بـاد صبـا گـوش گـذاری بکنـد

داده‌ام بـاز نظـر را بـه تـذروی پـرواز
بازخوانـد مگـرش نقـش و شکـاری بکنـد

شـهر خالیسـت ز عشـاق بـود کـز طرفـی
مـردی از خویـش بـرون آیـد و کاری بکنـد

کـو کریمـی کـه ز بـزم طربـش غمـزده‌ای
جرعـه‌ای درکشـد و دفـع خمـاری بکنـد

یـا وفـا یـا خبـر وصـل تـو یـا مـرگ رقیب
بـود آیـا کـه فلـک زیـن دو سـه کاری بکنـد

حافظـا گـر نـروی از در او هـم روزی
گـذری بـر سـرت از گوشـه کنـاری بکنـد

غزل ۱۹۰

کلک مشکین تو روزی که ز ما یاد کند
ببرد اجر دو صد بنده که آزاد کند
قاصد منزل سلمی که سلامت بادش
چه شود گر به سلامی دل ما شاد کند
امتحان کن که بسی گنج مرادت بدهند
گر خرابی چو مرا لطف تو آباد کند
یا رب اندر دل آن خسرو شیرین انداز
که به رحمت گذری بر سر فرهاد کند
شاه را به بود از طاعت صدساله و زهد
قدر یک ساعته عمری که در او داد کند
حالیا عشوه ناز تو ز بنیادم برد
تا دگرباره حکیمانه چه بنیاد کند
گوهر پاک تو از مدحت ما مستغنیست
فکر مشاطه چه با حسن خداداد کند
ره نبردیم به مقصود خود اندر شیراز
خرم آن روز که حافظ ره بغداد کند

غزل ۱۹۱

آن کیست کز روی کرم با ما وفاداری کند
بر جای بدکاری چو من یک دم نکوکاری کند
اول به بانگ نای و نی آرد به دل پیغام وی
وان گه به یک پیمانه می با من وفاداری کند
دلبر که جان فرسود از او کام دلم نگشود از او
نومید نتوان بود از او باشد که دلداری کند
گفتم گره نگشوده‌ام زان طره تا من بوده‌ام
گفتا منش فرموده‌ام تا با تو طراری کند
پشمینه پوش تندخو از عشق نشنیده‌است بو
از مستیش رمزی بگو تا ترک هشیاری کند
چون من گدای بی‌نشان مشکل بود یاری چنان
سلطان کجا عیش نهان با رند بازاری کند
زان طره پرپیچ و خم سهل است اگر بینم ستم
از بند و زنجیرش چه غم هر کس که عیاری کند
شد لشکر غم بی عدد از بخت می‌خواهم مدد
تا فخر دین عبدالصمد باشد که غمخواری کند
با چشم پرنیرنگ او حافظ مکن آهنگ او
کان طره شبرنگ او بسیار طراری کند

غزل ۱۹۲

سـرو چمـان مـن چـرا میـل چمـن نمی‌کند
همـدم گل نمی‌شـود یـاد سمن نمی‌کند

دی گلـه‌ای ز طره‌اش کردم و از سـر فسـوس
گفت که این سـیاه کج گوش به مـن نمی‌کند

تـا دل هـرزه گرد من رفت به چیـن زلـف او
زان سـفـر دراز خـود عـزم وطن نمی‌کند

پیـش کمـان ابرویـش لابـه همی‌کنـم ولـی
گوش کشیده اسـت از آن گوش به من نمی‌کند

بـا همه عطـف دامنـت آیـدم از صبـا عجب
کـز گذر تـو خـاک را مشـک خـتن نمی‌کند

چون ز نسـیم می‌شـود زلف بنفشـه پرشکن
وه کـه دلـم چه یـاد از آن عهدشـکن نمی‌کند

دل بـه امیـد روی او همـدم جـان نمی‌شـود
جـان به هـوای کـوی او خدمت تـن نمی‌کند

سـاقی سـیم سـاق مـن گـر همـه درد می‌دهد
کیسـت که تن چو جام می جمله دهن نمی‌کند

دسـتخوش جفا مکـن آب رخم کـه فیض ابر
بـی مـدد سرشـک مـن در عدن نمی‌کند

کشـته غمـزه تـو شـد حافـظ ناشـنیده پند
تیغ سزاسـت هـر کـه را درد سـخن نمی‌کند

غزل ۱۹۳

در نظربازی ما بی‌خبران حیرانند

من چنینم که نمودم دگر ایشان دانند

عاقلان نقطه پرگار وجودند ولی

عشق داند که در این دایره سرگردانند

جلوه گاه رخ او دیده من تنها نیست

ماه و خورشید همین آینه می‌گردانند

عهد ما با لب شیرین دهنان بست خدا

ما همه بنده و این قوم خداوندانند

مفلسانیم و هوای می و مطرب داریم

آه اگر خرقه پشمین به گرو نستانند

وصل خورشید به شب‌پره اعمی نرسد

که در آن آینه صاحب نظران حیرانند

لاف عشق و گله از یار زهی لاف دروغ

عشقبازان چنین مستحق هجرانند

مگرم چشم سیاه تو بیاموزد کار

ور نه مستوری و مستی همه کس نتوانند

گر به نزهتگه ارواح برد بوی تو باد

عقل و جان گوهر هستی به نثار افشانند

زاهد ار رندی حافظ نکند فهم چه شد

دیو بگریزد از آن قوم که قرآن خوانند

گر شوند آگه از اندیشه ما مغبچگان

بعد از این خرقه صوفی به گرو نستانند

زل ۱۹۴

سـمن بویـان غبار غـم چو بنشـینند بنشـانند
پـری رویـان قرار از دل چو بسـتیزند بسـتانند
به فتـراک جفـا دل‌هـا چـو بربندنـد بربندند
ز زلـف عنبرین جان‌ها چو بگشـایند بفشـانند
به عمـری یک نفس با ما چو بنشـینند برخیزند
نهـال شـوق در خاطر چـو برخیزند بنشـانند
سرشـک گوشـه گیران را چو دریابنـد در یابند
رخ مهـر از سـحرخیزان نگردانند اگـر دانند
ز چشـمم لعل رمانـی چو می‌خندنـد می‌بارند
ز رویـم راز پنهانـی چـو می‌بینند می‌خوانند
دوای درد عاشـق را کسـی کـو سـهل پندارد
ز فکـر آنـان کـه در تدبیـر درماننـد در مانند
چـو منصور از مراد آنـان که بردارنـد بر دارند
بدیـن درگاه حافـظ را چو می‌خواننـد می‌رانند
در این حضرت چو مشـتاقان نیاز آرند ناز آرند
کـه با ایـن درد اگـر دربنـد درماننـد درمانند

غزل ۱۹۵

غلام نرگس مست تو تاجدارانند
خراب باده لعل تو هوشیارانند
تو را صبا و مرا آب دیده شد غماز
و گر نه عاشق و معشوق رازدارانند
ز زیر زلف دوتا چون گذر کنی بنگر
که از یمین و یسارت چه سوگوارانند
گذار کن چو صبا بر بنفشه زار و ببین
که از تطاول زلفت چه بی‌قرارانند
نصیب ماست بهشت ای خداشناس برو
که مستحق کرامت گناهکارانند
نه من بر آن گل عارض غزل سرایم و بس
که عندلیب تو از هر طرف هزارانند
تو دستگیر شو ای خضر پی خجسته که من
پیاده می‌روم و همرهان سوارانند
بیا به میکده و چهره ارغوانی کن
مرو به صومعه کان جا سیاه کارانند
خلاص حافظ از آن زلف تابدار مباد
که بستگان کمند تو رستگارانند

غزل ۱۹۶

آنان که خاک را به نظر کیمیا کنند
آیا بود که گوشه چشمی به ما کنند
دردم نهفته به ز طبیبان مدعی
باشد که از خزانه غیبم دوا کنند
معشوق چون نقاب ز رخ در نمی‌کشد
هر کس حکایتی به تصور چرا کنند
چون حسن عاقبت نه به رندی و زاهدیست
آن به که کار خود به عنایت رها کنند
بی معرفت مباش که در من یزید عشق
اهل نظر معامله با آشنا کنند
حالی درون پرده بسی فتنه می‌رود
تا آن زمان که پرده برافتد چه‌ها کنند
گر سنگ از این حدیث بنالد عجب مدار
صاحب دلان حکایت دل خوش ادا کنند
می خور که صد گناه ز اغیار در حجاب
بهتر ز طاعتی که به روی و ریا کنند
پیراهنی که آید از او بوی یوسفم
ترسم برادران غیورش قبا کنند
بگذر به کوی میکده تا زمره حضور
اوقات خود ز بهر تو صرف دعا کنند
پنهان ز حاسدان به خودم خوان که منعمان
خیر نهان برای رضای خدا کنند
حافظ دوام وصل میسر نمی‌شود
شاهان کم التفات به حال گدا کنند

غزل ۱۹۷

شـاهدان گـر دلبـری زیـن سـان کننـد

زاهـدان را رخنـه در ایمـان کننـد

هـر کجـا آن شـاخ نرگـس بشکفد

گلرخانـش دیـده نرگسـدان کننـد

ای جـوان سـروقد گویـی ببـر

پیـش از آن کـز قامتـت چـوگان کننـد

عاشـقان را بـر سـر خـود حکـم نیسـت

هـر چـه فرمـان تـو باشـد آن کننـد

پیـش چشـمم کمتـر اسـت از قطـره‌ای

ایـن حکایت‌هـا کـه از طوفـان کننـد

یـار مـا چـون گیـرد آغـاز سـماع

قدسیان بـر عرش دسـت افشـان کننـد

مـردم چشـمم بـه خـون آغشـته شـد

در کجـا ایـن ظلـم بـر انسـان کننـد

خـوش بـرآ بـا غصـه‌ای دل کاهـل راز

عیـش خـوش در بوتـه هجـران کننـد

سـر مکـش حافـظ ز آه نیـم شـب

تـا چـو صبحـت آینـه رخشـان کننـد

غزل ۱۹۸

گفتـم کـی ام دهـان و لبـت کامـران کننـد
گفتـا بـه چشـم هـر چـه تـو گویی چنـان کنند

گفتـم خـراج مصـر طلـب می‌کنـد لبـت
گفتـا در ایـن معاملـه کمتـر زیـان کننـد

گفتـم بـه نقطـه دهنـت خـود کـه بـرد راه
گفـت ایـن حکایتیسـت کـه بـا نکتـه دان کنند

گفتـم صنـم پرسـت مشـو بـا صمـد نشـین
گفتـا بـه کـوی عشـق هـم ایـن و هـم آن کنند

گفتـم هـوای میکـده غـم می‌بـرد ز دل
گفتـا خـوش آن کسـان کـه دلـی شـادمان کنند

گفتـم شـراب و خرقـه نـه آیین مذهب اسـت
گفـت ایـن عمـل بـه مذهب پیـر مغـان کنند

گفتـم ز لعـل نـوش لبـان پیـر را چـه سـود
گفتـا بـه بوسـه شکرینـش جـوان کننـد

گفتـم کـه خواجـه کـی بـه سـر حجلـه می‌رود
گفـت آن زمـان کـه مشـتری و مه قـران کنند

گفتـم دعـای دولـت او ورد حافـظ اسـت
گفـت ایـن دعـا ملایـک هفـت آسـمان کنند

غزل ۱۹۹

واعظـان کایـن جلوه در محـراب و منبر می‌کنند

چـون به خلوت می‌رونـد آن کار دیگر می‌کنند

مشـکلی دارم ز دانشـمند مجلـس بازپـرس

توبه فرمایـان چـرا خـود توبه کمتـر می‌کنند

گوییـا بـاور نمی‌دارنـد روز داوری

کایـن همه قلـب و دغـل در کار داور می‌کنند

یـا رب این نودولتان را با خر خودشـان نشـان

کایـن همه نـاز از غـلام ترک و اسـتر می‌کنند

ای گـدای خانقـه برجـه کـه در دیـر مغـان

می‌دهنـد آبـی کـه دل‌هـا را توانگـر می‌کنند

حسـن بی‌پایـان او چندان که عاشـق می‌کشـد

زمـره دیگر به عشـق از غیب سـر بـر می‌کنند

بـر در میخانـه عشـق ای ملـک تسـبیح گوی

کانـدر آن جـا طینـت آدم مخمـر می‌کننـد

صبحـدم از عرش می‌آمد خروشـی عقل گفت

قدسـیان گویـی کـه شـعر حافظ از بـر می‌کنند

غزل ۲۰۰

دانـی کـه چنـگ و عـود چـه تقریـر می‌کنند

پنهـان خوریـد بـاده کـه تعزیـر می‌کنند

نامـوس عشـق و رونـق عشـاق می‌برنـد

عیـب جـوان و سـرزنش پیـر می‌کنند

جـز قلـب تیـره هیـچ نشـد حاصـل و هنوز

باطـل در ایـن خیـال کـه اکسیـر می‌کنند

گوینـد رمـز عشـق مگوییـد و مشنویـد

مشـکل حکایتیست کـه تقریـر می‌کنند

مـا از بـرون در شـده مغـرور صـد فریـب

تـا خـود درون پـرده چـه تدبیـر می‌کنند

تشـویش وقـت پیـر مغـان می‌دهنـد بـاز

ایـن سـالکان نگـر کـه چـه بـا پیـر می‌کنند

صـد ملـک دل بـه نیـم نظـر می‌تـوان خرید

خوبـان در ایـن معاملـه تقصیـر می‌کننـد

قومـی بـه جـد و جهـد نهادند وصل دوسـت

قومـی دگـر حوالـه بـه تقدیـر می‌کنند

فـی الجملـه اعتمـاد مکـن بـر ثبـات دهـر

کایـن کارخانه‌ایسـت کـه تغییـر می‌کنند

می خور که شـیخ و حافظ و مفتی و محتسب

چـون نیـک بنگـری همـه تزویـر می‌کننـد

غزل ۲۰۱

شراب بی‌غش و ساقی خوش دو دام رهند
که زیرکان جهان از کمندشان نرهند
من ار چه عاشقم و رند و مست و نامه سیاه
هزار شکر که یاران شهر بی‌گنهند
جفا نه پیشه درویشیست و راهروی
بیار باده که این سالکان نه مرد رهند
مبین حقیر گدایان عشق را کاین قوم
شهان بی کمر و خسروان بی کلهند
به هوش باش که هنگام باد استغنا
هزار خرمن طاعت به نیم جو ننهند
مکن که کوکبه دلبری شکسته شود
چو بندگان بگریزند و چاکران بجهند
غلام همت دردی کشان یک رنگم
نه آن گروه که ازرق لباس و دل سیهند
قدم منه به خرابات جز به شرط ادب
که سالکان درش محرمان پادشهند
جناب عشق بلند است همتی حافظ
که عاشقان ره بی‌همتان به خود ندهند

غزل ۲۰۲

بود آیا که در میکده‌ها بگشایند
گره از کار فروبسته ما بگشایند
اگر از بهر دل زاهد خودبین بستند
دل قوی دار که از بهر خدا بگشایند
به صفای دل رندان صبوحی زدگان
بس در بسته به مفتاح دعا بگشایند
نامه تعزیت دختر رز بنویسید
تا همه مغبچگان زلف دوتا بگشایند
گیسوی چنگ ببرید به مرگ می ناب
تا حریفان همه خون از مژه‌ها بگشایند
در میخانه ببستند خدایا مپسند
که در خانه تزویر و ریا بگشایند
حافظ این خرقه که داری تو ببینی فردا
که چه زنار ز زیرش به دغا بگشایند

غزل ۲۰۳

سـال‌هـا دفتـر مـا در گـرو صهبـا بـود
رونـق میکـده از درس و دعـای مـا بـود

نیکـی پیـر مغـان بیـن کـه چو مـا بدمسـتان
هـر چـه کردیـم به چشـم کرمـش زیبـا بود

دفتـر دانـش مـا جملـه بشـویید بـه مـی
کـه فلـک دیـدم و در قصـد دل دانـا بـود

از بتـان آن طلـب ار حسـن شناسـی ای دل
کایـن کسـی گفت کـه در علـم نظر بینـا بود

دل چـو پـرگار بـه هـر سـو دورانـی می‌کرد
و انـدر آن دایـره سرگشـته پابرجـا بـود

مطـرب از درد محبـت عملـی می‌پـرداخت
کـه حکیمـان جهـان را مـژه خـون پـالا بود

می‌شـکفتم ز طرب زان که چو گل بر لب جوی
بـر سـرم سـایه آن سـرو سـهی بـالا بـود

پیـر گلرنـگ مـن انـدر حـق ازرق پوشـان
رخصـت خبـث نـداد ار نـه حکایت‌هـا بود

قلـب انـدوده حافـظ بـر او خـرج نشـد
کایـن معامـل بـه همه عیـب نهـان بینـا بود

غزل ۲۰۴

یـاد بـاد آن کـه نهانـت نظـری بـا مـا بـود
رقـم مهـر تـو بـر چهـره مـا پیـدا بـود
یـاد باد آن که چو چشـمت به عتابم می‌کشـت
معجـز عیسـویت در لـب شـکرخا بـود
یـاد بـاد آن کـه صبوحـی زده در مجلس انس
جـز مـن و یـار نبودیـم و خـدا بـا مـا بود
یـاد باد آن که رخت شـمع طـرب می‌افروخت
ویـن دل سـوخته پروانـه ناپـروا بـود
یـاد بـاد آن کـه در آن بزمگـه خلـق و ادب
آن کـه او خنـده مسـتانه زدی صهبـا بـود
یـاد بـاد آن کـه چو یاقـوت قدح خنـده زدی
در میـان مـن و لعـل تـو حکایت‌هـا بـود
یـاد بـاد آن کـه نـگارم چـو کمـر بربسـتی
در رکابـش مـه نـو پیـک جهـان پیمـا بـود
یـاد باد آن کـه خرابات نشـین بودم و مسـت
وآنچه در مسـجدم امروز کم اسـت آن جا بود
یـاد باد آن که به اصلاح شـما می‌شـد راسـت
نظـم هـر گوهـر ناسـفته کـه حافـظ را بـود

غزل ۲۰۵

تـا ز میخانـه و مـی نـام و نشـان خواهـد بـود

سـر مـا خـاک ره پیـر مغـان خواهـد بـود

حلقـه پیـر مغـان از ازلـم در گـوش اسـت

بـر همانیـم کـه بودیـم و همـان خواهـد بود

بـر سـر تربت مـا چـون گـذری همـت خواه

کـه زیارتگـه رنـدان جهـان خواهـد بـود

بـرو ای زاهـد خودبین که ز چشـم مـن و تو

راز ایـن پـرده نهـان اسـت و نهـان خواهـد بود

تـرک عاشـق کش من مسـت بـرون رفت امـروز

تـا دگـر خـون کـه از دیـده روان خواهـد بود

چشـمم آن دم کـه ز شـوق تو نهـد سـر به لحد

تـا دم صبـح قیامـت نگـران خواهـد بـود

بخت حافظ گـر از این گونه مـدد خواهد کرد

زلف معشـوقه به دسـت دگـران خواهـد بود

غزل ۲۰۶

پیـش از اینت بیش از این اندیشـه عشـاق بود

مهـرورزی تـو بـا مـا شـهره آفـاق بـود

یاد بـاد آن صحبت شب‌ها که با نوشـین لبان

بحـث سـر عشـق و ذکـر حلقـه عشـاق بود

پیش از این کاین سـقف سبز و طاق مینا برکشند

منظـر چشـم مـرا ابـروی جانـان طـاق بـود

از دم صبـح ازل تـا آخـر شـام ابـد

دوسـتی و مهـر بر یـک عهد و یـک میثاق بود

سـایه معشـوق اگـر افتاد بر عاشـق چه شـد

مـا بـه او محتـاج بودیم او بـه ما مشتاق بود

حسن مه رویان مجلس گر چه دل می‌برد و دین

بحـث مـا در لطف طبـع و خوبی اخـلاق بود

بـر در شـاهم گدایـی نکتـه‌ای در کار کـرد

گفـت بر هر خوان که بنشسـتم خـدا رزاق بود

رشـته تسـبیح اگـر بگسسـت معـذورم بدار

دسـتم انـدر دامـن سـاقی سیمین سـاق بود

در شـب قـدر ار صبوحـی کـرده‌ام عیبم مکن

سـرخوش آمد یـار و جامی بر کنـار طاق بود

شـعر حافـظ در زمـان آدم انـدر بـاغ خلـد

دفتـر نسـرین و گل را زینـت اوراق بـود

غزل ۲۰۷

یاد باد آن که سر کوی توام منزل بود
دیده را روشنی از خاک درت حاصل بود
راست چون سوسن و گل از اثر صحبت پاک
بر زبان بود مرا آن چه تو را در دل بود
دل چو از پیر خرد نقل معانی می‌کرد
عشق می‌گفت به شرح آن چه بر او مشکل بود
آه از آن جور و تطاول که در این دامگه است
آه از آن سوز و نیازی که در آن محفل بود
در دلم بود که بی دوست نباشم هرگز
چه توان کرد که سعی من و دل باطل بود
دوش بر یاد حریفان به خرابات شدم
خم می دیدم خون در دل و پا در گل بود
بس بگشتم که بپرسم سبب درد فراق
مفتی عقل در این مسله لایعقل بود
راستی خاتم فیروزه بواسحاقی
خوش درخشید ولی دولت مستعجل بود
دیدی آن قهقهه کبک خرامان حافظ
که ز سرپنجه شاهین قضا غافل بود

غزل ۲۰۸

خسـتگان را چـو طلـب باشـد و قـوت نبـود

گـر تـو بیـداد کنـی شـرط مـروت نبـود

مـا جفـا از تـو ندیدیـم و تـو خـود نپسـندی

آن چـه در مذهـب اربـاب طریقـت نبـود

خیـره آن دیـده کـه آبـش نبـرد گریـه عشـق

تیـره آن دل کـه در او شـمع محبـت نبـود

دولـت از مـرغ همایـون طلـب و سـایه او

زان کـه بـا زاغ و زغـن شـهپر دولـت نبـود

گـر مـدد خواسـتم از پیـر مغـان عیـب مکن

شـیخ مـا گفـت کـه در صومعـه همـت نبـود

چـون طهـارت نبـود کعبـه و بتخانه یکیسـت

نبـود خیـر در آن خانـه کـه عصمـت نبـود

حافظـا علـم و ادب ورز کـه در مجلـس شـاه

هـر کـه را نیسـت ادب لایـق صحبـت نبـود

غزل ۲۰۹

قتـل ایـن خسـته به شمشیـر تـو تقدیـر نبود

ور نــه هیـچ از دل بی‌رحـم تـو تقصیر نبود

مـن دیوانـه چـو زلـف تـو رهـا می‌کـردم

هیـچ لایقتـرم از حلقـه زنجیـر نبـود

یـا رب ایـن آینـه حسـن چـه جوهـر دارد

کـه در او آه مـرا قـوت تاثیـر نبـود

سـر ز حسـرت بـه در میکده‌هـا برگـردم

چون شناسـای تـو در صومعـه یک پیـر نبود

نازنینتـر ز قـدت در چمـن نـاز نرسـت

خوشتـر از نقـش تـو در عالـم تصویـر نبود

تـا مگر همچـو صبا بـاز بـه کوی تو رسـم

حاصلـم دوش بجـز نالـه شبگیر نبـود

آن کشـیدم ز تو ای آتش هجران که چو شـمع

جـز فنـای خـودم از دسـت تـو تدبیـر نبود

آیتـی بـود عـذاب انـده حافـظ بـی تـو

کـه بـر هیـچ کسـش حاجـت تفسیـر نبـود

غزل ۲۱۰

دوش در حلقه ما قصه گیسوی تو بود
تا دل شب سخن از سلسله موی تو بود
دل که از ناوک مژگان تو در خون می‌گشت
باز مشتاق کمانخانه ابروی تو بود
هم عفاالله صبا کز تو پیامی می‌داد
ور نه در کس نرسیدیم که از کوی تو بود
عالم از شور و شر عشق خبر هیچ نداشت
فتنه انگیز جهان غمزه جادوی تو بود
من سرگشته هم از اهل سلامت بودم
دام راهم شکن طره هندوی تو بود
بگشا بند قبا تا بگشاید دل من
که گشادی که مرا بود ز پهلوی تو بود
به وفای تو که بر تربت حافظ بگذر
کز جهان می‌شد و در آرزوی روی تو بود

غزل ۲۱۱

دوش می‌آمـد و رخسـاره برافروختـه بـود

تـا کجـا بـاز دل غمـزده‌ای سـوخته بـود

رسـم عاشـق کشـی و شـیوه شهرآشـوبی

جامـه‌ای بـود کـه بـر قامت او دوختـه بود

جـان عشـاق سپند رخ خـود می‌دانسـت

و آتـش چهـره بدیـن کار برافروختـه بـود

گر چـه می‌گفت کـه زارت بکشـم می‌دیدم

کـه نهانـش نظـری بـا مـن دلسـوخته بـود

کفـر زلفـش ره دیـن مـی‌زد و آن سـنگین دل

در پـی اش مشـعلی از چهـره برافروختـه بود

دل بسـی خون به کـف آورد ولی دیده بریخت

الله الله کـه تلـف کـرد و کـه اندوختـه بـود

یـار مفـروش بـه دنیـا که بسـی سـود نکرد

آن کـه یوسـف بـه زر ناسـره بفروختـه بـود

گفـت و خوش گفت برو خرقه بسـوزان حافظ

یـا رب ایـن قلـب شناسـی ز کـه آموختـه بود

غزل ۲۱۲

یـک دو جامـم دی سـحرگه اتفاق افتـاده بود

و از لـب سـاقی شـرابم در مـذاق افتـاده بود

از سـر مسـتی دگـر بـا شاهد عهـد شـباب

رجعتـی می‌خواسـتم لیکن طـلاق افتـاده بود

در مقامـات طریقـت هـر کجـا کردیـم سـیر

عافیـت را بـا نظربـازی فـراق افتـاده بـود

سـاقیا جـام دمـادم ده کـه در سـیر طریـق

هـر که عاشـق وش نیامـد در نفاق افتـاده بود

ای معبـر مـژده‌ای فرمـا کـه دوشـم آفتـاب

در شکرخواب صبوحـی هم وثاق افتـاده بود

نقش می‌بستم که گیرم گوشه‌ای زان چشم مست

طاقـت و صبر از خـم ابروش طـاق افتـاده بود

گر نکـردی نصـرت دیـن شـاه یحیـی از کرم

کار ملـک و دیـن ز نظم و اتسـاق افتـاده بود

حافظ آن سـاعت که این نظم پریشان می‌نوشت

طایـر فکـرش بـه دام اشـتیاق افتـاده بـود

غزل ۲۱۳

گوهر مخزن اسرار همان است که بود
حقه مهر بدان مهر و نشان است که بود
عاشقان زمره ارباب امانت باشند
لاجرم چشم گهربار همان است که بود
از صبا پرس که ما را همه شب تا دم صبح
بوی زلف تو همان مونس جان است که بود
طالب لعل و گهر نیست وگرنه خورشید
همچنان در عمل معدن و کان است که بود
کشته غمزه خود را به زیارت دریاب
زان که بیچاره همان دل‌نگران است که بود
رنگ خون دل ما را که نهان می‌داری
همچنان در لب لعل تو عیان است که بود
زلف هندوی تو گفتم که دگر ره نزند
سال‌ها رفت و بدان سیرت و سان است که بود
حافظا بازنما قصه خونابه چشم
که بر این چشمه همان آب روان است که بود

غزل ۲۱۴

دیدم به خواب خوش که به دستم پیاله بود
تعبیر رفت و کار به دولت حواله بود
چهل سال رنج و غصه کشیدیم و عاقبت
تدبیر ما به دست شراب دوساله بود
آن نافه مراد که می‌خواستم ز بخت
در چین زلف آن بت مشکین کلاله بود
از دست برده بود خمار غمم سحر
دولت مساعد آمد و می در پیاله بود
بر آستان میکده خون می‌خورم مدام
روزی ما ز خوان قدر این نواله بود
هر کو نکاشت مهر و ز خوبی گلی نچید
در رهگذار باد نگهبان لاله بود
بر طرف گلشنم گذر افتاد وقت صبح
آن دم که کار مرغ سحر آه و ناله بود
دیدیم شعر دلکش حافظ به مدح شاه
یک بیت از این قصیده به از صد رساله بود
آن شاه تندحمله که خورشید شیرگیر
پیشش به روز معرکه کمتر غزاله بود

غزل ۲۱۵

بـه کـوی میکده یا رب سـحر چه مشـغله بود
که جوش شـاهد و ساقی و شـمع و مشعله بود

حدیث عشـق که از حرف و صوت مستغنیست
بـه نالـه دف و نـی در خـروش و ولولـه بود

مباحثـی کـه در آن مجلـس جنـون می‌رفـت
ورای مدرسـه و قـال و قیـل مسـله بـود

دل از کرشـمه سـاقی بـه شـکر بـود ولـی
ز نامسـاعدی بختـش اندکـی گلـه بـود

قیـاس کـردم و آن چشـم جادوانـه مسـت
هـزار سـاحر چـون سـامریش در گلـه بـود

بگفتمـش بـه لبـم بوسـه‌ای حوالـت کـن
بـه خنده گفت کـی ات با من ایـن معامله بود

ز اختـرم نظـری سـعد در ره اسـت که دوش
میـان مـاه و رخ یـار مـن مقابلـه بـود

دهـان یـار کـه درمـان درد حافـظ داشـت
فغـان کـه وقت مـروت چه تنـگ حوصله بود

غزل ۲۱۶

آن یار کز او خانه ما جای پری بود
سر تا قدمش چون پری از عیب بری بود
دل گفت فروکش کنم این شهر به بویش
بیچاره ندانست که یارش سفری بود
تنها نه ز راز دل من پرده برافتاد
تا بود فلک شیوه او پرده دری بود
منظور خردمند من آن ماه که او را
با حسن ادب شیوه صاحب نظری بود
از چنگ منش اختر بدمهر به دربرد
آری چه کنم دولت دور قمری بود
عذری بنه ای دل که تو درویشی و او را
در مملکت حسن سر تاجوری بود
اوقات خوش آن بود که با دوست به سر رفت
باقی همه بی‌حاصلی و بی‌خبری بود
خوش بود لب آب و گل و سبزه و نسرین
افسوس که آن گنج روان رهگذری بود
خود را بکش ای بلبل از این رشک که گل را
با باد صبا وقت سحر جلوه گری بود
هر گنج سعادت که خدا داد به حافظ
از یمن دعای شب و ورد سحری بود

غزل ۲۱۷

مسلمانان مرا وقتی دلی بود
که با وی گفتمی گر مشکلی بود
به گردابی چو می‌افتادم از غم
به تدبیرش امید ساحلی بود
دلی همدرد و یاری مصلحت بین
که استظهار هر اهل دلی بود
ز من ضایع شد اندر کوی جانان
چه دامنگیر یا رب منزلی بود
هنر بی‌عیب حرمان نیست لیکن
ز من محرومتر کی سالی بود
بر این جان پریشان رحمت آرید
که وقتی کاردانی کاملی بود
مرا تا عشق تعلیم سخن کرد
حدیثم نکته هر محفلی بود
مگو دیگر که حافظ نکته‌دان است
که ما دیدیم و محکم جاهلی بود

غزل ۲۱۸

در ازل هـر کـو بـه فیـض دولت ارزانـی بود
تـا ابـد جـام مـرادش همـدم جانـی بود

من همان ساعت که از می خواستم شد توبه کار
گفتـم ایـن شـاخ ار دهد بـاری پشـیمانی بود

خود گرفتم کافکنم سجاده چون سوسن به دوش
همچـو گل بـر خرقه رنـگ می مسـلمانی بود

بـی چـراغ جـام در خلـوت نمی‌یارم نشسـت
زان کـه کنـج اهـل دل بایـد کـه نورانـی بود

همـت عالـی طلـب جـام مرصـع گـو مباش
رنـد را آب عنـب یاقـوت رمانـی بـود

گـر چه بی‌سـامان نمایـد کار ما سـهلش مبین
کاندر این کشـور گدایـی رشـک سـلطانی بود

نیـک نامی خواهی ای دل بـا بدان صحبت مدار
خودپسـندی جـان مـن برهـان نادانـی بود

مجلـس انـس و بهار و بحث شـعر انـدر میان
نسـتدن جـام مـی از جانان گـران جانی بود

دی عزیزی گفت حافظ می‌خورد پنهان شـراب
ای عزیـز مـن نـه عیب آن بـه کـه پنهانی بود

غزل ۲۱۹

کنـون کـه در چمن آمـد گل از عـدم به وجود

بنفشه در قـدم او نهـاد سـر بـه سـجود

بنـوش جـام صبوحـی بـه نالـه دف و چنگ

ببـوس غبـغب سـاقی بـه نغمـه نـی و عود

به دور گل منشـین بی شـراب و شاهد و چنگ

کـه همچـو روز بقـا هفتـه‌ای بـود معـدود

شـد از خـروج ریاحیـن چو آسـمان روشن

زمیـن بـه اختـر میمـون و طالـع مسـعود

ز دسـت شـاهد نـازک عـذار عیسـی دم

شـراب نـوش و رهـا کـن حدیث عـاد و ثمود

جهان چو خلد برین شـد به دور سوسـن و گل

ولی چه سـود که در وی نه ممکن اسـت خلود

چو گل سـوار شـود بـر هـوا سـلیمان وار

سـحر کـه مـرغ درآیـد بـه نغمـه داوود

بـه بـاغ تـازه کـن آییـن دیـن زردشـتی

کنـون کـه لالـه برافـروخت آتـش نمـرود

بخـواه جـام صبوحـی بـه یـاد آصـف عهد

وزیـر ملـک سـلیمان عمـاد دیـن محمـود

بـود کـه مجلـس حافـظ بـه یمـن تربیتـش

هـر آن چـه می‌طلبد جملـه باشـدش موجود

غزل ۲۲۰

از دیـده خـون دل همـه بـر روی مـا رود
بـر روی مـا ز دیـده چـه گویـم چه‌هـا رود
مـا در درون سـینه هوایـی نهفته‌ایـم
بـر بـاد اگـر رود دل مـا زان هـوا رود
خورشـید خـاوری کنـد از رشـک جامه چاک
گـر مـاه مهرپـرور مـن در قبـا رود
بـر خـاک راه یـار نهادیـم روی خویـش
بـر روی مـا رواسـت اگـر آشـنا رود
سـیل اسـت آب دیده و هـر کس کـه بگذرد
گـر خـود دلش ز سـنگ بـود هم ز جـا رود
مـا را بـه آب دیـده شـب و روز ماجراسـت
زان رهگـذر کـه بـر سـر کویـش چـرا رود
حافـظ بـه کـوی میکـده دایـم به صـدق دل
چـون صوفیـان صومعـه دار از صفـا رود

غزل ۲۲۱

چو دست بر سر زلفش زنم به تاب رود

ور آشتی طلبم با سر عتاب رود

چو ماه نو ره بیچارگان نظاره

زند به گوشه ابرو و در نقاب رود

شب شراب خرابم کند به بیداری

وگر به روز شکایت کنم به خواب رود

طریق عشق پرآشوب و فتنه است ای دل

بیفتد آن که در این راه با شتاب رود

گدایی در جانان به سلطنت مفروش

کسی ز سایه این در به آفتاب رود

سواد نامه موی سیاه چون طی شد

بیاض کم نشود گر صد انتخاب رود

حباب را چو فتد باد نخوت اندر سر

کلاه داریش اندر سر شراب رود

حجاب راه تویی حافظ از میان برخیز

خوشا کسی که در این راه بی‌حجاب رود

غزل ۲۲۲

از ســر کــوی تــو هــر کــو بــه ملالـت بـرود
نـرود کارش و آخـر بـه خجالـت بـرود

کاروانـی کـه بـود بدرقـه‌اش حفـظ خـدا
بـه تجمـل بنشـیند بـه جلالـت بـرود

ســالک از نــور هدایـت ببـرد راه به دوسـت
کـه بـه جایـی نرسـد گـر بـه ضلالـت برود

کام خـود آخـر عمـر از مـی و معشـوق بگیر
حیـف اوقـات که یک سـر بـه بطالـت بـرود

ای دلیـل دل گمگشـته خـدا را مـددی
کـه غریـب ار نبـرد ره بـه دلالـت ببـرد

حکم مسـتوری و مسـتی همه بر خاتم تسـت
کـس ندانسـت کـه آخر به چـه حالـت برود

حافظ از چشـمه حکمـت به کـف آور جامی
بـو کـه از لـوح دلـت نقـش جهالـت بـرود

غزل ۲۲۳

هرگزم نقش تو از لوح دل و جان نرود
هرگز از یاد من آن سرو خرامان نرود
از دماغ من سرگشته خیال دهنت
به جفای فلک و غصه دوران نرود
در ازل بست دلم با سر زلفت پیوند
تا ابد سر نکشد و از سر پیمان نرود
هر چه جز بار غمت بر دل مسکین من است
برود از دل من و از دل من آن نرود
آن چنان مهر توام در دل و جان جای گرفت
که اگر سر برود از دل و از جان نرود
گر رود از پی خوبان دل من معذور است
درد دارد چه کند کز پی درمان نرود
هر که خواهد که چو حافظ نشود سرگردان
دل به خوبان ندهد و از پی ایشان نرود

غزل ۲۲۴

خوشا دلی که مدام از پی نظر نرود
به هر درش که بخوانند بی‌خبر نرود
طمع در آن لب شیرین نکردنم اولی
ولی چگونه مگس از پی شکر نرود
سواد دیده غمدیده‌ام به اشک مشوی
که نقش خال توام هرگز از نظر نرود
ز من چو باد صبا بوی خود دریغ مدار
چرا که بی سر زلف توام به سر نرود
دلا مباش چنین هرزه گرد و هرجایی
که هیچ کار ز پیشت بدین هنر نرود
مکن به چشم حقارت نگاه در من مست
که آبروی شریعت بدین قدر نرود
من گدا هوس سروقامتی دارم
که دست در کمرش جز به سیم و زر نرود
تو کز مکارم اخلاق عالمی دگری
وفای عهد من از خاطرت به درنرود
سیاه نامه‌تر از خود کسی نمی‌بینم
چگونه چون قلمم دود دل به سر نرود
به تاج هدهدم از ره مبر که باز سفید
چو باشه در پی هر صید مختصر نرود
بیار باده و اول به دست حافظ ده
به شرط آن که ز مجلس سخن به درنرود

زل ۲۲۵

ساقی حدیث سرو و گل و لاله می‌رود
وین بحث با ثلاثه غساله می‌رود
می ده که نوعروس چمن حد حسن یافت
کار این زمان ز صنعت دلاله می‌رود
شکرشکن شوند همه طوطیان هند
زین قند پارسی که به بنگاله می‌رود
طی مکان ببین و زمان در سلوک شعر
کاین طفل یک شبه ره یک ساله می‌رود
آن چشم جادوانه عابدفریب بین
کش کاروان سحر ز دنباله می‌رود
از ره مرو به عشوه دنیا که این عجوز
مکاره می‌نشیند و محتاله می‌رود
باد بهار می‌وزد از گلستان شاه
و از ژاله باده در قدح لاله می‌رود
حافظ ز شوق مجلس سلطان غیاث دین
غافل مشو که کار تو از ناله می‌رود

غزل ۲۲۶

ترسم که اشک در غم ما پرده در شود
وین راز سر به مهر به عالم سمر شود
گویند سنگ لعل شود در مقام صبر
آری شود ولیک به خون جگر شود
خواهم شدن به میکده گریان و دادخواه
کز دست غم خلاص من آن جا مگر شود
از هر کرانه تیر دعا کرده‌ام روان
باشد کز آن میانه یکی کارگر شود
ای جان حدیث ما بر دلدار بازگو
لیکن چنان مگو که صبا را خبر شود
از کیمیای مهر تو زر گشت روی من
آری به یمن لطف شما خاک زر شود
در تنگنای حیرتم از نخوت رقیب
یا رب مباد آن که گدا معتبر شود
بس نکته غیر حسن بباید که تا کسی
مقبول طبع مردم صاحب نظر شود
این سرکشی که کنگره کاخ وصل راست
سرها بر آستانه او خاک در شود
حافظ چو نافه سر زلفش به دست توست
دم درکش ار نه باد صبا را خبر شود

غزل ۲۲۷

گر چه بر واعظ شهر این سخن آسان نشود
تا ریا ورزد و سالوس مسلمان نشود
رندی آموز و کرم کن که نه چندان هنر است
حیوانی که ننوشد می و انسان نشود
گوهر پاک بباید که شود قابل فیض
ور نه هر سنگ و گلی لل و مرجان نشود
اسم اعظم بکند کار خود ای دل خوش باش
که به تلبیس و حیل دیو مسلمان نشود
عشق می‌ورزم و امید که این فن شریف
چون هنرهای دگر موجب حرمان نشود
دوش می‌گفت که فردا بدهم کام دلت
سببی ساز خدایا که پشیمان نشود
حسن خلقی ز خدا می‌طلبم خوی تو را
تا دگر خاطر ما از تو پریشان نشود
ذره را تا نبود همت عالی حافظ
طالب چشمه خورشید درخشان نشود

غزل ۲۲۸

گر مـن از بـاغ تـو یک میـوه بچینم چه شـود
پیـش پایـی بـه چـراغ تـو ببینم چه شـود

یـا رب انـدر کنـف سـایه آن سـرو بلنـد
گـر مـن سـوخته یـک دم بنشـینم چه شـود

آخـر ای خاتـم جمشـید همایـون آثـار
گـر فتـد عکس تـو بر نقـش نگینم چه شـود

واعـظ شـهر چو مهـر ملـک و شـحنه گزید
مـن اگـر مهـر نـگاری بگزینـم چـه شـود

عقلـم از خانه بـه دررفت و گر می این است
دیـدم از پیـش کـه در خانـه دینـم چه شـود

صرف شـد عمر گـران مایه به معشـوقه و می
تـا از آنـم چه بـه پیش آیـد از اینم چه شـود

خواجه دانسـت کـه مـن عاشـقم و هیچ نگفت
حافـظ ار نیـز بدانـد کـه چنینـم چـه شـود

غزل ۲۲۹

بخت از دهان دوست نشانم نمی‌دهد
دولت خبر ز راز نهانم نمی‌دهد
از بهر بوسه‌ای ز لبش جان همی‌دهم
اینم همی‌ستاند و آنم نمی‌دهد
مردم در این فراق و در آن پرده راه نیست
یا هست و پرده دار نشانم نمی‌دهد
زلفش کشید باد صبا چرخ سفله بین
کان جا مجال بادوزانم نمی‌دهد
چندان که بر کنار چو پرگار می‌شدم
دوران چو نقطه ره به میانم نمی‌دهد
شکر به صبر دست دهد عاقبت ولی
بدعهدی زمانه زمانم نمی‌دهد
گفتم روم به خواب و ببینم جمال دوست
حافظ ز آه و ناله امانم نمی‌دهد

غزل ۲۳۰

اگر به باده مشکین دلم کشد شاید
که بوی خیر ز زهد ریا نمی‌آید
جهانیان همه گر منع من کنند از عشق
من آن کنم که خداوندگار فرماید
طمع ز فیض کرامت مبر که خلق کریم
گنه ببخشد و بر عاشقان ببخشاید
مقیم حلقه ذکر است دل بدان امید
که حلقه‌ای ز سر زلف یار بگشاید
تو را که حسن خداداده هست و حجله بخت
چه حاجت است که مشاطه‌ات بیاراید
چمن خوش است و هوا دلکش است و می بی‌غش
کنون بجز دل خوش هیچ در نمی‌باید
جمیله‌ایست عروس جهان ولی هش دار
که این مخدره در عقد کس نمی‌آید
به لابه گفتمش ای ماه رخ چه باشد اگر
به یک شکر ز تو دلخسته‌ای بیاساید
به خنده گفت که حافظ خدای را مپسند
که بوسه تو رخ ماه را بیالاید

غزل ۲۳۱

گفتـم غـم تـو دارم گفتـا غمـت سـر آیـد

گفتـم کـه مـاه مـن شـو گفتـا اگـر برآیـد

گفتـم ز مهـرورزان رسـم وفـا بیامـوز

گفتـا ز خوبرویـان ایـن کار کمتـر آیـد

گفتـم کـه بـر خیالـت راه نظـر ببنـدم

گفتـا کـه شـب رو اسـت او از راه دیگـر آیـد

گفتـم کـه بـوی زلفـت گمـراه عالمـم کـرد

گفتـا اگـر بدانـی هـم اوت رهبـر آیـد

گفتـم خوشا هوایـی کـز بـاد صبـح خیـزد

گفتـا خنـک نسـیمی کـز کـوی دلبـر آیـد

گفتـم کـه نـوش لعلت مـا را به آرزو کشـت

گفتـا تـو بندگـی کـن کـو بنـده پـرور آیـد

گفتـم دل رحیمـت کـی عـزم صلـح دارد

گفتـا مگـوی بـا کـس تـا وقـت آن درآیـد

گفتم زمان عشـرت دیـدی که چون سـر آمد

گفتـا خمـوش حافظ کایـن غصه هم سـر آیـد

غزل ۲۳۲

بر سر آنم که گر ز دست برآید
دست به کاری زنم که غصه سر آید
خلوت دل نیست جای صحبت اضداد
دیو چو بیرون رود فرشته درآید
صحبت حکام ظلمت شب یلداست
نور ز خورشید جوی بو که برآید
بر در ارباب بی‌مروت دنیا
چند نشینی که خواجه کی به درآید
ترک گدایی مکن که گنج بیابی
از نظر ره روی که در گذر آید
صالح و طالح متاع خویش نمودند
تا که قبول افتد و که در نظر آید
بلبل عاشق تو عمر خواه که آخر
باغ شود سبز و شاخ گل به بر آید
غفلت حافظ در این سراچه عجب نیست
هر که به میخانه رفت بی‌خبر آید

غزل ۲۳۳

دست از طلب ندارم تا کام من برآید
یا تن رسد به جانان یا جان ز تن برآید
بگشای تربتم را بعد از وفات و بنگر
کز آتش درونم دود از کفن برآید
بنمای رخ که خلقی واله شوند و حیران
بگشای لب که فریاد از مرد و زن برآید
جان بر لب است و حسرت در دل که از لبانش
نگرفته هیچ کامی جان از بدن برآید
از حسرت دهانش آمد به تنگ جانم
خود کام تنگدستان کی زان دهن برآید
گویند ذکر خیرش در خیل عشقبازان
هر جا که نام حافظ در انجمن برآید

غزل ۲۳۴

چو آفتاب می از مشرق پیاله برآید
ز باغ عارض ساقی هزار لاله برآید
نسیم در سر گل بشکند کلاله سنبل
چو از میان چمن بوی آن کلاله برآید
حکایت شب هجران نه آن حکایت حالیست
که شمه‌ای ز بیانش به صد رساله برآید
ز گرد خوان نگون فلک طمع نتوان داشت
که بی ملالت صد غصه یک نواله برآید
به سعی خود نتوان برد پی به گوهر مقصود
خیال باشد کاین کار بی حواله برآید
گرت چو نوح نبی صبر هست در غم طوفان
بلا بگردد و کام هزارساله برآید
نسیم زلف تو چون بگذرد به تربت حافظ
ز خاک کالبدش صد هزار لاله برآید

غزل ۲۳۵

زهی خجسته زمانی که یار بازآید
به کام غمزدگان غمگسار بازآید
به پیش خیل خیالش کشیدم ابلق چشم
بدان امید که آن شهسوار بازآید
اگر نه در خم چوگان او رود سر من
ز سر نگویم و سر خود چه کار بازآید
مقیم بر سر راهش نشسته‌ام چون گرد
بدان هوس که بدین رهگذار بازآید
دلی که با سر زلفین او قراری داد
گمان مبر که بدان دل قرار بازآید
چه جورها که کشیدند بلبلان از دی
به بوی آن که دگر نوبهار بازآید
ز نقش بند قضا هست امید آن حافظ
که همچو سرو به دستم نگار بازآید

غزل ۲۳۶

اگـر آن طایـر قدسـی ز درم بازآیـد
عمـر بگذشـته بـه پیرانـه سـرم بازآیـد
دارم امیـد بـر این اشـک چـو باران کـه دگر
بـرق دولـت کـه برفـت از نظـرم بازآیـد
آن کـه تـاج سـر مـن خاک کـف پایـش بود
از خـدا می‌طلبـم تـا بـه سـرم بازآیـد
خواهـم انـدر عقبـش رفت بـه یـاران عزیز
شـخصم ار بازنیایـد خبـرم بازآیـد
گـر نثـار قـدم یـار گرامـی نکنـم
گوهـر جـان بـه چـه کار دگـرم بازآیـد
کـوس نودولتـی از بـام سـعادت بزنـم
گـر ببینـم کـه مـه نوسـفرم بازآیـد
مانعش غلغل چنگ اسـت و شکرخواب صبوح
ور نـه گـر بشـنود آه سـحرم بازآیـد
آرزومنـد رخ شـاه چـو ماهـم حافـظ
همتـی تـا بـه سـلامت ز درم بازآیـد

غزل ۲۳۷

نفس برآمد و کام از تو بر نمی‌آید
فغان که بخت من از خواب در نمی‌آید

صبا به چشم من انداخت خاکی از کویش
که آب زندگیم در نظر نمی‌آید

قد بلند تو را تا به بر نمی‌گیرم
درخت کام و مرادم به بر نمی‌آید

مگر به روی دلارای یار ما ور نی
به هیچ وجه دگر کار بر نمی‌آید

مقیم زلف تو شد دل که خوش سوادی دید
وز آن غریب بلاکش خبر نمی‌آید

ز شست صدق گشادم هزار تیر دعا
ولی چه سود یکی کارگر نمی‌آید

بسم حکایت دل هست با نسیم سحر
ولی به بخت من امشب سحر نمی‌آید

در این خیال به سر شد زمان عمر و هنوز
بلای زلف سیاهت به سر نمی‌آید

ز بس که شد دل حافظ رمیده از همه کس
کنون ز حلقه زلفت به در نمی‌آید

غزل ۲۳۸

جهان بر ابروی عید از هلال وسمه کشید
هلال عید در ابروی یار باید دید

شکسته گشت چو پشت هلال قامت من
کمان ابروی یارم چو وسمه بازکشید

مگر نسیم خطت صبح در چمن بگذشت
که گل به بوی تو بر تن چو صبح جامه درید

نبود چنگ و رباب و نبید و عود که بود
گل وجود من آغشته گلاب و نبید

بیا که با تو بگویم غم ملالت دل
چرا که بی تو ندارم مجال گفت و شنید

بهای وصل تو گر جان بود خریدارم
که جنس خوب مبصر به هر چه دید خرید

چو ماه روی تو در شام زلف می‌دیدم
شبم به روی تو روشن چو روز می‌گردید

به لب رسید مرا جان و برنیامد کام
به سر رسید امید و طلب به سر نرسید

ز شوق روی تو حافظ نوشت حرفی چند
بخوان ز نظمش و در گوش کن چو مروارید

غزل ۲۳۹

رسیـد مـژده کـه آمـد بهـار و سبـزه دمیـد

وظیفـه گر برسـد مصرفـش گل اسـت و نبید

صفیـر مـرغ برآمـد بـط شـراب کجاسـت

فغـان فتـاد بـه بلبـل نقـاب گل کـه کشیـد

ز میوه‌هـای بهشـتی چـه ذوق دریابـد

هـر آن کـه سیب زنخـدان شـاهدی نگزید

مکـن ز غصـه شـکایت کـه در طریـق طلب

بـه راحتـی نرسیـد آن کـه زحمتـی نکشیـد

ز روی سـاقی مـه وش گلـی بچیـن امـروز

کـه گـرد عـارض بستان خـط بنفشـه دمید

چنـان کرشـمه سـاقی دلـم ز دسـت ببـرد

کـه با کسـی دگرم نیسـت بـرگ گفت و شـنید

مـن این مرقع رنگین چو گل بخواهم سـوخت

کـه پیـر بـاده فروشـش بـه جرعـه‌ای نخرید

بهـار می‌گـذرد دادگسـترا دریـاب

کـه رفـت موسـم و حافـظ هنوز می‌نچشـید

غزل ۲۴۰

ابر آذاری برآمد باد نوروزی وزید
وجه می می‌خواهم و مطرب که می‌گوید رسید
شاهدان در جلوه و من شرمسار کیسه‌ام
بار عشق و مفلسی صعب است می‌باید کشید
قحط جود است آبروی خود نمی‌باید فروخت
باده و گل از بهای خرقه می‌باید خرید
گوییا خواهد گشود از دولتم کاری که دوش
من همی‌کردم دعا و صبح صادق می‌دمید
با لبی و صد هزاران خنده آمد گل به باغ
از کریمی گوییا در گوشه‌ای بویی شنید
دامنی گر چاک شد در عالم رندی چه باک
جامه‌ای در نیک نامی نیز می‌باید درید
این لطایف کز لب لعل تو من گفتم که گفت
وین تطاول کز سر زلف تو من دیدم که دید
عدل سلطان گر نپرسد حال مظلومان عشق
گوشه گیران را ز آسایش طمع باید برید
تیر عاشق کش ندانم بر دل حافظ که زد
این قدر دانم که از شعر ترش خون می‌چکید

غزل ۲۴۱

معاشران ز حریف شبانه یاد آرید
حقوق بندگی مخلصانه یاد آرید
به وقت سرخوشی از آه و ناله عشاق
به صوت و نغمه چنگ و چغانه یاد آرید
چو لطف باده کند جلوه در رخ ساقی
ز عاشقان به سرود و ترانه یاد آرید
چو در میان مراد آورید دست امید
ز عهد صحبت ما در میانه یاد آرید
سمند دولت اگر چند سرکشیده رود
ز همرهان به سر تازیانه یاد آرید
نمی‌خورید زمانی غم وفاداران
ز بی‌وفایی دور زمانه یاد آرید
به وجه مرحمت ای ساکنان صدر جلال
ز روی حافظ و این آستانه یاد آرید

غزل ۲۴۲

بیـا کـه رایـت منصـور پادشـاه رسـید
نویـد فتـح و بشـارت بـه مهـر و ماه رسـید

جمـال بخـت ز روی ظفـر نقـاب انداخـت
کمـال عـدل بـه فریـاد دادخـواه رسـید

سپهر دور خـوش اکنـون کنـد کـه مـاه آمد
جهان به کام دل اکنون رسـد که شـاه رسـید

ز قاطعـان طریـق ایـن زمـان شـوند ایمـن
قوافـل دل و دانـش کـه مـرد راه رسـید

عزیـز مصـر بـه رغـم بـرادران غیـور
ز قعـر چـاه برآمـد بـه اوج مـاه رسـید

کجاست صوفـی دجـال فعـل ملحدشـکل
بگـو بسـوز کـه مهـدی دیـن پنـاه رسـید

صبـا بگـو که چهها بر سـرم در این غم عشـق
ز آتـش دل سـوزان و دود آه رسـید

ز شـوق روی تـو شـاها بدیـن اسـیر فـراق
همـان رسـید کـز آتـش به بـرگ کاه رسـید

مـرو بـه خـواب که حافـظ بـه بـارگاه قبول
ز ورد نیـم شـب و درس صبحـگاه رسـید

غزل ۲۴۳

بوی خوش تو هر که ز باد صبا شنید
از یار آشنا سخن آشنا شنید
ای شاه حسن چشم به حال گدا فکن
کاین گوش بس حکایت شاه و گدا شنید
خوش می‌کنم به باده مشکین مشام جان
کز دلق پوش صومعه بوی ریا شنید
سر خدا که عارف سالک به کس نگفت
در حیرتم که باده فروش از کجا شنید
یا رب کجاست محرم رازی که یک زمان
دل شرح آن دهد که چه گفت و چه‌ها شنید
اینش سزا نبود دل حق گزار من
کز غمگسار خود سخن ناسزا شنید
محروم اگر شدم ز سر کوی او چه شد
از گلشن زمانه که بوی وفا شنید
ساقی بیا که عشق ندا می‌کند بلند
کان کس که گفت قصه ما هم ز ما شنید
ما باده زیر خرقه نه امروز می‌خوریم
صد بار پیر میکده این ماجرا شنید
ما می به بانگ چنگ نه امروز می‌کشیم
بس دور شد که گنبد چرخ این صدا شنید
پند حکیم محض صواب است و عین خیر
فرخنده آن کسی که به سمع رضا شنید
حافظ وظیفه تو دعا گفتن است و بس
دربند آن مباش که نشنید یا شنید

غزل ۲۴۴

معاشــران گــره از زلــف یـار بــاز کنیــد
شبـی خـوش اسـت بدیــن قصـه‌اش دراز کنید

حضــور خلــوت انــس اسـت و دوستان جمعند
و ان یــکاد بخوانیــد و در فــراز کنیــد

ربــاب و چنـگ بـه بانـگ بلنـد می‌گوینـد
کــه گــوش هــوش بــه پیغــام اهــل راز کنید

بـه جان دوسـت کـه غم پــرده بر شــما ندرد
گـر اعتمــاد بـر الطـاف کارسـاز کنیـد

میــان عاشــق و معشــوق فـرق بسـیار اسـت
چو یــار نــاز نمایــد شمـا نیـاز کنیـد

نخسـت موعظه پیـر صحبت این حرف اسـت
کــه از مصاحـب ناجنـس احتـراز کنیـد

هر آن کسی که در این حلقه نیست زنده به عشق
بـر او نمـرده بـه فتـوای مـن نمـاز کنیـد

وگـر طلـب کنـد انعامـی از شـما حافــظ
حوالتـش بـه لـب یـار دلنـواز کنیـد

غزل ۲۴۵

الا ای طوطی گویای اسرار
مبادا خالیت شکر ز منقار
سرت سبز و دلت خوش باد جاوید
که خوش نقشی نمودی از خط یار
سخن سربسته گفتی با حریفان
خدا را زین معما پرده بردار
به روی ما زن از ساغر گلابی
که خواب آلوده‌ایم ای بخت بیدار
چه ره بود این که زد در پرده مطرب
که می‌رقصند با هم مست و هشیار
از آن افیون که ساقی در می‌افکند
حریفان را نه سر ماند نه دستار
سکندر را نمی‌بخشند آبی
به زور و زر میسر نیست این کار
بیا و حال اهل درد بشنو
به لفظ اندک و معنی بسیار
بت چینی عدوی دین و دل‌هاست
خداوندا دل و دینم نگه دار
به مستوران مگو اسرار مستی
حدیث جان مگو با نقش دیوار
به یمن دولت منصور شاهی
علم شد حافظ اندر نظم اشعار
خداوندی به جای بندگان کرد
خداوندا ز آفاتش نگه دار

غزل ۲۴۶

عیـد اسـت و آخـر گل و یـاران در انتظـار
ساقی بـه روی شـاه ببیـن مـاه و مـی بیار

دل برگرفتـه بـودم از ایـام گل ولـی
کاری بکـرد همـت پـاکان روزه دار

دل در جهـان مبنـد و بـه مسـتی سـال کـن
از فیـض جـام و قصـه جمشـید کامگار

جـز نقـد جان بـه دسـت نـدارم شـراب کو
کان نیـز بـر کرشـمه سـاقی کنـم نثار

خوش دولتیست خرم و خوش خسروی کریم
یـا رب ز چشـم زخـم زمانـش نـگاه دار

مـی خور به شـعر بنده کـه زیبی دگـر دهد
جـام مرصـع تـو بدیـن در شـاهوار

گر فوت شـد سـحور چه نقصان صبوح هست
از مـی کننـد روزه گشـا طالبان یـار

زان جـا کـه پرده پوشـی عفـو کریم توست
بـر قلـب مـا ببخش کـه نقدیست کـم عیار

ترسـم کـه روز حشـر عنان بـر عنـان رود
تسـبیح شـیخ و خرقـه رنـد شـرابخوار

حافـظ چـو رفـت روزه و گل نیـز مـی‌رود
ناچـار بـاده نـوش کـه از دسـت رفـت کار

غزل ۲۴۷

صبا ز منزل جانان گذر دریغ مدار
وز او به عاشق بی‌دل خبر دریغ مدار
به شکر آن که شکفتی به کام بخت ای گل
نسیم وصل ز مرغ سحر دریغ مدار
حریف عشق تو بودم چو ماه نو بودی
کنون که ماه تمامی نظر دریغ مدار
جهان و هر چه در او هست سهل و مختصر است
ز اهل معرفت این مختصر دریغ مدار
کنون که چشمه قند است لعل نوشینت
سخن بگوی و ز طوطی شکر دریغ مدار
مکارم تو به آفاق می‌برد شاعر
از او وظیفه و زاد سفر دریغ مدار
چو ذکر خیر طلب می‌کنی سخن این است
که در بهای سخن سیم و زر دریغ مدار
غبار غم برود حال خوش شود حافظ
تو آب دیده از این رهگذر دریغ مدار

غزل ۲۴۸

ای صبا نکهتی از کوی فلانی به من آر
زار و بیمار غمم راحت جانی به من آر
قلب بی‌حاصل ما را بزن اکسیر مراد
یعنی از خاک در دوست نشانی به من آر
در کمینگاه نظر با دل خویشم جنگ است
ز ابرو و غمزه او تیر و کمانی به من آر
در غریبی و فراق و غم دل پیر شدم
ساغر می ز کف تازه جوانی به من آر
منکران را هم از این می دو سه ساغر بچشان
وگر ایشان نستانند روانی به من آر
ساقیا عشرت امروز به فردا مفکن
یا ز دیوان قضا خط امانی به من آر
دلم از دست بشد دوش چو حافظ می‌گفت
کای صبا نکهتی از کوی فلانی به من آر

غزل ۲۴۹

ای صبا نکهتی از خاک ره یار بیار
ببر اندوه دل و مژده دلدار بیار
نکته‌ای روح فزا از دهن دوست بگو
نامه‌ای خوش خبر از عالم اسرار بیار
تا معطر کنم از لطف نسیم تو مشام
شمه‌ای از نفحات نفس یار بیار
به وفای تو که خاک ره آن یار عزیز
بی غباری که پدید آید از اغیار بیار
گردی از رهگذر دوست به کوری رقیب
بهر آسایش این دیده خونبار بیار
خامی و ساده دلی شیوه جانبازان نیست
خبری از بر آن دلبر عیار بیار
شکر آن را که تو در عشرتی ای مرغ چمن
به اسیران قفس مژده گلزار بیار
کام جان تلخ شد از صبر که کردم بی دوست
عشوه‌ای زان لب شیرین شکربار بیار
روزگاریست که دل چهره مقصود ندید
ساقیا آن قدح آینه کردار بیار
دلق حافظ به چه ارزد به می‌اش رنگین کن
وان گهش مست و خراب از سر بازار بیار

غزل ۲۵۰

روی بنمای و وجود خودم از یاد ببر
خرمن سوختگان را همه گو باد ببر

ما چو دادیم دل و دیده به طوفان بلا
گو بیا سیل غم و خانه ز بنیاد ببر

زلف چون عنبر خامش که ببوید هیهات
ای دل خام طمع این سخن از یاد ببر

سینه گو شعله آتشکده فارس بکش
دیده گو آب رخ دجله بغداد ببر

دولت پیر مغان باد که باقی سهل است
دیگری گو برو و نام من از یاد ببر

سعی نابرده در این راه به جایی نرسی
مزد اگر می‌طلبی طاعت استاد ببر

روز مرگم نفسی وعده دیدار بده
وان گهم تا به لحد فارغ و آزاد ببر

دوش می‌گفت به مژگان درازت بکشم
یا رب از خاطرش اندیشه بیداد ببر

حافظ اندیشه کن از نازکی خاطر یار
برو از درگهش این ناله و فریاد ببر

غزل ۲۵۱

شب وصل است و طی شد نامه هجر
سلام فیه حتی مطلع الفجر
دلا در عاشقی ثابت قدم باش
که در این ره نباشد کار بی اجر
من از رندی نخواهم کرد توبه
و لو آذیتنی بالهجر و الحجر
برآی ای صبح روشن دل خدا را
که بس تاریک می‌بینم شب هجر
دلم رفت و ندیدم روی دلدار
فغان از این تطاول آه از این زجر
وفا خواهی جفاکش باش حافظ
فان الربح و الخسران فی التجر

غزل ۲۵۲

گــر بــود عمــر بــه میخانــه رسـم بــار دگــر
بجــز از خدمــت رنــدان نکنــم کار دگــر
خــرم آن روز کــه بــا دیــده گریــان بــروم
تــا زنــم آب در میکــده یــک بــار دگــر
معرفــت نیســت در ایــن قــوم خدا را سـببی
تــا بــرم گوهــر خــود را بــه خریــدار دگــر
یار اگر رفــت و حق صحبت دیرین نشــناخت
حــاش لله کــه روم مــن ز پــی یــار دگــر
گــر مســاعد شــودم دایــره چــرخ کبــود
هــم بــه دســت آورمش بــاز بــه پــرگار دگر
عافیــت می‌طلبــد خاطــرم ار بگذارنــد
غمــزه شــوخش و آن طــره طــرار دگــر
راز سربســته مــا بیــن کــه بــه دســتان گفتند
هــر زمــان بــا دف و نــی بــر ســر بــازار دگر
هــر دم از درد بنالــم کــه فلــک هــر ســاعت
کنــدم قصــد دل ریــش بــه آزار دگــر
بازگویــم نــه در ایــن واقعــه حافظ تنهاســت
غرقــه گشــتند در ایــن بادیــه بســیار دگــر

غزل ۲۵۳

ای خرم از فروغ رخت لاله زار عمر
بازآ که ریخت بی گل رویت بهار عمر
از دیده گر سرشک چو باران چکد رواست
کاندر غمت چو برق بشد روزگار عمر
این یک دو دم که مهلت دیدار ممکن است
دریاب کار ما که نه پیداست کار عمر
تا کی می صبوح و شکرخواب بامداد
هشیار گرد هان که گذشت اختیار عمر
دی در گذار بود و نظر سوی ما نکرد
بیچاره دل که هیچ ندید از گذار عمر
اندیشه از محیط فنا نیست هر که را
بر نقطه دهان تو باشد مدار عمر
در هر طرف که ز خیل حوادث کمین‌گهیست
زان رو عنان گسسته دواند سوار عمر
بی عمر زنده‌ام من و این بس عجب مدار
روز فراق را که نهد در شمار عمر
حافظ سخن بگوی که بر صفحه جهان
این نقش ماند از قلمت یادگار عمر

غزل ۲۵۴

دیگـر ز شـاخ سـرو سـهی بلبـل صبـور
گلبانـگ زد کـه چشـم بـد از روی گل به دور
ای گلبشـکر آن کـه تویـی پادشـاه حسـن
بـا بلبـلان بـی‌دل شـیدا مکـن غـرور
از دسـت غیبـت تـو شـکایت نمی‌کنـم
تـا نیسـت غیبتـی نبـود لـذت حضـور
گـر دیگـران به عیـش و طرب خرمند و شـاد
مـا را غـم نـگار بـود مایـه سـرور
زاهـد اگر بـه حـور و قصـور اسـت امیدوار
مـا را شـرابخانه قصـور اسـت و یـار حـور
می خور به بانگ چنگ و مخور غصه ور کسـی
گویـد تـو را کـه بـاده مخـور گـو هوالغفور
حافـظ شـکایت از غـم هجـران چـه می‌کنی
در هجـر وصـل باشـد و در ظلمت اسـت نور

غزل ۲۵۵

یوسـف گمگشـته بازآیـد به کنعان غـم مخور
کلبـه احزان شـود روزی گلستان غـم مخور

ای دل غمدیـده حالـت بـه شـود دل بد مکن
وین سـر شـوریده بازآیـد به سامان غم مخور

گـر بهـار عمـر باشـد بـاز بـر تخـت چمن
چتر گل در سر کشی ای مرغ خوشخوان غم مخور

دور گـردون گـر دو روزی بـر مراد مـا نرفت
دایما یـک سـان نباشـد حـال دوران غم مخور

هان مشـو نومید چون واقف نه‌ای از سـر غیب
باشـد اندر پـرده بازی‌هـای پنهان غـم مخور

ای دل ار سـیل فنـا بنیـاد هسـتی برکنـد
چون تو را نوح است کشتیبان ز طوفان غم مخور

در بیابـان گـر به شـوق کعبه خواهـی زد قدم
سـرزنش‌ها گـر کند خـار مغیلان غـم مخور

گر چه منزل بس خطرناک است و مقصد بس بعید
هیچ راهی نیسـت کان را نیست پایان غم مخور

حـال مـا در فرقـت جانـان و ابـرام رقیـب
جملـه می‌داند خـدای حال گـردان غم مخور

حافظـا در کنـج فقـر و خلوت شـب‌های تار
تـا بـود وردت دعـا و درس قرآن غـم مخور

غزل ۲۵۶

نصیحتی کنمت بشنو و بهانه مگیر
هر آن چه ناصح مشفق بگویدت بپذیر
ز وصل روی جوانان تمتعی بردار
که در کمینگه عمر است مکر عالم پیر
نعیم هر دو جهان پیش عاشقان بجوی
که این متاع قلیل است و آن عطای کثیر
معاشری خوش و رودی بساز می‌خواهم
که درد خویش بگویم به ناله بم و زیر
بر آن سرم که ننوشم می و گنه نکنم
اگر موافق تدبیر من شود تقدیر
چو قسمت ازلی بی حضور ما کردند
گر اندکی نه به وفق رضاست خرده مگیر
چو لاله در قدحم ریز ساقیا می و مشک
که نقش خال نگارم نمی‌رود ز ضمیر
بیار ساغر در خوشاب ای ساقی
حسود گو کرم آصفی ببین و بمیر
به عزم توبه نهادم قدح ز کف صد بار
ولی کرشمه ساقی نمی‌کند تقصیر
می دوساله و محبوب چارده ساله
همین بس است مرا صحبت صغیر و کبیر
دل رمیده ما را که پیش می‌گیرد
خبر دهید به مجنون خسته از زنجیر
حدیث توبه در این بزمگه مگو حافظ
که ساقیان کمان ابرویت زنند به تیر

غزل ۲۵۷

روی بنما و مرا گو که ز جان دل برگیر
پیش شمع آتش پروانه به جان گو درگیر
در لب تشنه ما بین و مدار آب دریغ
بر سر کشته خویش آی و ز خاکش برگیر
ترک درویش مگیر ار نبود سیم و زرش
در غمت سیم شمار اشک و رخش را زر گیر
چنگ بنواز و بساز ار نبود عود چه باک
آتشم عشق و دلم عود و تنم مجمر گیر
در سماع آی و ز سر خرقه برانداز و برقص
ور نه با گوشه رو و خرقه ما در سر گیر
صوف برکش ز سر و باده صافی درکش
سیم درباز و به زر سیمبری در بر گیر
دوست گو یار شو و هر دو جهان دشمن باش
بخت گو پشت مکن روی زمین لشکر گیر
میل رفتن مکن ای دوست دمی با ما باش
بر لب جوی طرب جوی و به کف ساغر گیر
رفته گیر از برم وز آتش و آب دل و چشم
گونه‌ام زرد و لبم خشک و کنارم تر گیر
حافظ آراسته کن بزم و بگو واعظ را
که ببین مجلسم و ترک سر منبر گیر

غزل ۲۵۸

هـزار شـکر کـه دیـدم بـه کام خویشـت باز
ز روی صـدق و صفـا گشـته بـا دلم دمسـاز

رونـدگان طـریقت ره بـلا سـپرند
رفیـق عشـق چـه غـم دارد از نشـیب و فراز

غـم حبیـب نهان بـه ز گفـت و گـوی رقیب
کـه نیسـت سـینه اربـاب کینـه محـرم راز

اگـر چه حسـن تو از عشـق غیر مستغنیسـت
مـن آن نیـم کـه از ایـن عشـقبازی آیـم باز

چـه گویمـت کـه ز سـوز درون چـه می‌بینم
ز اشـک پـرس حکایـت کـه مـن نیـم غماز

چـه فتنـه بـود کـه مشـاطه قضا انگیخت
کـه کـرد نرگس مسـتش سـیه بـه سـرمه ناز

بدین سـپاس که مجلس منور اسـت به دوست
گرت چو شـمع جفایـی رسـد بسـوز و بسـاز

غرض کرشمه حسن است ور نه حاجت نیست
جمـال دولـت محمـود را بـه زلـف ایـاز

غـزل سـرایی ناهیـد صرفـه‌ای نبـرد
در آن مقـام کـه حافـظ بـرآورد آواز

غزل ۲۵۹

منـم کـه دیـده بـه دیـدار دوسـت کـردم بـاز
چـه شـکر گویمـت ای کارسـاز بنـده نـواز

نیازمنـد بـلا گـو رخ از غبـار مشـوی
کـه کیمیـای مـراد اسـت خـاک کـوی نیـاز

ز مشـکلات طریقـت عنـان متـاب ای دل
کـه مـرد راه نیندیشـد از نشـیب و فـراز

طهـارت ار نـه بـه خـون جگـر کند عاشـق
بـه قـول مفتی عشـقش درسـت نیسـت نماز

در ایـن مقـام مجـازی بجـز پیالـه مگیـر
در ایـن سـراچه بازیچـه غیـر عشـق مبـاز

بـه نیـم بوسـه دعایـی بخـر ز اهـل دلـی
کـه کیـد دشـمنت از جـان و جسـم دارد بـاز

فکنـد زمزمـه عشـق در حجـاز و عـراق
نـوای بانـگ غزل‌هـای حافـظ از شـیراز

غزل ۲۶۰

ای سـرو نـاز حسـن که خوش مـی‌روی به نـاز
عشـاق را بـه نـاز تـو هـر لحظـه صـد نیاز

فرخنـده بـاد طلعـت خوبـت کـه در ازل
ببریده‌انـد بـر قـد سـروت قبـای نـاز

آن را کـه بـوی عنبـر زلـف تـو آرزوست
چـون عـود گو بر آتش سـودا بسـوز و سـاز

پروانـه را ز شـمع بـود سـوز دل ولـی
بـی شـمع عـارض تـو دلـم را بـود گـداز

صوفـی که بـی تو توبـه ز می کـرده بود دوش
بشکسـت عهـد چـون در میخانـه دیـد بـاز

از طعنـه رقیـب نگـردد عیـار مـن
چـون زر اگـر برنـد مـرا در دهـان گاز

دل کـز طـواف کعبـه کویـت وقـوف یافـت
از شـوق آن حریـم نـدارد سـر حجـاز

هر دم به خون دیده چه حاجت وضو چو نیست
بـی طـاق ابـروی تـو نمـاز مـرا جـواز

چـون بـاده باز بر سـر خـم رفت کـف زنان
حافـظ کـه دوش از لـب سـاقی شنید راز

غزل ۲۶۱

درآ کــه در دل خســته تــوان درآیــد بــاز
بیــا کــه در تــن مــرده روان درآیــد بــاز

بیــا کــه فرقت تو چشــم مــن چنان در بست
کــه فتــح بــاب وصالــت مگــر گشــاید بــاز

غمــی که چون ســپه زنــگ ملــک دل بگرفت
ز خیــل شــادی روم رخــت زدایــد بــاز

بــه پیــش آینــه دل هــر آن چــه مــی‌دارم
بجــز خیــال جمالــت نمی‌نمایــد بــاز

بــدان مثــل که شــب آبســتن اســت روز از تو
ســتاره می‌شــمرم تــا که شــب چــه زایــد باز

بیــا کــه بلبــل مطبــوع خاطــر حافــظ
بــه بــوی گلبــن وصــل تــو می‌ســراید بــاز

غزل ۲۶۲

حـال خونیــن دلان کـه گویــد بـاز
و از فلـک خـون خـم کـه جویــد بـاز

شـرمش از چشـم مـی پرستان بـاد
نرگـس مسـت اگـر برویـد بـاز

جـز فلاطـون خـم نشـین شـراب
سـر حکمـت بـه مـا کـه گویـد بـاز

هـر کـه چـون لالـه کاسـه گردان شد
زیـن جفـا رخ بـه خـون بشـوید بـاز

نگشایـد دلـم چـو غنچـه اگـر
ساغری از لبـش نبویـد بـاز

بـس کـه در پـرده چنـگ گفـت سخن
ببـرش مـوی تـا نمویـد بـاز

گـرد بیـت الحـرام خـم حافـظ
گـر نمیـرد بـه سـر بپویـد بـاز

غزل ۲۶۳

بیــا و کشــتی مــا در شــط شــراب انــداز
خـروش و ولوله در جان شــیخ و شـاب انداز

مــرا بــه کشــتی بــاده درافکــن ای ســاقی
کــه گفتهانــد نکویــی کــن و در آب انــداز

ز کــوی میکــده برگشــتهام ز راه خطــا
مــرا دگــر ز کــرم بــا ره صــواب انــداز

بیــار زان مــی گلرنـگ مشــک بــو جامــی
شــرار رشــک و حســد در دل گلاب انــداز

اگــر چــه مســت و خرابم تــو نیــز لطفی کن
نظـر بـر ایـن دل سرگشـته خـراب انــداز

بــه نیـم شـب اگـرت آفتـاب میبایــد
ز روی دختــر گلچهــر رز نقــاب انــداز

مهـل کــه روز وفاتـم بــه خــاک بسپارند
مــرا بــه میکــده بــر در خــم شــراب انــداز

ز جــور چــرخ چو حافـظ به جان رسـید دلت
بــه سـوی دیـو محـن نـاوک شـهاب انــداز

غزل ۲۶۴

خیز و در کاسه زر آب طربناک انداز
پیشتر زان که شود کاسه سر خاک انداز
عاقبت منزل ما وادی خاموشان است
حالیا غلغله در گنبد افلاک انداز
چشم آلوده نظر از رخ جانان دور است
بر رخ او نظر از آینه پاک انداز
به سر سبز تو ای سرو که گر خاک شوم
ناز از سر بنه و سایه بر این خاک انداز
دل ما را که ز مار سر زلف تو بخست
از لب خود به شفاخانه تریاک انداز
ملک این مزرعه دانی که ثباتی ندهد
آتشی از جگر جام در املاک انداز
غسل در اشک زدم کاهل طریقت گویند
پاک شو اول و پس دیده بر آن پاک انداز
یا رب آن زاهد خودبین که بجز عیب ندید
دود آهیش در آیینه ادراک انداز
چون گل از نکهت او جامه قبا کن حافظ
وین قبا در ره آن قامت چالاک انداز

غزل ۲۶۵

برنیامد از تمنای لبت کامم هنوز
بر امید جام لعلت دردی آشامم هنوز
روز اول رفت دینم در سر زلفین تو
تا چه خواهد شد در این سودا سرانجامم هنوز
ساقیا یک جرعه‌ای زان آب آتشگون که من
در میان پختگان عشق او خامم هنوز
از خطا گفتم شبی زلف تو را مشک ختن
می‌زند هر لحظه تیغی مو بر اندامم هنوز
پرتو روی تو تا در خلوتم دید آفتاب
می‌رود چون سایه هر دم بر در و بامم هنوز
نام من رفته‌ست روزی بر لب جانان به سهو
اهل دل را بوی جان می‌آید از نامم هنوز
در ازل داده‌ست ما را ساقی لعل لبت
جرعه جامی که من مدهوش آن جامم هنوز
ای که گفتی جان بده تا باشدت آرام جان
جان به غم‌هایش سپردم نیست آرامم هنوز
در قلم آورد حافظ قصه لعل لبش
آب حیوان می‌رود هر دم ز اقلامم هنوز

غزل ۲۶۶

دلم رمیده لولی‌وشیست شورانگیز
دروغ وعده و قتال وضع و رنگ آمیز
فدای پیرهن چاک ماه رویان باد
هزار جامه تقوا و خرقه پرهیز
خیال خال تو با خود به خاک خواهم برد
که تا ز خال تو خاکم شود عبیرآمیز
فرشته عشق نداند که چیست ای ساقی
بخواه جام و گلابی به خاک آدم ریز
پیاله بر کفنم بند تا سحرگه حشر
به می ز دل ببرم هول روز رستاخیز
فقیر و خسته به درگاهت آمدم رحمی
که جز ولای توام نیست هیچ دست آویز
بیا که هاتف میخانه دوش با من گفت
که در مقام رضا باش و از قضا مگریز
میان عاشق و معشوق هیچ حائل نیست
تو خود حجاب خودی حافظ از میان برخیز

غزل ۲۶۷

ای صبا گر بگذری بر ساحل رود ارس
بوسه زن بر خاک آن وادی و مشکین کن نفس
منزل سلمی که بادش هر دم از ما صد سلام
پرصدای ساربانان بینی و بانگ جرس
محمل جانان ببوس آن گه به زاری عرضه دار
کز فراقت سوختم ای مهربان فریاد رس
من که قول ناصحان را خواندمی قول رباب
گوشمالی دیدم از هجران که اینم پند بس
عشرت شبگیر کن می نوش کاندر راه عشق
شب روان را آشنایی‌هاست با میر عسس
عشقبازی کار بازی نیست ای دل سر بباز
زان که گوی عشق نتوان زد به چوگان هوس
دل به رغبت می‌سپارد جان به چشم مست یار
گر چه هشیاران ندادند اختیار خود به کس
طوطیان در شکرستان کامرانی می‌کنند
و از تحسر دست بر سر می‌زند مسکین مگس
نام حافظ گر برآید بر زبان کلک دوست
از جناب حضرت شاهم بس است این ملتمس

غزل ۲۶۸

گلعذاری ز گلستان جهان ما را بس
زین چمن سایه آن سرو روان ما را بس
من و همصحبتی اهل ریا دورم باد
از گرانان جهان رطل گران ما را بس
قصر فردوس به پاداش عمل می‌بخشند
ما که رندیم و گدا دیر مغان ما را بس
بنشین بر لب جوی و گذر عمر ببین
کاین اشارت ز جهان گذران ما را بس
نقد بازار جهان بنگر و آزار جهان
گر شما را نه بس این سود و زیان ما را بس
یار با ماست چه حاجت که زیادت طلبیم
دولت صحبت آن مونس جان ما را بس
از در خویش خدا را به بهشتم مفرست
که سر کوی تو از کون و مکان ما را بس
حافظ از مشرب قسمت گله ناانصافیست
طبع چون آب و غزل‌های روان ما را بس

غزل ۲۶۹

دلا رفیق سفر بخت نیکخواهت بس
نسیم روضه شیراز پیک راهت بس
دگر ز منزل جانان سفر مکن درویش
که سیر معنوی و کنج خانقاهت بس
وگر کمین بگشاید غمی ز گوشه دل
حریم درگه پیر مغان پناهت بس
به صدر مصطبه بنشین و ساغر می‌نوش
که این قدر ز جهان کسب مال و جاهت بس
زیادتی مطلب کار بر خود آسان کن
صراحی می لعل و بتی چو ماهت بس
فلک به مردم نادان دهد زمام مراد
تو اهل فضلی و دانش همین گناهت بس
هوای مسکن ملوف و عهد یار قدیم
ز ره روان سفرکرده عذرخواهت بس
به منت دگران خو مکن که در دو جهان
رضای ایزد و انعام پادشاهت بس
به هیچ ورد دگر نیست حاجت ای حافظ
دعای نیم شب و درس صبحگاهت بس

غزل ۲۷۰

درد عشقی کشیده‌ام که مپرس
زهر هجری چشیده‌ام که مپرس
گشته‌ام در جهان و آخر کار
دلبری برگزیده‌ام که مپرس
آن چنان در هوای خاک درش
می‌رود آب دیده‌ام که مپرس
من به گوش خود از دهانش دوش
سخنانی شنیده‌ام که مپرس
سوی من لب چه می‌گزی که مگوی
لب لعلی گزیده‌ام که مپرس
بی تو در کلبه گدایی خویش
رنج‌هایی کشیده‌ام که مپرس
همچو حافظ غریب در ره عشق
به مقامی رسیده‌ام که مپرس

غزل ۲۷۱

دارم از زلــف ســیاهش گله چنــدان که مپرس
که چنان ز او شــده‌ام بی سر و سامان که مپرس
کــس بــه امیــد وفــا تــرک دل و دیــن مکناد
کــه چنانم من از ایــن کرده پشــیمان که مپرس
بــه یکــی جرعه که آزار کســش در پی نیســت
زحمتــی می‌کشــم از مــردم نــادان کــه مپرس
زاهــد از ما به ســلامت بگــذر کایــن می لعل
دل و دین می‌برد از دســت بدان سان که مپرس
گفت‌وگوهاســت در ایــن راه که جــان بگدازد
هر کســی عربــده‌ای این که مبیــن آن که مپرس
پارســایی و ســلامت هوســم بــود ولــی
شــیوه‌ای می‌کنــد آن نرگــس فتــان کــه مپرس
گفتــم از گــوی فلــک صــورت حالی پرســم
گفت آن می‌کشــم اندر خم چــوگان که مپرس
گفتمــش زلــف بــه خــون کــه شکســتی گفتا
حافظ این قصه دراز اســت به قــرآن که مپرس

غزل ۲۷۲

بـازآی و دل تنـگ مـرا مونـس جـان بـاش
ویـن سـوخته را محـرم اسـرار نهـان بـاش

زان بـاده کـه در میکـده عشـق فروشـند
مـا را دو سـه سـاغر بـده و گو رمضان باش

در خرقـه چـو آتـش زدی ای عارف سـالک
جهـدی کـن و سـرحلقه رنـدان جهان باش

دلـدار کـه گفتـا بـه تـوام دل نگـران اسـت
گـو می‌رسـم اینـک به سـلامت نگـران باش

خون شـد دلم از حسـرت آن لعل روان بخش
ای درج محبـت بـه همـان مهـر و نشـان باش

تـا بـر دلـش از غصـه غبـاری ننشـیند
ای سـیل سرشـک از عقـب نامـه روان بـاش

حافـظ که هـوس می‌کنـدش جام جهـان بین
گـو در نظـر آصـف جمشـید مکان بـاش

غزل ۲۷۳

اگر رفیق شفیقی درست پیمان باش
حریف خانه و گرمابه و گلستان باش
شکنج زلف پریشان به دست باد مده
مگو که خاطر عشاق گو پریشان باش
گرت هواست که با خضر همنشین باشی
نهان ز چشم سکندر چو آب حیوان باش
زبور عشق نوازی نه کار هر مرغیست
بیا و نوگل این بلبل غزل خوان باش
طریق خدمت و آیین بندگی کردن
خدای را که رها کن به ما و سلطان باش
دگر به صید حرم تیغ برمکش زنهار
و از آن که با دل ما کرده‌ای پشیمان باش
تو شمع انجمنی یک زبان و یک دل شو
خیال و کوشش پروانه بین و خندان باش
کمال دلبری و حسن در نظربازیست
به شیوه نظر از نادران دوران باش
خموش حافظ و از جور یار ناله مکن
تو را که گفت که در روی خوب حیران باش

غزل ۲۷۴

به دور لاله قدح گیر و بی‌ریا می‌باش
به بوی گل نفسی همدم صبا می‌باش

نگویمت که همه ساله می پرستی کن
سه ماه می خور و نه ماه پارسا می‌باش

چو پیر سالک عشقت به می حواله کند
بنوش و منتظر رحمت خدا می‌باش

گرت هواست که چون جم به سر غیب رسی
بیا و همدم جام جهان نما می‌باش

چو غنچه گر چه فروبستگیست کار جهان
تو همچو باد بهاری گره گشا می‌باش

وفا مجوی ز کس ور سخن نمی‌شنوی
به هرزه طالب سیمرغ و کیمیا می‌باش

مرید طاعت بیگانگان مشو حافظ
ولی معاشر رندان پارسا می‌باش

غزل ۲۷۵

صوفی گلی بچین و مرقع به خار بخش
وین زهد خشک را به می خوشگوار بخش
طامات و شطح در ره آهنگ چنگ نه
تسبیح و طیلسان به می و میگسار بخش
زهد گران که شاهد و ساقی نمی‌خرند
در حلقه چمن به نسیم بهار بخش
راهم شراب لعل زد ای میر عاشقان
خون مرا به چاه زنخدان یار بخش
یا رب به وقت گل گنه بنده عفو کن
وین ماجرا به سرو لب جویبار بخش
ای آن که ره به مشرب مقصود برده‌ای
زین بحر قطره‌ای به من خاکسار بخش
شکرانه را که چشم تو روی بتان ندید
ما را به عفو و لطف خداوندگار بخش
ساقی چو شاه نوش کند باده صبوح
گو جام زر به حافظ شب زنده دار بخش

غزل ۲۷۶

باغبـان گــر پنـج روزی صحبـت گل بایدش

بـر جفـای خـار هجـران صبـر بلبـل بایدش

ای دل انـدربنـد زلفـش از پریشـانی منـال

مـرغ زیرک چـون بـه دام افتد تحمل بایدش

رنـد عالم سـوز را بـا مصلحت بینـی چه کار

کار ملـک اسـت آن کـه تدبیر و تامـل بایدش

تکیـه بـر تقوا و دانـش در طریقت کافریسـت

راهـرو گـر صـد هنـر دارد تـوکل بایـدش

بـا چنین زلـف و رخش بـادا نظربـازی حرام

هـر کـه روی یاسـمین و جعد سـنبل بایدش

نازهـا زان نرگـس مسـتانه‌اش بایـد کشـید

ایـن دل شـوریده تـا آن جعـد و کاکل بایدش

سـاقیا در گـردش سـاغر تعلـل تـا بـه چند

دور چـون بـا عاشـقان افتـد تسلسـل بایدش

کیسـت حافـظ تا ننوشـد بـاده بـی آواز رود

عاشـق مسـکین چرا چنـدین تجمـل بایدش

غزل ۲۷۷

فکر بلبل همه آن است که گل شد یارش
گل در اندیشه که چون عشوه کند در کارش
دلربایی همه آن نیست که عاشق بکشند
خواجه آن است که باشد غم خدمتگارش
جای آن است که خون موج زند در دل لعل
زین تغابن که خزف می‌شکند بازارش
بلبل از فیض گل آموخت سخن ور نه نبود
این همه قول و غزل تعبیه در منقارش
ای که در کوچه معشوقه ما می‌گذری
بر حذر باش که سر می‌شکند دیوارش
آن سفرکرده که صد قافله دل همره اوست
هر کجا هست خدایا به سلامت دارش
صحبت عافیتت گر چه خوش افتاد ای دل
جانب عشق عزیز است فرومگذارش
صوفی سرخوش از این دست که کج کرد کلاه
به دو جام دگر آشفته شود دستارش
دل حافظ که به دیدار تو خوگر شده بود
نازپرورد وصال است مجو آزارش

غزل ۲۷۸

شـــراب تلخ می‌خواهم که مردافکن بود زورش
که تا یک دم بیاســـایم ز دنیا و شـــر و شـــورش
ســـماط دهـــر دون پرور ندارد شـــهد آســـایش
مذاق حرص و آز ای دل بشو از تلخ و از شورش
بیـــاور می کـــه نتوان شـــد ز مکر آســـمان ایمن
بـــه لعب زهـــره چنگـــی و مریخ سلحشـــورش
کمنـــد صیـــد بهرامـــی بیفکن جـــام جـــم بردار
که من پیمودم این صحرا نه بهرام است و نه گورش
بیـــا تـــا در مـــی صافیـــت راز دهـــر بنمایـــم
به شـــرط آن که ننمایی به کج طبعان دل کورش
نظر کـــردن به درویشـــان منافی بزرگی نیســـت
ســـلیمان با چنان حشـــمت نظرها بود با مورش
کمـــان ابـــروی جانـــان نمی‌پیچد ســـر از حافظ
ولیکـــن خنده می‌آیـــد بدین بـــازوی بی زورش

غزل ۲۷۹

خوشــا شــیراز و وضــع بی‌مثالــش
خداونــدا نگــه دار از زوالــش

ز رکــن آبــاد مــا صــد لوحــش الله
کــه عمــر خضــر می‌بخشــد زلالــش

میــان جعفرآبــاد و مصــلا
عبیرآمیــز می‌آیــد شــمالش

بــه شــیراز آی و فیــض روح قدســی
بجــوی از مــردم صاحــب کمالــش

کــه نــام قنــد مصــری بــرد آن جــا
کــه شــیرینان ندادنــد انفعالــش

صبــا زان لولــی شــنگول سرمســت
چــه داری آگهــی چــون اســت حالــش

گر آن شــیرین پســر خونــم بریــزد
دلا چــون شــیر مــادر کن حلالــش

مکــن از خــواب بیــدارم خــدا را
کــه دارم خلوتــی خــوش بــا خیالــش

چــرا حافــظ چــو می‌ترســیدی از هجــر
نکــردی شــکر ایــام وصالــش

غزل ۲۸۰

چو برشکست صبا زلف عنبرافشانش
به هر شکسته که پیوست تازه شد جانش

کجاست همنفسی تا به شرح عرضه دهم
که دل چه می‌کشد از روزگار هجرانش

زمانه از ورق گل مثال روی تو بست
ولی ز شرم تو در غنچه کرد پنهانش

تو خفته‌ای و نشد عشق را کرانه پدید
تبارک الله از این ره که نیست پایانش

جمال کعبه مگر عذر ره روان خواهد
که جان زنده دلان سوخت در بیابانش

بدین شکسته بیت الحزن که می‌آرد
نشان یوسف دل از چه زنخدانش

بگیرم آن سر زلف و به دست خواجه دهم
که سوخت حافظ بی‌دل ز مکر و دستانش

غزل ۲۸۱

یـا رب این نـوگل خندان که سـپردی به منش
می‌سـپارم بـه تـو از چشم حسـود چمنـش
گر چه از کوی وفا گشـت به صـد مرحله دور
دور بـاد آفـت دور فلـک از جـان و تنـش
گـر بـه سـرمنزل سـلمی رسـی ای بـاد صبا
چشـم دارم کـه سـلامی برسـانی ز منـش
بـه ادب نافـه گشـایی کـن از آن زلف سـیاه
جـای دل‌هـای عزیز اسـت بـه هـم برمزنش
گـو دلـم حـق وفـا بـا خـط و خالـت دارد
محتـرم دار در آن طـره عنبرشـکنش
در مقامـی کـه بـه یـاد لـب او مـی نوشـند
سـفله آن مسـت که باشـد خبر از خویشـتنش
عـرض و مـال از در میخانـه نشـاید اندوخت
هـر که ایـن آب خـورد رخت به دریـا فکنش
هـر که ترسـد ز ملال انـده عشـقش نه حلال
سـر مـا و قدمـش یـا لـب مـا و دهنـش
شـعر حافظ همـه بیت الغـزل معرفت اسـت
آفریـن بـر نفـس دلکـش و لطـف سـخنش

غزل ۲۸۲

ببرد از من قرار و طاقت و هوش
بت سنگین دل سیمین بناگوش
نگاری چابکی شنگی کلهدار
ظریفی مه وشی ترکی قباپوش
ز تاب آتش سودای عشقش
به سان دیگ دایم می‌زنم جوش
چو پیراهن شوم آسوده خاطر
گرش همچون قبا گیرم در آغوش
اگر پوسیده گردد استخوانم
نگردد مهرت از جانم فراموش
دل و دینم دل و دینم ببرده‌ست
بر و دوشش بر و دوشش بر و دوش
دوای تو دوای توست حافظ
لب نوشش لب نوشش لب نوش

غزل ۲۸۳

سحر ز هاتف غیبم رسید مژده به گوش

که دور شاه شجاع است می دلیر بنوش

شد آن که اهل نظر بر کناره می‌رفتند

هزار گونه سخن در دهان و لب خاموش

به صوت چنگ بگوییم آن حکایت‌ها

که از نهفتن آن دیگ سینه می‌زد جوش

شراب خانگی ترس محتسب خورده

به روی یار بنوشیم و بانگ نوشانوش

ز کوی میکده دوشش به دوش می‌بردند

امام شهر که سجاده می‌کشید به دوش

دلا دلالت خیرت کنم به راه نجات

مکن به فسق مباهات و زهد هم مفروش

محل نور تجلیست رای انور شاه

چو قرب او طلبی در صفای نیت کوش

بجز ثنای جلالش مساز ورد ضمیر

که هست گوش دلش محرم پیام سروش

رموز مصلحت ملک خسروان دانند

گدای گوشه نشینی تو حافظا مخروش

غزل ۲۸۴

هاتفـی از گوشـه میخانـه دوش

گفـت ببخشـند گنـه مـی بنـوش

لطـف الهـی بکنـد کار خویـش

مـژده رحمـت برسـاند سـروش

ایـن خـرد خـام بـه میخانـه بـر

تـا مـی لعـل آوردش خـون بـه جـوش

گـر چـه وصالـش نـه بـه کوشـش دهنـد

هـر قـدر ای دل کـه توانـی بکـوش

لطـف خـدا بیشـتر از جـرم ماسـت

نکتـه سربسـته چـه دانـی خمـوش

گـوش مـن و حلقـه گیسـوی یـار

روی مـن و خـاک در مـی فـروش

رنـدی حافـظ نـه گناهیسـت صعـب

بـا کـرم پادشـه عیـب پـوش

داور دیـن شـاه شـجاع آن کـه کـرد

روح قـدس حلقـه امـرش بـه گـوش

ای ملـک العـرش مـرادش بـده

و از خطـر چشـم بـدش دار گـوش

غزل ۲۸۵

در عهد پادشاه خطابخش جرم پوش
حافظ قرابه کش شد و مفتی پیاله نوش
صوفی ز کنج صومعه با پای خم نشست
تا دید محتسب که سبو می‌کشد به دوش
احوال شیخ و قاضی و شرب الیهودشان
کردم سال صبحدم از پیر می فروش
گفتا نه گفتنیست سخن گر چه محرمی
درکش زبان و پرده نگه دار و می بنوش
ساقی بهار می‌رسد و وجه می‌نماند
فکری بکن که خون دل آمد ز غم به جوش
عشق است و مفلسی و جوانی و نوبهار
عذرم پذیر و جرم به ذیل کرم بپوش
تا چند همچو شمع زبان آوری کنی
پروانه مراد رسید ای محب خموش
ای پادشاه صورت و معنی که مثل تو
نادیده هیچ دیده و نشنیده هیچ گوش
چندان بمان که خرقه ازرق کند قبول
بخت جوانت از فلک پیر ژنده پوش

غزل ۲۸۶

دوش بـا مـن گفت پنهـان کاردانـی تیزهـوش

و از شـما پنهـان نشـاید کرد سـر مـی فروش

گفت آسـان گیر بـر خود کارها کـز روی طبع

سـخت می‌گردد جهـان بر مردمان سـختکوش

وان گهـم درداد جامـی کـز فروغـش بر فلک

زهره در رقـص آمد و بربط زنان می‌گفت نوش

بـا دل خونیـن لب خنـدان بیـاور همچو جام

نـی گرت زخمی رسد آیی چو چنگ اندر خروش

تـا نگردی آشـنا زیـن پـرده رمزی نشنوی

گـوش نامحـرم نباشـد جـای پیغام سـروش

گوش کن پند ای پسـر و از بهـر دنیا غم مخور

گفتمت چون در حدیثی گر توانی داشت هوش

در حریم عشـق نتـوان زد دم از گفت و شـنید

زان که آن جا جمله اعضا چشم باید بود و گوش

بر بسـاط نکته دانان خودفروشـی شرط نیست

یا سـخن دانسـته گو ای مرد عاقـل یا خموش

سـاقیا مـی ده که رندی‌هـای حافـظ فهم کرد

آصـف صاحب قـران جرم بخـش عیب پوش

غزل ۲۸۷

ای همه شکل تو مطبوع و همه جای تو خوش
دلم از عشوه شیرین شکرخای تو خوش
همچو گلبرگ طری هست وجود تو لطیف
همچو سرو چمن خلد سراپای تو خوش
شیوه و ناز تو شیرین خط و خال تو ملیح
چشم و ابروی تو زیبا قد و بالای تو خوش
هم گلستان خیالم ز تو پرنقش و نگار
هم مشام دلم از زلف سمن سای تو خوش
در ره عشق که از سیل بلا نیست گذار
کرده‌ام خاطر خود را به تمنای تو خوش
شکر چشم تو چه گویم که بدان بیماری
می کند درد مرا از رخ زیبای تو خوش
در بیابان طلب گر چه ز هر سو خطریست
می‌رود حافظ بی‌دل به تولای تو خوش

غزل ۲۸۸

کنـــار آب و پای بید و طبع شـــعر و یاری خوش
معاشر دلبری شیرین و ســـاقی گلعذاری خوش
الا ای دولتـــی طالـــع کـــه قـــدر وقـــت می‌دانی
گوارا بادت این عشرت که داری روزگاری خوش
هر آن کس را که در خاطر ز عشق دلبری باریست
سپندی گو بر آتش نه که دارد کار و باری خوش
عـــروس طبـــع را زیـــور ز فکـــر بکـــر می‌بندم
بود کز دســـت ایامم به دست افتد نگاری خوش
شـــب صحبت غنیمت دان و داد خوشدلی بستان
که مهتابی دل افروز است و طرف لاله زاری خوش
می‌ای در کاســـه چشـــم است ســـاقی را بنامیزد
که مستی می کند با عقل و می‌بخشد خماری خوش
بـــه غفلت عمر شـــد حافـــظ بیا با ما بـــه میخانه
که شنگولان خوش باشت بیاموزند کاری خوش

غزل ۲۸۹

مجمـع خوبی و لطف اسـت عـذار چو مهش

لیکنـش مهـر و وفا نیست خدایـا بدهـش

دلبـرم شـاهد و طفل اسـت و به بـازی روزی

بکشـد زارم و در شـرع نباشـد گنهش

مـن همـان بـه کـه از او نیـک نگـه دارم دل

کـه بـد و نیـک ندیده‌ست و نـدارد نگهش

بـوی شـیر از لـب همچون شکرش می‌آید

گر چه خون می‌چکد از شـیوه چشـم سیهش

چـارده سـاله بتـی چابـک شـیرین دارم

کـه به جـان حلقه به گوش اسـت مه چاردهش

از پـی آن گل نورسـته دل مـا یـا رب

خود کجا شـد کـه ندیدیم در ایـن چند گهش

یـار دلـدار مـن ار قلـب بدین سـان شکند

ببـرد زود بـه جانـداری خـود پادشـهش

جـان بـه شـکرانه کنم صـرف گـر آن دانه در

صـدف سـینه حافـظ بـود آرامگهش

غزل ۲۹۰

دلم رمیده شد و غافلم من درویش
که آن شکاری سرگشته را چه آمد پیش
چو بید بر سر ایمان خویش می‌لرزم
که دل به دست کمان ابروییست کافرکیش
خیال حوصله بحر می‌پزد هیهات
چه‌هاست در سر این قطره محال اندیش
بنازم آن مژه شوخ عافیت کش را
که موج می‌زندش آب نوش بر سر نیش
ز آستین طبیبان هزار خون بچکد
گرم به تجربه دستی نهند بر دل ریش
به کوی میکده گریان و سرفکنده روم
چرا که شرم همی‌آیدم ز حاصل خویش
نه عمر خضر بماند نه ملک اسکندر
نزاع بر سر دنیی دون مکن درویش
بدان کمر نرسد دست هر گدا حافظ
خزانه‌ای به کف آور ز گنج قارون بیش

غزل ۲۹۱

مـا آزمـوده‌ایـم در ایـن شـهر بخـت خویـش

بیرون کشـید باید از این ورطـه رخت خویش

از بـس کـه دسـت می‌گـزم و آه می‌کشـم

آتـش زدم چـو گل به تن لخت لخت خویش

دوشــم ز بلبلـی چه خـوش آمد که می‌سـرود

گل گـوش پهن کـرده ز شـاخ درخت خویش

کای دل تـو شـاد بـاش کـه آن یـار تندخـو

بسـیار تنـدروی نشـیند ز بخـت خویـش

خواهی که سـخت و سست جهان بر تو بگذرد

بگذر ز عهد سست و سخن‌های سخت خویش

وقت اسـت کـز فـراق تو وز سـوز انـدرون

آتـش درافکنـم به همه رخت و پخت خویش

ای حافـظ ار مـراد میسـر شـدی مـدام

جمشـید نیـز دور نمانـدی ز تخـت خویـش

غزل ۲۹۲

قسم به حشمت و جاه و جلال شاه شجاع
که نیست با کسم از بهر مال و جاه نزاع
شراب خانگیم بس می مغانه بیار
حریف باده رسید ای رفیق توبه وداع
خدای را به می‌ام شست و شوی خرقه کنید
که من نمی‌شنوم بوی خیر از این اوضاع
ببین که رقص کنان می‌رود به ناله چنگ
کسی که رخصه نفرمودی استماع سماع
به عاشقان نظری کن به شکر این نعمت
که من غلام مطیعم تو پادشاه مطاع
به فیض جرعه جام تو تشنه‌ایم ولی
نمی‌کنیم دلیری نمی‌دهیم صداع
جبین و چهره حافظ خدا جدا مکناد
ز خاک بارگه کبریای شاه شجاع

غزل ۲۹۳

بامدادان که ز خلوتگه کاخ ابداع
شمع خاور فکند بر همه اطراف شعاع
برکشد آینه از جیب افق چرخ و در آن
بنماید رخ گیتی به هزاران انواع
در زوایای طربخانه جمشید فلک
ارغنون ساز کند زهره به آهنگ سماع
چنگ در غلغله آید که کجا شد منکر
جام در قهقهه آید که کجا شد مناع
وضع دوران بنگر ساغر عشرت برگیر
که به هر حالتی این است بهین اوضاع
طره شاهد دنیی همه بند است و فریب
عارفان بر سر این رشته نجویند نزاع
عمر خسرو طلب ار نفع جهان می‌خواهی
که وجودیست عطابخش کریم نفاع
مظهر لطف ازل روشنی چشم امل
جامع علم و عمل جان جهان شاه شجاع

غزل ۲۹۴

در وفای عشق تو مشهور خوبانم چو شمع
شب نشین کوی سربازان و رندانم چو شمع

روز و شب خوابم نمی‌آید به چشم غم پرست
بس که در بیماری هجر تو گریانم چو شمع

رشته صبرم به مقراض غمت ببریده شد
همچنان در آتش مهر تو سوزانم چو شمع

گر کمیت اشک گلگونم نبودی گرم رو
کی شدی روشن به گیتی راز پنهانم چو شمع

در میان آب و آتش همچنان سرگرم توست
این دل زار نزار اشک بارانم چو شمع

در شب هجران مرا پروانه وصلی فرست
ور نه از دردت جهانی را بسوزانم چو شمع

بی جمال عالم آرای تو روزم چون شب است
با کمال عشق تو در عین نقصانم چو شمع

کوه صبرم نرم شد چون موم در دست غمت
تا در آب و آتش عشقت گدازانم چو شمع

همچو صبحم یک نفس باقیست با دیدار تو
چهره بنما دلبرا تا جان برافشانم چو شمع

سرفرازم کن شبی از وصل خود ای نازنین
تا منور گردد از دیدارت ایوانم چو شمع

آتش مهر تو را حافظ عجب در سر گرفت
آتش دل کی به آب دیده بنشانم چو شمع

زل ۲۹۵

سحر به بوی گلستان دمی شدم در باغ
که تا چو بلبل بی‌دل کنم علاج دماغ
به جلوه گل سوری نگاه می‌کردم
که بود در شب تیره به روشنی چو چراغ
چنان به حسن و جوانی خویشتن مغرور
که داشت از دل بلبل هزار گونه فراغ
گشاده نرگس رعنا ز حسرت آب از چشم
نهاده لاله ز سودا به جان و دل صد داغ
زبان کشیده چو تیغی به سرزنش سوسن
دهان گشاده شقایق چو مردم ایغاغ
یکی چو باده پرستان صراحی اندر دست
یکی چو ساقی مستان به کف گرفته ایاغ
نشاط و عیش و جوانی چو گل غنیمت دان
که حافظا نبود بر رسول غیر بلاغ

غزل ۲۹۶

طالـع اگـر مـدد دهـد دامنـش آورم بـه کف
گر بکشـم زهی طرب ور بکشـد زهی شـرف

طـرف کـرم ز کس نبسـت ایـن دل پرامید من
گـر چه سـخن همی‌برد قصه من بـه هر طرف

از خـم ابـروی تـوام هیـچ گشایشـی نشـد
وه کـه در این خیـال کج عمر عزیز شـد تلف

ابروی دوسـت کی شود دسـت کش خیال من
کـس نزده‌سـت از این کمان تیر مـراد بر هدف

چنـد بـه نـاز پـرورم مهـر بتـان سـنگ دل
یـاد پـدر نمی‌کننـد ایـن پسـران ناخلـف

من به خیال زاهدی گوشـه نشـین و طرفه آنک
مغبچـه‌ای ز هر طرف می‌زنـدم به چنگ و دف

بـی خبرنـد زاهـدان نقـش بخـوان و لا تقل
مسـت ریاسـت محتسـب باده بـده و لا تخف

صوفی شـهر بین که چون لقمه شـبهه می‌خورد
پاردمـش دراز بـاد آن حیـوان خـوش علـف

حافـظ اگـر قدم زنـی در ره خانـدان به صدق
بدرقـه رهـت شـود همـت شـحنه نجـف

غزل ۲۹۷

زبان خامه ندارد سر بیان فراق
وگرنه شرح دهم با تو داستان فراق
دریغ مدت عمرم که بر امید وصال
به سر رسید و نیامد به سر زمان فراق
سری که بر سر گردون به فخر می‌سودم
به راستان که نهادم بر آستان فراق
چگونه باز کنم بال در هوای وصال
که ریخت مرغ دلم پر در آشیان فراق
کنون چه چاره که در بحر غم به گردابی
فتاد زورق صبرم ز بادبان فراق
بسی نماند که کشتی عمر غرقه شود
ز موج شوق تو در بحر بی‌کران فراق
اگر به دست من افتد فراق را بکشم
که روز هجر سیه باد و خان و مان فراق
رفیق خیل خیالیم و همنشین شکیب
قرین آتش هجران و هم قران فراق
چگونه دعوی وصلت کنم به جان که شده‌ست
تنم وکیل قضا و دلم ضمان فراق
ز سوز شوق دلم شد کباب دور از یار
مدام خون جگر می‌خورم ز خوان فراق
فلک چو دید سرم را اسیر چنبر عشق
ببست گردن صبرم به ریسمان فراق
به پای شوق گر این ره به سر شدی حافظ
به دست هجر ندادی کسی عنان فراق

غزل ۲۹۸

مقام امن و می بی‌غش و رفیق شفیق
گرت مدام میسر شود زهی توفیق
جهان و کار جهان جمله هیچ بر هیچ است
هزار بار من این نکته کرده‌ام تحقیق
دریغ و درد که تا این زمان ندانستم
که کیمیای سعادت رفیق بود رفیق
به ممنی رو و فرصت شمر غنیمت وقت
که در کمینگه عمرند قاطعان طریق
بیا که توبه ز لعل نگار و خنده جام
حکایتیست که عقلش نمی‌کند تصدیق
اگر چه موی میانت به چون منی نرسد
خوش است خاطرم از فکر این خیال دقیق
حلاوتی که تو را در چه زنخدان است
به کنه آن نرسد صد هزار فکر عمیق
اگر به رنگ عقیقی شد اشک من چه عجب
که مهر خاتم لعل تو هست همچو عقیق
به خنده گفت که حافظ غلام طبع توام
ببین که تا به چه حدم همی‌کند تحمیق

غزل ۲۹۹

اگـر شـراب خوری جرعـه‌ای فشـان بر خاک
از آن گنـاه کـه نفعی رسـد بـه غیر چـه باک
بـرو بـه هر چـه تـو داری بخور دریـغ مخور
کـه بی‌دریـغ زنـد روزگار تیـغ هـلاک
بـه خـاک پـای تـو ای سـرو نازپـرور مـن
کـه روز واقعـه پـا وامگیـرم از سـر خـاک
چـه دوزخی چـه بهشـتی چه آدمـی چه پری
بـه مذهـب همـه کفر طریقت اسـت امسـاک
مهنـدس فلکـی راه دیـر شـش جهتـی
چنـان ببسـت کـه ره نیسـت زیر دیـر مغاک
فریـب دختـر رز طرفـه می‌زنـد ره عقـل
مبـاد تـا بـه قیامـت خـراب طـارم تـاک
بـه راه میکـده حافـظ خـوش از جهـان رفتی
دعـای اهـل دلـت بـاد مونـس دل پـاک

غزل ۳۰۰

هـزار دشـمنم ار می‌کننـد قصـد هـلاک
گـرم تـو دوسـتی از دشـمنان نـدارم بـاک
مـرا امیـد وصـال تـو زنـده مـی‌دارد
و گـر نه هـر دمـم از هجر توسـت بیم هلاک
نفـس نفـس اگـر از بـاد نشـنوم بویـش
زمان زمـان چـو گل از غم کنـم گریبان چاک
رود بـه خـواب دو چشـم از خیال تـو هیهات
بـود صبـور دل انـدر فـراق تـو حاشـاک
اگـر تـو زخـم زنـی بـه کـه دیگـری مرهم
و گـر تـو زهـر دهی بـه کـه دیگـری تریاک
بضـرب سـیفک قتلـی حیاتنـا ابـدا
لان روحـی قـد طـاب ان یکـون فـداک
عنـان مپیـچ کـه گـر می‌زنـی بـه شمشـیرم
سـپر کنـم سـر و دسـتت نـدارم از فتـراک
تـو را چنـان کـه تویـی هـر نظـر کجـا بیند
بـه قـدر دانـش خود هـر کسـی کنـد ادراک
بـه چشـم خلـق عزیـز جهـان شـود حافـظ
کـه بـر در تـو نهـد روی مسـکنت بـر خاک

غزل ۳۰۱

ای دل ریـش مـرا بـا لـب تـو حـق نمـک

حـق نگـه دار کـه مـن مـی‌روم الله معـک

تویـی آن گوهـر پاکیـزه کـه در عالـم قدس

ذکـر خیـر تـو بـود حاصـل تسـبیح ملـک

در خلـوص منت ار هسـت شـکی تجربه کن

کـس عیـار زر خالـص نشناسـد چـو محک

گفته بودی که شـوم مسـت و دو بوست بدهم

وعـده از حد بشـد و ما نـه دو دیدیم و نه یک

بگشـا پسـته خنـدان و شکرریزی کـن

خلـق را از دهـن خویـش مینـداز بـه شـک

چـرخ برهـم زنـم ار غیـر مـرادم گـردد

من نـه آنـم کـه زبونی کشـم از چـرخ فلک

چـون بـر حافـظ خویشـش نگـذاری بـاری

ای رقیـب از بـر او یـک دو قـدم دورتـرک

غزل ۳۰۲

خوش خبر باشی ای نسیم شمال
که به ما می‌رسد زمان وصال
قصه العشق لا انفصام لها
فصمت‌ها هنا لسان القال
مالسلمی و من بذی سلم
این جیراننا و کیف الحال
عفت الدار بعد عافیه
فاسالوا حالها عن الاطلال
فی جمال الکمال نلت منی
صرف الله عنک عین کمال
یا برید الحمی حماک الله
مرحبا مرحبا تعال تعال
عرصه بزمگاه خالی ماند
از حریفان و جام مالامال
سایه افکند حالیا شب هجر
تا چه بازند شب روان خیال
ترک ما سوی کس نمی‌نگرد
آه از این کبریا و جاه و جلال
حافظا عشق و صابری تا چند
ناله عاشقان خوش است بنال

غزل ۳۰۳

شـممت روح وداد و شـمت بـرق وصـال

بیـا کـه بـوی تـو را میـرم ای نسـیم شـمال

احادیـا بجمـال الحبیـب قـف و انـزل

کـه نیسـت صبـر جمیلـم ز اشـتیاق جمال

حکایـت شـب هجـران فروگذاشـته بـه

بـه شـکر آن کـه برافکنـد پـرده روز وصال

بیـا کـه پـرده گلریـز هفـت خانـه چشـم

کشـیده‌ایـم بـه تحریـر کارگاه خیـال

چو یـار بـر سـر صلح اسـت و عـذر می‌طلبد

تـوان گذشـت ز جـور رقیـب در همـه حال

بجـز خیـال دهـان تـو نیسـت در دل تنـگ

کـه کـس مبـاد چو مـن در پـی خیـال محال

قتیـل عشـق تـو شـد حافـظ غریـب ولـی

بـه خـاک ما گذری کـن که خون مـات حلال

غزل ۳۰۴

دارای جهان نصرت دین خسرو کامل
یحیی بن مظفر ملک عالم عادل
ای درگه اسلام پناه تو گشاده
بر روی زمین روزنه جان و در دل
تعظیم تو بر جان و خرد واجب و لازم
انعام تو بر کون و مکان فایض و شامل
روز ازل از کلک تو یک قطره سیاهی
بر روی مه افتاد که شد حل مسائل
خورشید چو آن خال سیه دید به دل گفت
ای کاج که من بودمی آن هندوی مقبل
شاها فلک از بزم تو در رقص و سماع است
دست طرب از دامن این زمزمه مگسل
می نوش و جهان بخش که از زلف کمندت
شد گردن بدخواه گرفتار سلاسل
دور فلکی یک سره بر منهج عدل است
خوش باش که ظالم نبرد راه به منزل
حافظ قلم شاه جهان مقسم رزق است
از بهر معیشت مکن اندیشه باطل

غزل ۳۰۵

بــه وقــت گل شــدم از تــوبــه شــراب خجـل

کــه کــس مبــاد ز کــردار ناصــواب خجل

صـــلاح ما همه دام ره اسـت و مــن زین بحث

نیــم ز شـــاهد و ســـاقی بــه هیــچ بـاب خجل

بــود کــه یـار نرنجـد ز مـا بــه خلـق کریـم

کــه از ســال ملولیــم و از جــواب خجل

ز خون که رفت شـب دوش از ســراچه چشـم

شــدیم در نظـر رہ روان خــواب خجـل

رواسـت نرگـس مسـت ار فکند ســر در پیش

کــه شـد ز شــیوه آن چشـم پرعتـاب خجل

تویــی کــه خوبتـری ز آفتـاب و شــکر خدا

کــه نیسـتم ز تـو در روی آفتـاب خجـل

حجاب ظلمت از آن بسـت آب خضر که گشت

ز شـعر حافـظ و آن طبـع همچـو آب خجل

غزل ۳۰۶

اگـر بـه کـوی تـو بـاشـد مـرا مجـال وصول

رسـد بـه دولـت وصـل تـو کار مـن بـه اصول

قـرار بـرده ز مـن آن دو نـرگـس رعنـا

فـراغ بـرده ز مـن آن دو جـادوی مکحـول

چـو بـر در تـو مـن بینـوای بـی زر و زور

بـه هیـچ بـاب نـدارم ره خـروج و دخـول

کجـا روم چـه کنـم چـاره از کجـا جویـم

کـه گشتـهام ز غـم و جـور روزگار ملـول

مـن شکستـه بدحـال زندگـی یابـم

در آن زمـان کـه بـه تیغ غمـت شـوم مقتول

خرابتـر ز دل مـن غـم تـو جـای نیافت

کـه سـاخت در دل تنگـم قـرارگـاه نـزول

دل از جواهـر مهـرت چـو صیقلـی دارد

بـود ز زنـگ حـوادث هـر آینـه مصقول

چه جـرم کردهام ای جـان و دل بـه حضرت تو

کـه طاعـت مـن بـیدل نمیشـود مقبـول

بـه درد عشـق بسـاز و خمـوش کـن حافـظ

رمـوز عشـق مکـن فـاش پیـش اهـل عقول

غزل ۳۰۷

هـر نکته‌ای کـه گفتـم در وصف آن شـمایل
هـر کـو شـنید گفتـا لله در قـال
تحصیـل عشـق و رنـدی آسـان نمـود اول
آخـر بسـوخت جانم در کسـب ایـن فضایل
حـلاج بـر سـر دار این نکتـه خوش سـراید
از شـافعی نپرسـند امثـال ایـن مسـال
گفتـم کـه کـی ببخشـی بـر جـان ناتوانـم
گفـت آن زمـان کـه نبـود جـان در میانه حال
دل داده‌ام بـه یـاری شـوخی کشـی نـگاری
مرضیـه السـجایا محمـوده الخصـال
در عین گوشـه گیری بودم چو چشـم مسـتت
و اکنون شـدم به مسـتان چون ابـروی تو مایل
از آب دیـده صـد ره طوفـان نـوح دیـدم
و از لـوح سـینه نقشـت هرگـز نگشـت زایل
ای دوست دست حافظ تعویذ چشم زخم است
یـا رب ببینـم آن را در گردنـت حمایـل

غزل ۳۰۸

ای رخت چون خلد و لعلت سلسبیل
سلسبیلت کرده جان و دل سبیل

سبزپوشان خطت بر گرد لب
همچو مورانند گرد سلسبیل

ناوک چشم تو در هر گوشه‌ای
همچو من افتاده دارد صد قتیل

یا رب این آتش که در جان من است
سرد کن زان سان که کردی بر خلیل

من نمی‌یابم مجال ای دوستان
گر چه دارد او جمالی بس جمیل

پای ما لنگ است و منزل بس دراز
دست ما کوتاه و خرما بر نخیل

حافظ از سرپنجه عشق نگار
همچو مور افتاده شد در پای پیل

شاه عالم را بقا و عز و ناز
باد و هر چیزی که باشد زین قبیل

غزل ۳۰۹

عشـقبازی و جوانـی و شـراب لعـل فـام
مجلـس انـس و حریـف همدم و شـرب مدام

سـاقی شـکردهان و مطـرب شـیرین سـخن
همنشـینی نیـک کـردار و ندیمـی نیـک نـام

شـاهدی از لطـف و پاکی رشـک آب زندگی
دلبـری در حسـن و خوبـی غیرت مـاه تمام

بزمگاهـی دل نشـان چون قصر فـردوس برین
گلشـنی پیرامنـش چـون روضـه دارالسـلام

صـف نشـینان نیکخـواه و پیشـکاران بـاادب
دوسـتداران صاحب اسـرار و حریفان دوستکام

بـاده گلرنـگ تلـخ تیـز خـوش خوار سبک
نقلـش از لعـل نـگار و نقلش از یاقـوت خام

غمـزه سـاقی بـه یغمـای خـرد آهختـه تیغ
زلـف جانـان از بـرای صیـد دل گسـترده دام

نکته دانی بذله گو چون حافظ شـیرین سـخن
بخشـش آمـوزی جهان افـروز چون حاجی قوام

هر که این عشرت نخواهد خوشدلی بر وی تباه
وان که این مجلـس نجوید زندگی بر وی حرام

غزل ۳۱۰

مرحبا طایر فرخ پی فرخنده پیام
خیر مقدم چه خبر دوست کجا راه کدام

یا رب این قافله را لطف ازل بدرقه باد
که از او خصم به دام آمد و معشوقه به کام

ماجرای من و معشوق مرا پایان نیست
هر چه آغاز ندارد نپذیرد انجام

گل ز حد برد تنعم نفسی رخ بنما
سرو می‌نازد و خوش نیست خدا را بخرام

زلف دلدار چو زنار همی‌فرماید
برو ای شیخ که شد بر تن ما خرقه حرام

مرغ روحم که همی‌زد ز سر سدره صفیر
عاقبت دانه خال تو فکندش در دام

چشم بیمار مرا خواب نه درخور باشد
مَن لَهُ یَقتُلُ داءٌ دَنَفٌ کیفَ ینام

تو ترحم نکنی بر من مخلصگفتم
ذاک دعوای و ها انت و تلک الایام

حافظ ار میل به ابروی تو دارد شاید
جای در گوشه محراب کنند اهل کلام

غزل ۳۱۱

عاشق روی جوانی خوش نوخاسته‌ام
و از خدا دولت این غم به دعا خواسته‌ام
عاشق و رند و نظربازم و می‌گویم فاش
تا بدانی که به چندین هنر آراسته‌ام
شرمم از خرقه آلوده خود می‌آید
که بر او وصله به صد شعبده پیراسته‌ام
خوش بسوز از غمش ای شمع که اینک من نیز
هم بدین کار کمربسته و برخاسته‌ام
با چنین حیرتم از دست بشد صرفه کار
در غم افزوده‌ام آنچ از دل و جان کاسته‌ام
همچو حافظ به خرابات روم جامه قبا
بو که در بر کشد آن دلبر نوخاسته‌ام

غزل ۳۱۲

بشـری اذ السـلامه حلـت بـذی سـلم
لله حمـد معتـرف غایـه النعـم
آن خوش خبر کجاسـت که این فتـح مژده داد
تـا جـان فشـانمش چـو زر و سـیم در قـدم
از بازگشـت شـاه در ایـن طرفـه منزل اسـت
آهنـگ خصـم او بـه سـراپرده عـدم
پیمـان شـکن هرآینـه گـردد شکسـته حـال
ان العهـود عنـد ملیـک النهـی ذمـم
می‌جسـت از سـحاب امـل رحمتـی ولـی
جـز دیـده‌اش معاینـه بیـرون نـداد نـم
در نیـل غـم فتـاد سـپهرش بـه طنـز گفـت
ان قـد ندمـت و مـا ینفـع النـدم
سـاقی چـو یـار مـه رخ و از اهـل راز بـود
حافـظ بخـورد بـاده و شـیخ و فقیـه هـم

غزل ۳۱۳

بــازآی ســاقیا کــه هواخــواه خدمتــم

مشــتاق بنـدگــی و دعاگــوی دولتــم

زان جـا کـه فیض جـام ســعادت فروغ توسـت

بیــرون شــدی نمــای ز ظلمــات حیرتــم

هــر چنــد غــرق بحـر گناهــم ز صـد جهت

تــا آشــنای عشــق شــدم ز اهـل رحمتــم

عیبــم مکـن بــه رنــدی و بدنامـی ای حکیـم

کایـن بــود سرنوشــت ز دیـوان قســمتم

مـی خور که عاشــقی نه به کسب است و اختیار

ایـن موهبت رسـید ز میـراث فطرتــم

مــن کـز وطن ســفر نگزیــدم به عمــر خویش

در عشــق دیــدن تـو هواخــواه غربتــم

دریـا و کـوه در ره و مـن خسـته و ضعیف

ای خضـر پــی خجســته مـدد کـن بـه همتم

دورم بــه صــورت از در دولتسـرای تــو

لیکـن بــه جــان و دل ز مقیمــان حضرتــم

حافـظ به پیش چشـم تـو خواهد سپرد جان

در ایـن خیالــم ار بدهـد عمــر مهلتــم

غزل ۳۱۴

دوش بیمـاری چشـم تـو ببـرد از دسـتم

لیکـن از لطـف لبـت صورت جان می‌بسـتم

عشـق من با خط مشـکین تو امروزی نیسـت

دیـرگاه اسـت کـز ایـن جـام هلالـی مسـتم

از ثبـات خودم این نکتـه خوش آمد که به جور

در سـر کـوی تـو از پـای طلـب ننشسـتم

عافیـت چشـم مـدار از مـن میخانـه نشـین

کـه دم از خدمـت رنـدان زده‌ام تـا هسـتم

در ره عشـق از آن سـوی فنا صد خطر اسـت

تـا نگویـی کـه چـو عمرم به سـر آمد رسـتم

بعـد از اینم چـه غم از تیـر کج انداز حسـود

چـون بـه محبوب کمـان ابروی خود پیوسـتم

بوسـه بـر درج عقیـق تـو حـلال اسـت مرا

کـه بـه افسـوس و جفـا مهـر وفا نشکسـتم

صنمـی لشـکریم غـارت دل کـرد و برفت

آه اگـر عاطفـت شـاه نگیـرد دسـتم

رتبـت دانـش حافـظ بـه فلـک برشـده بود

کـرد غمخـواری شمشـاد بلنـدت پسـتم

غزل ۳۱۵

بــه غیــر از آن که بشــد دین و دانش از دســتم
بیــا بگــو کــه ز عشــقت چه طــرف بربســتم
اگــر چــه خرمــن عمــرم غــم تــو داد بــه باد
بــه خــاک پــای عزیــزت کــه عهد نشکســتم
چــو ذره گــر چه حقیــرم ببین به دولت عشــق
کــه در هــوای رخــت چون بــه مهر پیوســتم
بیــار بــاده کــه عمریســت تا مــن از ســر امن
بــه کنــج عافیــت از بهــر عیــش ننشســتم
اگــر ز مــردم هشــیاری ای نصیحتگــو
ســخن به خــاک میفکــن چــرا که من مســتم
چگونــه ســر ز خجالــت بــرآورم بر دوســت
کــه خدمتــی بــه ســزا برنیامــد از دســتم
بســوخت حافــظ و آن یــار دلنــواز نگفــت
کــه مرهمــی بفرســتم کــه خاطــرش خســتم

غزل ۳۱۶

زلــف بــر بــاد مــده تــا نـدهـی بــر بـادم

نــاز بنیــاد مکــن تــا نکنــی بنیــادم

مـی مخـور بـا همه کـس تـا نخـورم خون جگر

ســر مکــش تــا نکشــد ســر بــه فلــک فریادم

زلــف را حلقــه مکــن تــا نکنــی دربنـدم

طـره را تــاب مــده تــا ندهــی بــر بـادم

یــار بیگانــه مشــو تــا نبــری از خویشــم

غــم اغیــار مخــور تــا نکنــی ناشـادم

رخ برافـروز کــه فــارغ کنـی از بــرگ گلم

قــد برافــراز کــه از ســرو کنــی آزادم

شـمع هــر جمــع مشــو ور نه بسـوزی مـا را

یــاد هـر قـوم مکــن تــا نـروی از یـادم

شهـره شهـر مشـو تــا ننهـم ســر در کـوه

شــور شیرین منمــا تــا نکنــی فرهـادم

رحــم کـن بـر مـن مسـکین و بـه فریـادم رس

تــا بــه خــاک در آصــف نرسـد فریــادم

حافـظ از جــور تو حاشــا کـه بگردانـد روی

مــن از آن روز کــه دربنــد تــوام آزادم

غزل ۳۱۷

فاش می‌گویم و از گفته خود دلشادم
بنده عشقم و از هر دو جهان آزادم
طایر گلشن قدسم چه دهم شرح فراق
که در این دامگه حادثه چون افتادم
من ملک بودم و فردوس برین جایم بود
آدم آورد در این دیر خراب آبادم
سایه طوبی و دلجویی حور و لب حوض
به هوای سر کوی تو برفت از یادم
نیست بر لوح دلم جز الف قامت دوست
چه کنم حرف دگر یاد نداد استادم
کوکب بخت مرا هیچ منجم نشناخت
یا رب از مادر گیتی به چه طالع زادم
تا شدم حلقه به گوش در میخانه عشق
هر دم آید غمی از نو به مبارک بادم
می خورد خون دلم مردمک دیده سزاست
که چرا دل به جگرگوشه مردم دادم
پاک کن چهره حافظ به سر زلف ز اشک
ور نه این سیل دمادم ببرد بنیادم

غزل ۳۱۸

مـــرا می‌بینـــی و هـــر دم زیـــادت می‌کنـــی دردم
تـــو را می‌بینـــم و میلـــم زیادت می‌شـــود هر دم
به ســـامانم نمی‌پرســـی نمی‌دانم چه ســـر داری
بـــه درمانـــم نمی‌کوشـــی نمی‌دانـــی مگـــر دردم
نه راه است این که بگذاری مرا بر خاک و بگریزی
گـــذاری آر و بـــازم پرس تا خـــاک رهت گردم
ندارم دســـتت از دامن بجز در خاک و آن دم هم
که بر خاکـــم روان گردی به گـــرد دامنت گردم
فرورفت از غم عشـــقت دمـــم دم می‌دهی تا کی
دمـــار از مـــن بـــرآوردی نمی‌گویـــی بـــرآوردم
شـــبی دل را بـــه تاریکی ز زلفت باز می‌جســـتم
رخت می‌دیـــدم و جامی هلالی بـــاز می‌خوردم
کشـــیدم در برت ناگاه و شـــد در تاب گیسویت
نهـــادم بـــر لبت لـــب را و جان و دل فـــدا کردم
تو خوش می‌باش با حافظ برو گو خصم جان می‌ده
چو گرمی از تو می‌بینم چه باک از خصم دم سردم

غزل ۳۱۹

سـالهـا پیـروی مذهـب رنـدان کـردم

تـا بـه فتوی خـرد حـرص بـه زنـدان کردم

مـن بـه سـرمنزل عنقا نـه بـه خـود بـردم راه

قطع ایـن مرحلـه بـا مـرغ سـلیمان کـردم

سـایـهای بـر دل ریشـم فکـن ای گنـج روان

کـه مـن ایـن خانه به سـودای تو ویـران کردم

توبـه کـردم کـه نبوسـم لـب سـاقی و کنون

مـیگـزم لـب کـه چـرا گوش بـه نـادان کردم

در خـلاف آمـد عـادت بطلـب کـام کـه مـن

کسـب جمعیـت از آن زلـف پریشـان کـردم

نقش مستوری و مستی نه به دست من و توست

آن چـه سـلطان ازل گفـت بکـن آن کـردم

دارم از لطـف ازل جنـت فـردوس طمـع

گـر چـه دربانـی میخانـه فـراوان کـردم

ایـن کـه پیرانـه سـرم صحبت یوسـف بنواخت

اجـر صبریسـت کـه در کلبـه احـزان کـردم

صبـح خیـزی و سـلامت طلبی چـون حافظ

هـر چـه کـردم همـه از دولـت قـرآن کردم

گر بـه دیـوان غـزل صدرنشـینم چـه عجب

سـالهـا بندگـی صاحـب دیـوان کـردم

غزل ۳۲۰

دیشب به سیل اشک ره خواب می‌زدم
نقشی به یاد خط تو بر آب می‌زدم
ابروی یار در نظر و خرقه سوخته
جامی به یاد گوشه محراب می‌زدم
هر مرغ فکر کز سر شاخ سخن بجست
بازش ز طره تو به مضراب می‌زدم
روی نگار در نظرم جلوه می‌نمود
وز دور بوسه بر رخ مهتاب می‌زدم
چشمم به روی ساقی و گوشم به قول چنگ
فالی به چشم و گوش در این باب می‌زدم
نقش خیال روی تو تا وقت صبحدم
بر کارگاه دیده بی‌خواب می‌زدم
ساقی به صوت این غزلم کاسه می‌گرفت
می‌گفتم این سرود و می ناب می‌زدم
خوش بود وقت حافظ و فال مراد و کام
بر نام عمر و دولت احباب می‌زدم

غزل ۳۲۱

هـــر چنـــد پیـــر و خســـته دل و ناتـــوان شـــدم
هـــر گـــه کـــه یـــاد روی تو کـــردم جوان شـــدم
شـــکر خدا کـــه هر چـــه طلـــب کـــردم از خدا
بـــر منتهـــای همـــت خـــود کامـــران شـــدم
ای گلبـــن جـــوان بـــر دولـــت بخـــور کـــه من
در ســـایه تـــو بلبـــل بـــاغ جهـــان شـــدم
اول ز تحـــت و فـــوق وجـــودم خبـــر نبـــود
در مکتـــب غـــم تـــو چنیـــن نکتـــه دان شـــدم
قســـمت حوالتـــم بـــه خرابـــات می‌کنـــد
هـــر چند کایـــن چنین شـــدم و آن چنان شـــدم
آن روز بـــر دلـــم در معنـــی گشـــوده شـــد
کـــز ســـاکنان درگـــه پیـــر مغـــان شـــدم
در شـــاهراه دولـــت ســـرمد بـــه تخـــت بخـــت
بـــا جـــام مـــی بـــه کام دل دوســـتان شـــدم
از آن زمـــان کـــه فتنـــه چشـــمت به من رســـید
ایمـــن ز شـــر فتنـــه آخرزمـــان شـــدم
مـــن پیـــر ســـال و مـــاه نیـــم یـــار بی‌وفاســـت
بـــر مـــن چو عمـــر می‌گـــذرد پیـــر از آن شـــدم
دوشـــم نویـــد داد عنایـــت کـــه حافظـــا
بـــازآ کـــه من بـــه عفـــو گناهـــت ضمان شـــدم

غزل ۳۲۲

خیال نقش تو در کارگاه دیده کشیدم
به صورت تو نگاری ندیدم و نشنیدم
اگر چه در طلبت همعنان باد شمالم
به گرد سرو خرامان قامتت نرسیدم
امید در شب زلفت به روز عمر نبستم
طمع به دور دهانت ز کام دل ببریدم
به شوق چشمه نوشت چه قطره‌ها که فشاندم
ز لعل باده فروشت چه عشوه‌ها که خریدم
ز غمزه بر دل ریشم چه تیر ها که گشادی
ز غصه بر سر کویت چه بارها که کشیدم
ز کوی یار بیار ای نسیم صبح غباری
که بوی خون دل ریش از آن تراب شنیدم
گناه چشم سیاه تو بود و گردن دلخواه
که من چو آهوی وحشی ز آدمی برمیدم
چو غنچه بر سرم از کوی او گذشت نسیمی
که پرده بر دل خونین به بوی او بدریدم
به خاک پای تو سوگند و نور دیده حافظ
که بی رخ تو فروغ از چراغ دیده ندیدم

غزل ۳۲۳

ز دســـت کوتـه خــود زیـــر بــارم

کــه از بالابلنـــدان شرمســارم

مگـر زنجیــر مویــی گیــردم دست

وگـر نــه ســر بــه شـیدایی بــرآرم

ز چشـم مـن بپـرس اوضـاع گـردون

کــه شــب تــا روز اختـر میشـمارم

بدیـن شــکرانه میبوسـم لـب جـام

کــه کــرد آگــه ز راز روزگـارم

اگـر گفتـم دعـای مـی فروشـان

چـه باشـد حـق نعمـت میگـزارم

مـن از بــازوی خــود دارم بسـی شـکر

کــه زور مــردم آزاری نــدارم

ســری دارم چـو حافـظ مسـت لیکـن

بـه لطـف آن ســری امیـدوارم

غزل ۳۲۴

گــر چــه افتــاد ز زلفــش گرهــی در کارم
همچنــان چشــم گشــاد از کرمــش مــی‌دارم

بــه طرب حمل مکن ســرخی رویم که چو جام
خــون دل عکــس بــرون می‌دهد از رخســارم

پــرده مطربــم از دســت بــرون خواهــد بــرد
آه اگــر زان کــه در ایــن پــرده نباشــد بــارم

پاسبان حــرم دل شــده‌ام شــب همــه شــب
تــا در ایــن پــرده جــز اندیشــه او نگــذارم

منــم آن شــاعر ســاحر کــه به افســون ســخن
از نــی کلــک همــه قنــد و شــکر می‌بــارم

دیــده بخــت بــه افســانه او شــد در خــواب
کــو نســیمی ز عنایــت کــه کنــد بیــدارم

چــون تــو را در گــذر ای یــار نمی‌یــارم دید
بــا کــه گویــم کــه بگویــد ســخنی بــا یــارم

دوش می‌گفت که حافظ همه روی اســت و ریا
بجــز از خــاک درش بــا کــه بــود بــازارم

غزل ۳۲۵

گـر دسـت دهـد خـاک کـف پـای نـگارم

بـر لـوح بصـر خـط غبـاری بنگـارم

بـر بـوی کنـار تـو شـدم غـرق و امیـد اسـت

از مـوج سرشـکم کـه رسـاند بـه کنـارم

پروانـه او گـر رسـدم در طلـب جـان

چـون شـمع همـان دم بـه دمـی جـان بسـپارم

امـروز مکـش سـر ز وفـای مـن و انـدیـش

زان شـب کـه مـن از غم بـه دعـا دسـت بـرآرم

زلفیـن سـیاه تـو بـه دلـداری عشـاق

دادنـد قـراری و بـبـردنـد قـرارم

ای بـاد از آن بـاده نسـیمی بـه مـن آور

کان بـوی شـفابخش بـود دفـع خمـارم

گـر قلـب دلـم را ننهـد دوسـت عیـاری

مـن نقـد روان در دمـش از دیـده شمـارم

دامـن مفشـان از مـن خاکـی کـه پـس از مـن

زیـن در نتوانـد کـه بـرد بـاد غبـارم

حافـظ لـب لعلـش چو مـرا جان عزیز اسـت

عمـری بـود آن لحظـه کـه جان را بـه لب آرم

غزل ۳۲۶

در نهانخانه عشرت صنمی خوش دارم
کز سر زلف و رخش نعل در آتش دارم
عاشق و رندم و میخواره به آواز بلند
وین همه منصب از آن حور پریوش دارم
گر تو زین دست مرا بی سر و سامان داری
من به آه سحرت زلف مشوش دارم
گر چنین چهره گشاید خط زنگاری دوست
من رخ زرد به خونابه منقش دارم
گر به کاشانه رندان قدمی خواهی زد
نقل شعر شکرین و می بی‌غش دارم
ناوک غمزه بیار و رسن زلف که من
جنگ‌ها با دل مجروح بلاکش دارم
حافظا چون غم و شادی جهان در گذر است
بهتر آن است که من خاطر خود خوش دارم

غزل ۳۲۷

مرا عهدیست با جانان که تا جان در بدن دارم
هواداران کویش را چو جان خویشتن دارم
صفای خلوت خاطر از آن شمع چگل جویم
فروغ چشم و نور دل از آن ماه ختن دارم
به کام و آرزوی دل چو دارم خلوتی حاصل
چه فکر از خبث بدگویان میان انجمن دارم
مرا در خانه سروی هست کاندر سایه قدش
فراغ از سرو بستانی و شمشاد چمن دارم
گرم صد لشکر از خوبان به قصد دل کمین سازند
بحمد الله و المنه بتی لشکرشکن دارم
سزد کز خاتم لعلش زنم لاف سلیمانی
چو اسم اعظمم باشد چه باک از اهرمن دارم
الا ای پیر فرزانه مکن عیبم ز میخانه
که من در ترک پیمانه دلی پیمان شکن دارم
خدا را ای رقیب امشب زمانی دیده بر هم نه
که من با لعل خاموشش نهانی صد سخن دارم
چو در گلزار اقبالش خرامانم بحمدالله
نه میل لاله و نسرین نه برگ نسترن دارم
به رندی شهره شد حافظ میان همدمان لیکن
چه غم دارم که در عالم قوام الدین حسن دارم

غزل ۳۲۸

مـن کـه بـاشـم کـه بـر آن خاطـر عاطـر گـذرم

لطف‌هـا مـی‌کنـی ای خـاک درت تـاج سـرم

دلبـرا بنـده نوازیـت کـه آمـوخـت بگـو

کـه مـن ایـن ظـن بـه رقیبان تـو هرگـز نبـرم

همتـم بدرقـه راه کـن ای طایـر قـدس

کـه دراز اسـت ره مقصـد و مـن نوسـفرم

ای نسیـم سـحری بندگـی مـن بـرسان

کـه فرامـوش مکـن وقـت دعـای سـحرم

خـرم آن روز کـز ایـن مرحلـه بربنـدم بـار

و از سـر کـوی تـو پرسند رفیقـان خبـرم

حافظـا شـاید اگـر در طلـب گوهـر وصـل

دیـده دریا کنـم از اشـک و در او غوطه خـورم

پایـه نظـم بلنـد اسـت و جهـان گیـر بگـو

تـا کنـد پادشـه بحـر دهـان پرگهـرم

غزل ۳۲۹

جوزا سحر نهاد حمایل برابرم
یعنی غلام شاهم و سوگند می‌خورم
ساقی بیا که از مدد بخت کارساز
کامی که خواستم ز خدا شد میسرم
جامی بده که باز به شادی روی شاه
پیرانه سر هوای جوانیست در سرم
راهم مزن به وصف زلال خضر که من
از جام شاه جرعه کش حوض کوثرم
شاها اگر به عرش رسانم سریر فضل
مملوک این جنابم و مسکین این درم
من جرعه نوش بزم تو بودم هزار سال
کی ترک آبخورد کند طبع خوگرم
ور باورت نمی‌کند از بنده این حدیث
از گفته کمال دلیلی بیاورم
گر برکنم دل از تو و بردارم از تو مهر
آن مهر بر که افکنم آن دل کجا برم
منصور بن مظفر غازیست حرز من
و از این خجسته نام بر اعدا مظفرم
عهد الست من همه با عشق شاه بود
و از شاهراه عمر بدین عهد بگذرم
گردون چو کرد نظم ثریا به نام شاه
من نظم در چرا نکنم از که کمترم
شاهین صفت چو طعمه چشیدم ز دست شاه
کی باشد التفات به صید کبوترم
ای شاه شیرگیر چه کم گردد ار شود
در سایه تو ملک فراغت میسرم

شعرم به یمن مدح تو صد ملک دل گشاد
گویی که تیغ توست زبان سخنورم

بر گلشنی اگر بگذشتم چو باد صبح
نی عشق سرو بود و نه شوق صنوبرم

بوی تو می‌شنیدم و بر یاد روی تو
دادند ساقیان طرب یک دو ساغرم

مستی به آب یک دو عنب وضع بنده نیست
من سالخورده پیر خرابات پرورم

با سیر اختر فلکم داوری بسیست
انصاف شاه باد در این قصه یاورم

شکر خدا که باز در این اوج بارگاه
طاووس عرش می‌شنود صیت شهپرم

نامم ز کارخانه عشاق محو باد
گر جز محبت تو بود شغل دیگرم

شبل الاسد به صید دلم حمله کرد و من
گر لاغرم وگرنه شکار غضنفرم

ای عاشقان روی تو از ذره بیشتر
من کی رسم به وصل تو کز ذره کمترم

بنما به من که منکر حسن رخ تو کیست
تا دیده‌اش به گزلک غیرت برآورم

بر من فتاد سایه خورشید سلطنت
و اکنون فراغت است ز خورشید خاورم

مقصود از این معامله بازارتیزی است
نی جلوه می‌فروشم و نی عشوه می‌خرم

غزل ۳۳۰

تو همچو صبحی و من شمع خلوت سحرم
تبسمی کن و جان بین که چون همی‌سپرم
چنین که در دل من داغ زلف سرکش توست
بنفشه زار شود تربتم چو درگذرم
بر آستان مرادت گشاده‌ام در چشم
که یک نظر فکنی خود فکندی از نظرم
چه شکر گویمت ای خیل غم عفاک الله
که روز بی‌کسی آخر نمی‌روی ز سرم
غلام مردم چشمم که با سیاه دلی
هزار قطره ببارد چو درد دل شمرم
به هر نظر بت ما جلوه می‌کند لیکن
کس این کرشمه نبیند که من همی‌نگرم
به خاک حافظ اگر یار بگذرد چون باد
ز شوق در دل آن تنگنا کفن بدرم

غزل ۳۳۱

به تیغم گر کشد دستش نگیرم
وگر تیرم زند منت پذیرم
کمان ابرویت را گو بزن تیر
که پیش دست و بازویت بمیرم
غم گیتی گر از پایم درآرد
بجز ساغر که باشد دستگیرم
برآی ای آفتاب صبح امید
که در دست شب هجران اسیرم
به فریادم رس ای پیر خرابات
به یک جرعه جوانم کن که پیرم
به گیسوی تو خوردم دوش سوگند
که من از پای تو سر بر نگیرم
بسوز این خرقه تقوا تو حافظ
که گر آتش شوم در وی نگیرم

غزل ۳۳۲

مزن بر دل ز نوک غمزه تیرم
که پیش چشم بیمارت بمیرم
نصاب حسن در حد کمال است
زکاتم ده که مسکین و فقیرم
چو طفلان تا کی ای زاهد فریبی
به سیب بوستان و شهد و شیرم
چنان پر شد فضای سینه از دوست
که فکر خویش گم شد از ضمیرم
قدح پر کن که من در دولت عشق
جوان بخت جهانم گر چه پیرم
قراری بسته‌ام با می فروشان
که روز غم بجز ساغر نگیرم
مبادا جز حساب مطرب و می
اگر نقشی کشد کلک دبیرم
در این غوغا که کس کس را نپرسد
من از پیر مغان منت پذیرم
خوشا آن دم کز استغنای مستی
فراغت باشد از شاه و وزیرم
من آن مرغم که هر شام و سحرگاه
ز بام عرش می‌آید صفیرم
چو حافظ گنج او در سینه دارم
اگر چه مدعی بیند حقیرم

زل ۳۳۳

نماز شام غریبان چو گریه آغازم
به مویه‌های غریبانه قصه پردازم
به یاد یار و دیار آن چنان بگریم زار
که از جهان ره و رسم سفر براندازم
من از دیار حبیبم نه از بلاد غریب
مهیمنا به رفیقان خود رسان بازم
خدای را مددی ای رفیق ره تا من
به کوی میکده دیگر علم برافرازم
خرد ز پیری من کی حساب برگیرد
که باز با صنمی طفل عشق می‌بازم
بجز صبا و شمالم نمی‌شناسد کس
عزیز من که بجز باد نیست دمسازم
هوای منزل یار آب زندگانی ماست
صبا بیار نسیمی ز خاک شیرازم
سرشکم آمد و عیبم بگفت روی به روی
شکایت از که کنم خانگیست غمازم
ز چنگ زهره شنیدم که صبحدم می‌گفت
غلام حافظ خوش لهجه خوش آوازم

غزل ۳۳۴

گر دست رسد در سر زلفین تو بازم
چون گوی چه سرها که به چوگان تو بازم
زلف تو مرا عمر دراز است ولی نیست
در دست سر مویی از آن عمر درازم
پروانه راحت بده ای شمع که امشب
از آتش دل پیش تو چون شمع گدازم
آن دم که به یک خنده دهم جان چو صراحی
مستان تو خواهم که گزارند نمازم
چون نیست نماز من آلوده نمازی
در میکده زان کم نشود سوز و گدازم
در مسجد و میخانه خیالت اگر آید
محراب و کمانچه ز دو ابروی تو سازم
گر خلوت ما را شبی از رخ بفروزی
چون صبح بر آفاق جهان سر بفرازم
محمود بود عاقبت کار در این راه
گر سر برود در سر سودای ایازم
حافظ غم دل با که بگویم که در این دور
جز جام نشاید که بود محرم رازم

غزل ۳۳۵

در خرابات مغان گر گذر افتد بازم
حاصل خرقه و سجاده روان دربازم
حلقه توبه گر امروز چو زهاد زنم
خازن میکده فردا نکند در بازم
ور چو پروانه دهد دست فراغ بالی
جز بدان عارض شمعی نبود پروازم
صحبت حور نخواهم که بود عین قصور
با خیال تو اگر با دگری پردازم
سر سودای تو در سینه بماندی پنهان
چشم تردامن اگر فاش نگردی رازم
مرغ سان از قفس خاک هوایی گشتم
به هوایی که مگر صید کند شهبازم
همچو چنگ ار به کناری ندهی کام دلم
از لب خویش چو نی یک نفسی بنوازم
ماجرای دل خون گشته نگویم با کس
زان که جز تیغ غمت نیست کسی دمسازم
گر به هر موی سری بر تن حافظ باشد
همچو زلفت همه را در قدمت اندازم

غزل ۳۳۶

مژده وصل تو کو کز سر جان برخیزم
طایر قدسم و از دام جهان برخیزم
به ولای تو که گر بنده خویشم خوانی
از سر خواجگی کون و مکان برخیزم
یا رب از ابر هدایت برسان بارانی
پیشتر زان که چو گردی ز میان برخیزم
بر سر تربت من با می و مطرب بنشین
تا به بویت ز لحد رقص کنان برخیزم
خیز و بالا بنما ای بت شیرین حرکات
کز سر جان و جهان دست فشان برخیزم
گر چه پیرم تو شبی تنگ در آغوشم کش
تا سحرگه ز کنار تو جوان برخیزم
روز مرگم نفسی مهلت دیدار بده
تا چو حافظ ز سر جان و جهان برخیزم

غزل ۳۳۷

چرا نه در پی عزم دیار خود باشم
چرا نه خاک سر کوی یار خود باشم
غم غریبی و غربت چو بر نمی‌تابم
به شهر خود روم و شهریار خود باشم
ز محرمان سراپرده وصال شوم
ز بندگان خداوندگار خود باشم
چو کار عمر نه پیداست باری آن اولی
که روز واقعه پیش نگار خود باشم
ز دست بخت گران خواب و کار بی‌سامان
گرم بود گله‌ای رازدار خود باشم
همیشه پیشه من عاشقی و رندی بود
دگر بکوشم و مشغول کار خود باشم
بود که لطف ازل رهنمون شود حافظ
وگرنه تا به ابد شرمسار خود باشم

غزل ۳۳۸

من دوستدار روی خوش و موی دلکشم
مدهوش چشم مست و می صاف بی‌غشم
گفتی ز سر عهد ازل یک سخن بگو
آن گه بگویمت که دو پیمانه درکشم
من آدم بهشتیم اما در این سفر
حالی اسیر عشق جوانان مه وشم
در عاشقی گزیر نباشد ز ساز و سوز
استاده‌ام چو شمع مترسان ز آتشم
شیراز معدن لب لعل است و کان حسن
من جوهری مفلسم ایرا مشوشم
از بس که چشم مست در این شهر دیده‌ام
حقا که می نمی‌خورم اکنون و سرخوشم
شهریست پر کرشمه حوران ز شش جهت
چیزیم نیست ور نه خریدار هر ششم
بخت ار مدد دهد که کشم رخت سوی دوست
گیسوی حور گرد فشاند ز مفرشم
حافظ عروس طبع مرا جلوه آرزوست
آیینه‌ای ندارم از آن آه می‌کشم

غزل ۳۳۹

خیـال روی تـو چون بگذرد به گلشـن چشـم
دل از پـی نظـر آیـد بـه سـوی روزن چشـم
سـزای تکیـه گهـت منظـری نمی‌بینـم
منـم ز عالـم و ایـن گوشـه معیـن چشـم
بیـا کـه لعـل و گهـر در نثار مقـدم تـو
ز گنـج خانـه دل می‌کشـم بـه روزن چشـم
سـحر سرشـک روانـم سـر خرابـی داشـت
گـرم نـه خـون جگـر می‌گرفت دامن چشـم
نخسـت روز کـه دیـدم رخ تـو دل می‌گفـت
اگـر رسـد خللی خـون مـن به گردن چشـم
بـه بوی مـژده وصل تو تا سـحر شـب دوش
بـه راه بـاد نهـادم چـراغ روشـن چشـم
بـه مردمـی کـه دل دردمنـد حافـظ را
مـزن بـه نـاوک دلـدوز مـردم افکـن چشـم

غزل ۳۴۰

مـــن کـــه از آتـــش دل چون خم می در جوشـــم
مهـــر بر لـــب زده خـــون می‌خورم و خاموشـــم
قصـــد جان اســـت طمـــع در لب جانـــان کردن
تـــو مـــرا بین که در ایـــن کار به جان می‌کوشـــم
مـــن کـــی آزاد شـــوم از غـــم دل چـــون هر دم
هنـــدوی زلـــف بتـــی حلقـــه کنـــد در گوشـــم
حـــاش لله کـــه نیـــم معتقـــد طاعـــت خویـــش
ایـــن قدر هســـت که گـــه گه قدحی می نوشـــم
هســـت امیـــدم کـــه علیرغـــم عـــدو روز جـــزا
فیـــض عفـــوش ننهـــد بـــار گنـــه بـــر دوشـــم
پـــدرم روضه رضـــوان بـــه دو گنـــدم بفروخت
مـــن چرا ملـــک جهـــان را بـــه جوی نفروشـــم
خرقه پوشـــی مـــن از غایت دین داری نیســـت
پـــرده‌ای بـــر ســـر صـــد عیب نهـــان می‌پوشـــم
مـــن که خواهـــم که ننوشـــم بجـــز از راوق خم
چـــه کنـــم گـــر ســـخن پیـــر مغـــان ننیوشـــم
گر از این دســـت زند مطرب مجلس ره عشـــق
شـــعر حافـــظ ببـــرد وقـــت ســـماع از هوشـــم

غزل ۳۴۱

گـر مـن از سـرزنش مدعیـان اندیشـم
شـیوه مسـتی و رنـدی نـرود از پیشـم

زهـد رنـدان نوآموختـه راهـی بدهیسـت
مـن کـه بدنـام جهانـم چه صـلاح اندیشـم

شـاه شـوریده سـران خوان مـن بیسـامان را
زان کـه در کـم خـردی از همـه عالم بیشـم

بـر جبیـن نقش کـن از خـون دل مـن خالی
تـا بداننـد کـه قربـان تـو کافرکیشـم

اعتقـادی بنمـا و بگـذر بهـر خـدا
تـا در ایـن خرقـه ندانـی کـه چه نادرویشـم

شـعر خونبـار مـن ای بـاد بـدان یار رسان
کـه ز مـژگان سـیه بـر رگ جـان زد نیشـم

مـن اگـر بـاده خـورم ور نـه چـه کارم با کس
حافـظ راز خـود و عـارف وقـت خویشـم

غزل ۳۴۲

حجـاب چهـره جـان مـی‌شـود غبـار تـنم

خوشـا دمـی کـه از آن چهـره پـرده برفکـنم

چنین قفس نه سـزای چو من خوش الحانیست

روم بـه گلشـن رضـوان کـه مـرغ آن چمنم

عیـان نشـد کـه چـرا آمـدم کجـا رفتـم

دریـغ و درد کـه غافـل ز کـار خویشـتنم

چگونـه طـوف کنـم در فضـای عالـم قدس

کـه در سـراچه ترکیـب تختـه بنـد تنم

اگـر ز خـون دلـم بـوی شـوق می‌آیـد

عجـب مـدار کـه همـدرد نافـه خـتنم

طـراز پیرهـن زرکشـم مبیـن چـون شـمع

کـه سوزهاسـت نهانـی درون پیرهنـم

بیـا و هسـتی حافـظ ز پیـش او بـردار

کـه با وجـود تو کـس نشـنود ز من کـه منم

غزل ۳۴۳

چـل سـال بیش رفـت کـه مـن لاف می‌زنم
کـز چاکـران پیـر مغـان کمتریـن منـم
هرگـز بـه یمـن عاطفـت پیـر مـی فـروش
سـاغر تهـی نشـد ز مـی صـاف روشـنم
از جـاه عشـق و دولـت رنـدان پاکبـاز
پیوسـته صـدر مصطبه‌هـا بـود مسـکنم
در شـان مـن بـه دردکشـی ظـن بـد مبـر
کلـوده گشـت جامـه ولـی پاکدامنـم
شـهباز دسـت پادشـهم این چه حالت اسـت
کـز یـاد برده‌انـد هـوای نشـیمنم
حیف اسـت بلبلی چو من اکنـون در این قفس
بـا این لسـان عـذب کـه خامش چو سوسـنم
آب و هـوای فارس عجب سـفله پرور اسـت
کـو همرهـی که خیمـه از ایـن خـاک برکنم
حافـظ بـه زیـر خرقـه قدح تـا به کی کشـی
در بـزم خواجـه پـرده ز کارت برافکنـم
تورانشـه خجسـته کـه در مـن یزیـد فضـل
شـد منـت مواهـب او طـوق گردنـم

غزل ۳۴۴

عمریست تا من در طلب هر روز گامی می‌زنم
دست شفاعت هر زمان در نیک نامی می‌زنم

بی ماه مهرافروز خود تا بگذرانم روز خود
دامی به راهی می‌نهم مرغی به دامی می‌زنم

اورنگ کو گلچهر کو نقش وفا و مهر کو
حالی من اندر عاشقی داو تمامی می‌زنم

تا بو که یابم آگهی از سایه سرو سهی
گلبانگ عشق از هر طرف بر خوش خرامی می‌زنم

هر چند کان آرام دل دانم نبخشد کام دل
نقش خیالی می‌کشم فال دوامی می‌زنم

دانم سر آرد غصه را رنگین برآرد قصه را
این آه خون افشان که من هر صبح و شامی می‌زنم

با آن که از وی غایبم و از می چو حافظ تایبم
در مجلس روحانیان گه گاه جامی می‌زنم

غزل ۳۴۵

بـی تو ای سـرو روان با گل و گلشـن چه کنم

زلف سـنبل چه کشـم عارض سوسـن چه کنم

آه کـز طعنـه بدخـواه ندیـدم رویـت

نیسـت چـون آینـهام روی ز آهـن چـه کنـم

بـرو ای ناصـح و بـر دردکشـان خـرده مگیر

کارفرمـای قـدر میکنـد ایـن مـن چـه کنم

برق غیـرت چو چنین میجهـد از مکمن غیب

تـو بفرمـا کـه مـن سـوخته خرمن چـه کنم

شـاه تـرکان چو پسـندید و به چاهـم انداخت

دسـتگیر ار نشـود لطـف تهمتـن چـه کنم

مـددی گـر بـه چراغـی نکنـد آتـش طـور

چـاره تیـره شـب وادی ایمـن چـه کنم

حافظـا خلـد بریـن خانه مـوروث من است

انـدر ایـن منـزل ویرانـه نشـیمن چـه کنم

غزل ۳۴۶

مـــن نـــه آن رنـدم کـه تـرک شـاهد و ســاغر کنـم
محتسـب دانـد کـه مـن ایـن کارهـا کمتـر کنـم

مـن کـه عیـب تـوبـه کـاران کـرده بـاشـم بارهـا
تـوبـه از مـی وقـت گل دیوانه باشـم گـر کنـم

عشـق دردانه‌سـت و مـن غـواص و دریـا میکـده
ســر فروبـردم در آن جـا تـا کجـا سـر برکنـم

لاله ســاغرگیر و نرگـس مسـت و بـر مـا نام فسق
داوری دارم بسـی یـا رب کـه را داور کنـم

بازکش یـک دم عنان ای تـرک شهرآشـوب من
تـا ز اشک و چهـره راهت پـرزر و گوهر کنـم

من کـه از یاقـوت و لعـل اشـک دارم گنجها
کـی نظـر در فیـض خورشـید بلنداختـر کنـم

چـون صبا مجموعه گل را بـه آب لطف شسـت
کجدلـم خـوان گـر نظـر بـر صفحه دفتـر کنـم

عهـد و پیمان فلـک را نیسـت چنـدان اعتبار
عهـد بـا پیمانـه بنـدم شـرط بـا ســاغر کنـم

مـن کـه دارم در گدایی گنـج سـلطانی بـه دسـت
کـی طمـع در گـردش گـردون دون پـرور کنـم

گـر چـه گردآلـود فقـرم شـرم بـاد از همتـم
گـر بـه آب چشـمه خورشـید دامن تـر کنـم

عاشـقان را گـر در آتـش می‌پسندد لطـف دوسـت
تنـگ چشـمم گـر نظـر در چشـمه کوثـر کنـم

دوش لعلـش عشـوه‌ای مـی‌داد حافـظ را ولی
مـن نه آنـم کـز وی این افسـانه‌ها بـاور کنـم

غزل ۳۴۷

صنما با غم عشق تو چه تدبیر کنم
تا به کی در غم تو ناله شبگیر کنم
دل دیوانه از آن شد که نصیحت شنود
مگرش هم ز سر زلف تو زنجیر کنم
آن چه در مدت هجر تو کشیدم هیهات
در یکی نامه محال است که تحریر کنم
با سر زلف تو مجموع پریشانی خود
کو مجالی که سراسر همه تقریر کنم
آن زمان کرزوی دیدن جانم باشد
در نظر نقش رخ خوب تو تصویر کنم
گر بدانم که وصال تو بدین دست دهد
دین و دل را همه دربازم و توفیر کنم
دور شو از برم ای واعظ و بیهوده مگوی
من نه آنم که دگر گوش به تزویر کنم
نیست امید صلاحی ز فساد حافظ
چون که تقدیر چنین است چه تدبیر کنم

غزل ۳۴۸

دیده دریا کنم و صبر به صحرا فکنم
و اندر این کار دل خویش به دریا فکنم
از دل تنگ گنهکار برآرم آهی
کتش اندر گنه آدم و حوا فکنم
مایه خوشدلی آن جاست که دلدار آن جاست
می‌کنم جهد که خود را مگر آن جا فکنم
بگشا بند قبا ای مه خورشیدکلاه
تا چو زلفت سر سودازده در پا فکنم
خورده‌ام تیر فلک باده بده تا سرمست
عقده دربند کمر ترکش جوزا فکنم
جرعه جام بر این تخت روان افشانم
غلغل چنگ در این گنبد مینا فکنم
حافظا تکیه بر ایام چو سهو است و خطا
من چرا عشرت امروز به فردا فکنم

غزل ۳۴۹

دوش سودای رخش گفتم ز سر بیرون کنم
گفت کو زنجیر تا تدبیر این مجنون کنم
قامتش را سرو گفتم سر کشید از من به خشم
دوستان از راست می‌رنجد نگارم چون کنم
نکته ناسنجیده گفتم دلبرا معذور دار
عشوه‌ای فرمای تا من طبع را موزون کنم
زردرویی می‌کشم زان طبع نازک بی‌گناه
ساقیا جامی بده تا چهره را گلگون کنم
ای نسیم منزل لیلی خدا را تا به کی
ربع را برهم زنم اطلال را جیحون کنم
من که ره بردم به گنج حسن بی‌پایان دوست
صد گدای همچو خود را بعد از این قارون کنم
ای مه صاحب قران از بنده حافظ یاد کن
تا دعای دولت آن حسن روزافزون کنم

غزل ۳۵۰

به عزم توبه سحر گفتم استخاره کنم
بهار توبه شکن می‌رسد چه چاره کنم
سخن درست بگویم نمی‌توانم دید
که می خورند حریفان و من نظاره کنم
چو غنچه با لب خندان به یاد مجلس شاه
پیاله گیرم و از شوق جامه پاره کنم
به دور لاله دماغ مرا علاج کنید
گر از میانه بزم طرب کناره کنم
ز روی دوست مرا چون گل مراد شکفت
حواله سر دشمن به سنگ خاره کنم
گدای میکده‌ام لیک وقت مستی بین
که ناز بر فلک و حکم بر ستاره کنم
مرا که نیست ره و رسم لقمه پرهیزی
چرا ملامت رند شرابخواره کنم
به تخت گل بنشانم بتی چو سلطانی
ز سنبل و سمنش ساز طوق و یاره کنم
ز باده خوردن پنهان ملول شد حافظ
به بانگ بربط و نی رازش آشکاره کنم

غزل ۳۵۱

حاشا که من به موسم گل ترک می کنم
من لاف عقل می‌زنم این کار کی کنم
مطرب کجاست تا همه محصول زهد و علم
در کار چنگ و بربط و آواز نی کنم
از قیل و قال مدرسه حالی دلم گرفت
یک چند نیز خدمت معشوق و می کنم
کی بود در زمانه وفا جام می بیار
تا من حکایت جم و کاووس کی کنم
از نامه سیاه نترسم که روز حشر
با فیض لطف او صد از این نامه طی کنم
کو پیک صبح تا گله‌های شب فراق
با آن خجسته طالع فرخنده پی کنم
این جان عاریت که به حافظ سپرد دوست
روزی رخش ببینم و تسلیم وی کنم

غزل ۳۵۲

روزگاری شــد کــه در میخانه خدمـت می‌کنم

در لبـاس فقــر کار اهـل دولـت می‌کنم

تـا کی اندر دام وصـل آرم تذروی خوش خرام

در کمینـم و انتظـار وقـت فرصـت می‌کنم

واعـظ ما بوی حق نشـنید بشـنو کاین سـخن

در حضـورش نیـز می‌گویـم نه غیبـت می‌کنم

بـا صبا افتـان و خیزان می‌روم تا کوی دوسـت

و از رفیقـان ره اسـتمداد همـت می‌کنم

خـاک کویـت زحمت مـا برنتابد بیـش از این

لطف‌هـا کـردی بتا تخفیـف زحمـت می‌کنم

زلـف دلبـر دام راه و غمـزه‌اش تیـر بلاسـت

یـاد دار ای دل کـه چندینت نصیحـت می‌کنم

دیـده بدبیـن بپوشـان ای کریـم عیـب پوش

زیـن دلیری‌ها کـه مـن در کنج خلـوت می‌کنم

حافظـم در مجلسـی دردی کشـم در محفلـی

بنگر این شوخی که چون با خلق صنعت می‌کنم

غزل ۳۵۳

من ترک عشق شاهد و ساغر نمی‌کنم
صد بار توبه کردم و دیگر نمی‌کنم
باغ بهشت و سایه طوبی و قصر و حور
با خاک کوی دوست برابر نمی‌کنم
تلقین و درس اهل نظر یک اشارت است
گفتم کنایتی و مکرر نمی‌کنم
هرگز نمی‌شود ز سر خود خبر مرا
تا در میان میکده سر بر نمی‌کنم
ناصح به طعن گفت که رو ترک عشق کن
محتاج جنگ نیست برادر نمی‌کنم
این تقواام تمام که با شاهدان شهر
ناز و کرشمه بر سر منبر نمی‌کنم
حافظ جناب پیر مغان جای دولت است
من ترک خاک بوسی این در نمی‌کنم

غزل ۳۵۴

به مژگان سیه کردی هزاران رخنه در دینم
بیا کز چشم بیمارت هزاران درد برچینم
الا ای همنشین دل که یارانت برفت از یاد
مرا روزی مباد آن دم که بی یاد تو بنشینم
جهان پیر است و بی‌بنیاد از این فرهادکش فریاد
که کرد افسون و نیرنگش ملول از جان شیرینم
ز تاب آتش دوری شدم غرق عرق چون گل
بیار ای باد شبگیری نسیمی زان عرق چینم
جهان فانی و باقی فدای شاهد و ساقی
که سلطانی عالم را طفیل عشق می‌بینم
اگر بر جای من غیری گزیند دوست حاکم اوست
حرامم باد اگر من جان به جای دوست بگزینم
صباح الخیر زد بلبل کجایی ساقیا برخیز
که غوغا می‌کند در سر خیال خواب دوشینم
شب رحلت هم از بستر روم در قصر حورالعین
اگر در وقت جان دادن تو باشی شمع بالینم
حدیث آرزومندی که در این نامه ثبت افتاد
همانا بی‌غلط باشد که حافظ داد تلقینم

غزل ۳۵۵

حالیا مصلحت وقت در آن می‌بینم
که کشم رخت به میخانه و خوش بنشینم
جام می گیرم و از اهل ریا دور شوم
یعنی از اهل جهان پاکدلی بگزینم
جز صراحی و کتابم نبود یار و ندیم
تا حریفان دغا را به جهان کم بینم
سر به آزادگی از خلق برآرم چون سرو
گر دهد دست که دامن ز جهان درچینم
بس که در خرقه آلوده زدم لاف صلاح
شرمسار از رخ ساقی و می رنگینم
سینه تنگ من و بار غم او هیهات
مرد این بار گران نیست دل مسکینم
من اگر رند خراباتم و گر زاهد شهر
این متاعم که همی‌بینی و کمتر زینم
بنده آصف عهدم دلم از راه مبر
که اگر دم زنم از چرخ بخواهد کینم
بر دلم گرد ستم‌هاست خدایا مپسند
که مکدر شود آیینه مهرآیینم

غزل ۳۵۶

گـــرم از دســـت برخیـــزد که بـــا دلدار بنشـــینم
ز جـــام وصل می‌نوشـــم ز باغ عیـــش گل چینم
شـــراب تلـــخ صوفی ســـوز بنیـــادم بخواهد برد
لبم بر لب نه ای ســـاقی و بســـتان جان شـــیرینم
مگر دیوانه خواهم شد در این سودا که شب تا روز
ســـخن با مـــاه می‌گویم پری در خـــواب می‌بینم
لبت شکر به مستان داد و چشمت می به میخواران
منـــم کـــز غایـــت حرمان نـــه با آنـــم نه بـــا اینم
چو هر خاکی کـــه باد آورد فیضی برد از انعامت
ز حـــال بنـــده یـــاد آور کـــه خدمتـــگار دیرینم
نـــه هر کو نقـــش نظمی زد کلامـــش دلپذیر افتد
تذرو طرفه من گیرم که چالاک اســـت شـــاهینم
اگر بـــاور نمـــی‌داری رو از صورتگر چین پرس
که مانی نســـخه می‌خواهد ز نوک کلک مشکینم
وفـــاداری و حق گویی نه کار هر کســـی باشـــد
غـــلام آصـــف ثانـــی جـــلال الحـــق و الدینـــم
رموز مســـتی و رندی ز من بشـــنو نـــه از واعظ
کـــه با جـــام و قدح هـــر دم ندیم مـــاه و پروینم

غزل ۳۵۷

در خرابات مغان نور خدا می‌بینم
این عجب بین که چه نوری ز کجا می‌بینم
جلوه بر من مفروش ای ملک الحاج که تو
خانه می‌بینی و من خانه خدا می‌بینم
خواهم از زلف بتان نافه گشایی کردن
فکر دور است همانا که خطا می‌بینم
سوز دل اشک روان آه سحر ناله شب
این همه از نظر لطف شما می‌بینم
هر دم از روی تو نقشی زندم راه خیال
با که گویم که در این پرده چه‌ها می‌بینم
کس ندیده‌ست ز مشک ختن و نافه چین
آن چه من هر سحر از باد صبا می‌بینم
دوستان عیب نظربازی حافظ مکنید
که من او را ز محبان شما می‌بینم

غزل ۳۵۸

غم زمانه که هیچش کران نمی‌بینم
دواش جز می چون ارغوان نمی‌بینم
به ترک خدمت پیر مغان نخواهم گفت
چرا که مصلحت خود در آن نمی‌بینم
ز آفتاب قدح ارتفاع عیش بگیر
چرا که طالع وقت آن چنان نمی‌بینم
نشان اهل خدا عاشقیست با خود دار
که در مشایخ شهر این نشان نمی‌بینم
بدین دو دیده حیران من هزار افسوس
که با دو آینه رویش عیان نمی‌بینم
قد تو تا بشد از جویبار دیده من
به جای سرو جز آب روان نمی‌بینم
در این خمار کسم جرعه‌ای نمی‌بخشد
ببین که اهل دلی در میان نمی‌بینم
نشان موی میانش که دل در او بستم
ز من مپرس که خود در میان نمی‌بینم
من و سفینه حافظ که جز در این دریا
بضاعت سخن درفشان نمی‌بینم

غزل ۳۵۹

خرم آن روز کز این منزل ویران بروم
راحت جان طلبم و از پی جانان بروم
گر چه دانم که به جایی نبرد راه غریب
من به بوی سر آن زلف پریشان بروم
دلم از وحشت زندان سکندر بگرفت
رخت بربندم و تا ملک سلیمان بروم
چون صبا با تن بیمار و دل بی‌طاقت
به هواداری آن سرو خرامان بروم
در ره او چو قلم گر به سرم باید رفت
با دل زخم کش و دیده گریان بروم
نذر کردم گر از این غم به درآیم روزی
تا در میکده شادان و غزل خوان بروم
به هواداری او ذره صفت رقص کنان
تا لب چشمه خورشید درخشان بروم
تازیان را غم احوال گران باران نیست
پارسایان مددی تا خوش و آسان بروم
ور چو حافظ ز بیابان نبرم ره بیرون
همره کوکبه آصف دوران بروم

غزل ۳۶۰

گــر از ایــن منــزل ویران به ســوی خانــه روم

دگــر آن جــا کــه روم عاقــل و فرزانــه روم

زیــن ســفر گر به ســلامت بــه وطن بازرســم

نــذر کــردم کــه هــم از راه بــه میخانــه روم

تا بگویم که چه کشــفم شد از این ســیر و سلوک

بــه در صومعــه بــا بربــط و پیمانــه روم

آشــنایان ره عشــق گــرم خــون بخورنــد

ناکســم گــر بــه شــکایت ســوی بیگانــه روم

بعــد از این دســت من و زلف چــو زنجیر نگار

چنــد و چنــد از پــی کام دل دیوانــه روم

گر ببینــم خــم ابــروی چــو محرابــش بــاز

ســجده شــکر کنــم و از پــی شــکرانه روم

خــرم آن دم کــه چــو حافــظ به تــولای وزیر

ســرخوش از میکده با دوست به کاشــانه روم

غزل ۳۶۱

آن که پامال جفا کرد چو خاک راهم
خاک می‌بوسم و عذر قدمش می‌خواهم
من نه آنم که ز جور تو بنالم حاشا
بنده معتقد و چاکر دولتخواهم
بسته‌ام در خم گیسوی تو امید دراز
آن مبادا که کند دست طلب کوتاهم
ذره خاکم و در کوی توام جای خوش است
ترسم ای دوست که بادی ببرد ناگاهم
پیر میخانه سحر جام جهان بینم داد
و اندر آن آینه از حسن تو کرد آگاهم
صوفی صومعه عالم قدسم لیکن
حالیا دیر مغان است حوالتگاهم
با من راه نشین خیز و سوی میکده آی
تا در آن حلقه ببینی که چه صاحب جاهم
مست بگذشتی و از حافظت اندیشه نبود
آه اگر دامن حسن تو بگیرد آهم
خوشم آمد که سحر خسرو خاور می‌گفت
با همه پادشهی بنده تورانشاهم

غزل ۳۶۲

دیدار شد میسر و بوس و کنار هم
از بخت شکر دارم و از روزگار هم
زاهد برو که طالع اگر طالع من است
جامم به دست باشد و زلف نگار هم
ما عیب کس به مستی و رندی نمی‌کنیم
لعل بتان خوش است و می خوشگوار هم
ای دل بشارتی دهمت محتسب نماند
و از می جهان پر است و بت میگسار هم
خاطر به دست تفرقه دادن نه زیرکیست
مجموعه‌ای بخواه و صراحی بیار هم
بر خاکیان عشق فشان جرعه لبش
تا خاک لعل گون شود و مشکبار هم
آن شد که چشم بد نگران بودی از کمین
خصم از میان برفت و سرشک از کنار هم
چون کائنات جمله به بوی تو زنده‌اند
ای آفتاب سایه ز ما برمدار هم
چون آب روی لاله و گل فیض حسن توست
ای ابر لطف بر من خاکی ببار هم
حافظ اسیر زلف تو شد از خدا بترس
و از انتصاف آصف جم اقتدار هم
برهان ملک و دین که ز دست وزارتش
ایام کان یمین شد و دریا یسار هم
بر یاد رای انور او آسمان به صبح
جان می‌کند فدا و کواکب نثار هم
گوی زمین ربوده چوگان عدل اوست
وین برکشیده گنبد نیلی حصار هم

عــزم سـبک عنــان تــو در جنبــش آورد

ایــن پایــدار مرکــز عالــی مــدار هــم

تــا از نتیجــه فلـک و طــور دور اوسـت

تبدیــل مــاه و ســال و خــزان و بهــار هــم

خالــی مبــاد کاخ جلالــش ز ســروران

و از ســاقیان ســروقد گلعــذار هــم

غزل ۳۶۳

دردم از یار است و درمان نیز هم
دل فدای او شد و جان نیز هم
این که می‌گویند آن خوشتر ز حسن
یار ما این دارد و آن نیز هم
یاد باد آن کو به قصد خون ما
عهد را بشکست و پیمان نیز هم
دوستان در پرده می‌گویم سخن
گفته خواهد شد به دستان نیز هم
چون سر آمد دولت شب‌های وصل
بگذرد ایام هجران نیز هم
هر دو عالم یک فروغ روی اوست
گفتمت پیدا و پنهان نیز هم
اعتمادی نیست بر کار جهان
بلکه بر گردون گردان نیز هم
عاشق از قاضی نترسد می بیار
بلکه از یرغوی دیوان نیز هم
محتسب داند که حافظ عاشق است
و آصف ملک سلیمان نیز هم

غزل ۳۶۴

مـا بـی غمـان مسـت دل از دسـت داده‌ایـم
همـراز عشـق و همنفـس جـام باده‌ایـم
بـر مـا بسـی کمـان ملامـت کشـیده‌اند
تـا کار خـود ز ابـروی جانـان گشـاده‌ایم
ای گل تـو دوش داغ صبوحـی کشـیده‌ای
مـا آن شـقایقیم کـه بـا داغ زاده‌ایـم
پیـر مغـان ز توبـه مـا گـر ملـول شـد
گو بـاده صـاف کن کـه به عـذر ایسـتاده‌ایم
کار از تـو مـی‌رود مـددی ای دلیـل راه
کانصـاف می‌دهیـم و ز راه اوفتاده‌ایـم
چـون لالـه مـی مبیـن و قـدح در میـان کار
ایـن داغ بیـن کـه بـر دل خونیـن نهاده‌ایـم
گفتـی که حافظ این همه رنگ و خیال چیسـت
نقـش غلـط مبیـن که همـان لـوح ساده‌ایم

غزل ۳۶۵

عمریست تا به راه غمت رو نهاده‌ایم
روی و ریای خلق به یک سو نهاده‌ایم
طاق و رواق مدرسه و قال و قیل علم
در راه جام و ساقی مه رو نهاده‌ایم
هم جان بدان دو نرگس جادو سپرده‌ایم
هم دل بدان دو سنبل هندو نهاده‌ایم
عمری گذشت تا به امید اشارتی
چشمی بدان دو گوشه ابرو نهاده‌ایم
ما ملک عافیت نه به لشکر گرفته‌ایم
ما تخت سلطنت نه به بازو نهاده‌ایم
تا سحر چشم یار چه بازی کند که باز
بنیاد بر کرشمه جادو نهاده‌ایم
بی زلف سرکشش سر سودایی از ملال
همچون بنفشه بر سر زانو نهاده‌ایم
در گوشه امید چو نظارگان ماه
چشم طلب بر آن خم ابرو نهاده‌ایم
گفتی که حافظا دل سرگشته‌ات کجاست
در حلقه‌های آن خم گیسو نهاده‌ایم

غزل ۳۶۶

ما بدین در نه پی حشمت و جاه آمده‌ایم
از بد حادثه این جا به پناه آمده‌ایم
ره رو منزل عشقیم و ز سرحد عدم
تا به اقلیم وجود این همه راه آمده‌ایم
سبزه خط تو دیدیم و ز بستان بهشت
به طلبکاری این مهرگیاه آمده‌ایم
با چنین گنج که شد خازن او روح امین
به گدایی به در خانه شاه آمده‌ایم
لنگر حلم تو ای کشتی توفیق کجاست
که در این بحر کرم غرق گناه آمده‌ایم
آبرو می‌رود ای ابر خطاپوش ببار
که به دیوان عمل نامه سیاه آمده‌ایم
حافظ این خرقه پشمینه مینداز که ما
از پی قافله با آتش آه آمده‌ایم

غزل ۳۶۷

فتوی پیر مغان دارم و قولیست قدیم
که حرام است می آن جا که نه یار است ندیم
چاک خواهم زدن این دلق ریایی چه کنم
روح را صحبت ناجنس عذابیست الیم
تا مگر جرعه فشاند لب جانان بر من
سال‌ها شد که منم بر در میخانه مقیم
مگرش خدمت دیرین من از یاد برفت
ای نسیم سحری یاد دهش عهد قدیم
بعد صد سال اگر بر سر خاکم گذری
سر برآرد ز گلم رقص کنان عظم رمیم
دلبر از ما به صد امید ستد اول دل
ظاهرا عهد فرامش نکند خلق کریم
غنچه گو تنگ دل از کار فروبسته مباش
کز دم صبح مدد یابی و انفاس نسیم
فکر بهبود خود ای دل ز دری دیگر کن
درد عاشق نشود به به مداوای حکیم
گوهر معرفت آموز که با خود ببری
که نصیب دگران است نصاب زر و سیم
دام سخت است مگر یار شود لطف خدا
ور نه آدم نبرد صرفه ز شیطان رجیم
حافظ ار سیم و زرت نیست چه شد شاکر باش
چه به از دولت لطف سخن و طبع سلیم

زل ۳۶۸

خیز تا از در میخانه گشادی طلبیم
به ره دوست نشینیم و مرادی طلبیم
زاد راه حرم وصل نداریم مگر
به گدایی ز در میکده زادی طلبیم
اشک آلوده ما گر چه روان است ولی
به رسالت سوی او پاک نهادی طلبیم
لذت داغ غمت بر دل ما باد حرام
اگر از جور غم عشق تو دادی طلبیم
نقطه خال تو بر لوح بصر نتوان زد
مگر از مردمک دیده مدادی طلبیم
عشوه‌ای از لب شیرین تو دل خواست به جان
به شکرخنده لبت گفت مزادی طلبیم
تا بود نسخه عطری دل سودازده را
از خط غالیه سای تو سوادی طلبیم
چون غمت را نتوان یافت مگر در دل شاد
ما به امید غمت خاطر شادی طلبیم
بر در مدرسه تا چند نشینی حافظ
خیز تا از در میخانه گشادی طلبیم

غزل ۳۶۹

ما ز یاران چشم یاری داشتیم
خود غلط بود آن چه ما پنداشتیم

تا درخت دوستی برگی دهد
حالیا رفتیم و تخمی کاشتیم

گفت و گو آیین درویشی نبود
ور نه با تو ماجراها داشتیم

شیوه چشمت فریب جنگ داشت
ما غلط کردیم و صلح انگاشتیم

گلبن حسنت نه خود شد دلفروز
ما دم همت بر او بگماشتیم

نکته‌ها رفت و شکایت کس نکرد
جانب حرمت فرونگذاشتیم

گفت خود دادی به ما دل حافظا
ما محصل بر کسی نگماشتیم

غزل ۳۷۰

صلاح از ما چه می‌جویی که مستان را صلا گفتیم
به دور نرگس مستت سلامت را دعا گفتیم
در میخانه‌ام بگشا که هیچ از خانقه نگشود
گرت باور بود ور نه سخن این بود و ما گفتیم
من از چشم تو ای ساقی خراب افتاده‌ام لیکن
بلایی کز حبیب آید هزارش مرحبا گفتیم
اگر بر من نبخشایی پشیمانی خوری آخر
به خاطر دار این معنی که در خدمت کجا گفتیم
قدت گفتم که شمشاد است بس خجلت به بار آورد
که این نسبت چرا کردیم و این بهتان چرا گفتیم
جگر چون نافه‌ام خون گشت کم زینم نمی‌باید
جزای آن که با زلفت سخن از چین خطا گفتیم
تو آتش گشتی ای حافظ ولی با یار درنگرفت
ز بدعهدی گل گویی حکایت با صبا گفتیم

غزل ۳۷۱

ما درس سحر در ره میخانه نهادیم
محصول دعا در ره جانانه نهادیم
در خرمن صد زاهد عاقل زند آتش
این داغ که ما بر دل دیوانه نهادیم
سلطان ازل گنج غم عشق به ما داد
تا روی در این منزل ویرانه نهادیم
در دل ندهم ره پس از این مهر بتان را
مهر لب او بر در این خانه نهادیم
در خرقه از این بیش منافق نتوان بود
بنیاد از این شیوه رندانه نهادیم
چون می‌رود این کشتی سرگشته که آخر
جان در سر آن گوهر یک دانه نهادیم
المنه لله که چو ما بی‌دل و دین بود
آن را که لقب عاقل و فرزانه نهادیم
قانع به خیالی ز تو بودیم چو حافظ
یا رب چه گداهمت و بیگانه نهادیم

غزل ۳۷۲

بگــذار تــا ز شــارع میخانــه بگذریــم

کــز بهــر جرعــه‌ای همــه محتــاج ایــن دریم

روز نخســت چــون دم رنــدی زدیم و عشــق

شــرط آن بــود کــه جــز ره آن شــیوه نســپریم

جایــی کــه تخت و مســند جــم مــی‌رود به باد

گر غــم خوریم خــوش نبود به کــه مــی‌خوریم

تــا بــو کــه دســت در کمــر او تــوان زدن

در خــون دل نشســته چــو یاقــوت احمریــم

واعــظ مکــن نصیحــت شــوریدگان کــه مــا

بــا خاک کــوی دوست بــه فــردوس ننگریــم

چــون صوفیــان بــه حالــت و رقصنــد مقتــدا

مــا نیــز هــم بــه شــعبده دســتی برآوریــم

از جرعــه تــو خــاک زمیــن در و لعــل یافت

بیچاره مــا کــه پیــش تــو از خــاک کمتریــم

حافــظ چــو ره بــه کنگــره کاخ وصل نیست

بــا خــاک آســتانه ایــن در بــه ســر بریــم

غزل ۳۷۳

خیز تا خرقه صوفی به خرابات بریم
شطح و طامات به بازار خرافات بریم

سوی رندان قلندر به ره آورد سفر
دلق بسطامی و سجاده طامات بریم

تا همه خلوتیان جام صبوحی گیرند
چنگ صبحی به در پیر مناجات بریم

با تو آن عهد که در وادی ایمن بستیم
همچو موسی ارنی گوی به میقات بریم

کوس ناموس تو بر کنگره عرش زنیم
علم عشق تو بر بام سماوات بریم

خاک کوی تو به صحرای قیامت فردا
همه بر فرق سر از بهر مباهات بریم

ور نهد در ره ما خار ملامت زاهد
از گلستانش به زندان مکافات بریم

شرممان باد ز پشمینه آلوده خویش
گر بدین فضل و هنر نام کرامات بریم

قدر وقت ار نشناسد دل و کاری نکند
بس خجالت که از این حاصل اوقات بریم

فتنه می‌بارد از این سقف مقرنس برخیز
تا به میخانه پناه از همه آفات بریم

در بیابان فنا گم شدن آخر تا کی
ره بپرسیم مگر پی به مهمات بریم

حافظ آب رخ خود بر در هر سفله مریز
حاجت آن به که بر قاضی حاجات بریم

غزل ۳۷۴

بیـا تا گل برافشـانیم و مـی در سـاغر اندازیم

فلک را سـقف بشـکافیم و طرحی نو دراندازیم

اگر غم لشـکر انگیـزد که خون عاشـقان ریزد

من و ساقی به هـم تازیم و بنیـادش براندازیم

شـراب ارغوانـی را گلاب انـدر قـدح ریزیم

نسـیم عطرگـردان را شـکر در مجمـر اندازیم

چـو در دسـت اسـت رودی خـوش

بـزن مطـرب سـرودی خـوش

که دست افشان غزل خوانیم و پاکوبان سر اندازیم

صبا خاک وجـود ما بـدان عالی جنـاب انداز

بـود کن شـاه خوبان را نظـر بر منظـر اندازیم

یکـی از عقـل می‌لافد یکـی طامـات می‌بافد

بیـا کاین داوری‌هـا را بـه پیـش داور اندازیم

بهشت عدن اگـر خواهی بیـا با ما بـه میخانه

که از پـای خمت روزی به حوض کوثر اندازیم

سـخندانی و خوش‌خـوانی نمی‌ورزند در شیراز

بیا حافـظ که تا خود را به ملکـی دیگر اندازیم

غزل ۳۷۵

صوفی بیا که خرقه سالوس برکشیم
وین نقش زرق را خط بطلان به سر کشیم

نذر و فتوح صومعه در وجه می‌نهیم
دلق ریا به آب خرابات برکشیم

فردا اگر نه روضه رضوان به ما دهند
غلمان ز روضه حور ز جنت به درکشیم

بیرون جهیم سرخوش و از بزم صوفیان
غارت کنیم باده و شاهد به بر کشیم

عشرت کنیم ور نه به حسرت کشندمان
روزی که رخت جان به جهانی دگر کشیم

سر خدا که در تتق غیب منزویست
مستانه‌اش نقاب ز رخسار برکشیم

کو جلوه‌ای ز ابروی او تا چو ماه نو
گوی سپهر در خم چوگان زر کشیم

حافظ نه حد ماست چنین لاف‌ها زدن
پای از گلیم خویش چرا بیشتر کشیم

غزل ۳۷۶

دوستان وقت گل آن به که به عشرت کوشیم
سخن اهل دل است این و به جان بنیوشیم

نیست در کس کرم و وقت طرب می‌گذرد
چاره آن است که سجاده به می بفروشیم

خوش هواییست فرح بخش خدایا بفرست
نازنینی که به رویش می گلگون نوشیم

ارغنون ساز فلک رهزن اهل هنر است
چون از این غصه ننالیم و چرا نخروشیم

گل به جوش آمد و از می نزدیمش آبی
لاجرم ز آتش حرمان و هوس می‌جوشیم

می‌کشیم از قدح لاله شرابی موهوم
چشم بد دور که بی مطرب و می مدهوشیم

حافظ این حال عجب با که توان گفت که ما
بلبلانیم که در موسم گل خاموشیم

غزل ۳۷۷

مــا شــبی دســت برآریــم و دعایــی بکنیــم

غــم هجــران تــو را چــاره ز جایــی بکنیــم

دل بیمــار شــد از دســت رفیقــان مــددی

تــا طبیبــش بــه ســر آریــم و دوایــی بکنیــم

آن کــه بی جــرم برنجید و به تیغم زد و رفت

بــازش آریــد خــدا را کــه صفایــی بکنیــم

خشــک شــد بیخ طرب راه خرابات کجاست

تــا در آن آب و هــوا نشــو و نمایــی بکنیــم

مــدد از خاطــر رنــدان طلــب ای دل ور نــه

کار صعــب اســت مبــادا کــه خطایــی بکنیــم

ســایه طایــر کــم حوصلــه کاری نکنــد

طلــب از ســایه میمــون همایــی بکنیــم

دلم از پرده بشــد حافظ خوشــگوی کجاست

تــا بــه قــول و غزلــش ســاز نوایــی بکنیــم

غزل ۳۷۸

ما نگوییم بد و میل به ناحق نکنیم
جامه کس سیه و دلق خود ازرق نکنیم
عیب درویش و توانگر به کم و بیش بد است
کار بد مصلحت آن است که مطلق نکنیم
رقم مغلطه بر دفتر دانش نزنیم
سر حق بر ورق شعبده ملحق نکنیم
شاه اگر جرعه رندان نه به حرمت نوشد
التفاتش به می صاف مروق نکنیم
خوش برانیم جهان در نظر راهروان
فکر اسب سیه و زین مغرق نکنیم
آسمان کشتی ارباب هنر می‌شکند
تکیه آن به که بر این بحر معلق نکنیم
گر بدی گفت حسودی و رفیقی رنجید
گو تو خوش باش که ما گوش به احمق نکنیم
حافظ ار خصم خطا گفت نگیریم بر او
ور به حق گفت جدل با سخن حق نکنیم

غزل ۳۷۹

ســرم خوش اســت و بــه بانگ بلنـد می‌گویم

کــه مــن نسیــم حیــات از پیالــه می‌جویــم

عبـوس زهـد بـه وجـه خمـار ننشیـند

مریــد خرقــه دردی کشـان خـوش خویــم

شــدم فسـانه به سرگشــتگی و ابـروی دوسـت

کشـید در خـم چــوگان خویـش چـون گویـم

گــرم نــه پیـر مغــان در بــه روی بگشایـد

کـدام در بزنـم چـاره از کجـا جویـم

مکـن در ایـن چمنم سـرزنش بـه خودرویـی

چنـان کــه پـرورشم می‌دهنـد می‌رویـم

تـو خانقـاه و خرابـات در میانـه مبیـن

خـدا گـواه کـه هـر جا کـه هسـت بـا اویـم

غبـار راه طلـب کیمیـای بهروزیسـت

غـلام دولـت آن خـاک عنبریـن بویـم

ز شـوق نرگـس مسـت بلندبالایــی

چـو لالـه بـا قدح افتـاده بـر لـب جویـم

بیـار مـی کـه بـه فتـوی حافـظ از دل پـاک

غبـار زرق بـه فیـض قـدح فروشـویم

غزل ۳۸۰

بارها گفته‌ام و بار دگر می‌گویم
که من دلشده این ره نه به خود می‌پویم
در پس آینه طوطی صفتم داشته‌اند
آن چه استاد ازل گفت بگو می‌گویم
من اگر خارم و گر گل چمن آرایی هست
که از آن دست که او می‌کشدم می‌رویم
دوستان عیب من بی‌دل حیران مکنید
گوهری دارم و صاحب نظری می‌جویم
گر چه با دلق ملمع می گلگون عیب است
مکنم عیب کز او رنگ ریا می‌شویم
خنده و گریه عشاق ز جایی دگر است
می‌سرایم به شب و وقت سحر می‌مویم
حافظم گفت که خاک در میخانه مبوی
گو مکن عیب که من مشک ختن می‌بویم

غزل ۳۸۱

گر چه ما بندگان پادشهیم
پادشاهان ملک صبحگهیم

گنج در آستین و کیسه تهی
جام گیتی نما و خاک رهیم

هوشیار حضور و مست غرور
بحر توحید و غرقه گنهیم

شاهد بخت چون کرشمه کند
ماش آیینه رخ چو مهیم

شاه بیدار بخت را هر شب
ما نگهبان افسر و کلهیم

گو غنیمت شمار صحبت ما
که تو در خواب و ما به دیده گهیم

شاه منصور واقف است که ما
روی همت به هر کجا که نهیم

دشمنان را ز خون کفن سازیم
دوستان را قبای فتح دهیم

رنگ تزویر پیش ما نبود
شیر سرخیم و افعی سیهیم

وام حافظ بگو که بازدهند
کرده‌ای اعتراف و ما گوهیم

غزل ۳۸۲

فاتحه‌ای چو آمدی بر سر خسته‌ای بخوان
لب بگشا که می‌دهد لعل لبت به مرده جان
آن که به پرسش آمد و فاتحه خواند و می‌رود
گو نفسی که روح را می‌کنم از پی اش روان
ای که طبیب خسته‌ای روی زبان من ببین
کاین دم و دود سینه‌ام بار دل است بر زبان
گر چه تب استخوان من کرد ز مهر گرم و رفت
همچو تبم نمی‌رود آتش مهر از استخوان
حال دلم ز خال تو هست در آتشش وطن
چشمم از آن دو چشم تو خسته شده‌ست و ناتوان
بازنشان حرارتم ز آب دو دیده و ببین
نبض مرا که می‌دهد هیچ ز زندگی نشان
آن که مدام شیشه‌ام از پی عیش داده است
شیشه‌ام از چه می‌برد پیش طبیب هر زمان
حافظ از آب زندگی شعر تو داد شربتم
ترک طبیب کن بیا نسخه شربتم بخوان

غزل ۳۸۳

چندان که گفتم غم با طبیبان
درمان نکردند مسکین غریبان
آن گل که هر دم در دست بادیست
گو شرم بادش از عندلیبان
یا رب امان ده تا بازبینند
چشم محبان روی حبیبان
درج محبت بر مهر خود نیست
یا رب مبادا کام رقیبان
ای منعم آخر بر خوان جودت
تا چند باشیم از بی نصیبان
حافظ نگشتی شیدای گیتی
گر می‌شنیدی پند ادیبان

غزل ۳۸۴

می‌سوزم از فراقت روی از جفا بگردان
هجران بلای ما شد یا رب بلا بگردان
مه جلوه می‌نماید بر سبز خنگ گردون
تا او به سر درآید بر رخش پا بگردان
مر غول را برافشان یعنی به رغم سنبل
گرد چمن بخوری همچون صبا بگردان
یغمای عقل و دین را بیرون خرام سرمست
در سر کلاه بشکن در بر قبا بگردان
ای نور چشم مستان در عین انتظارم
چنگ حزین و جامی بنواز یا بگردان
دوران همی‌نویسد بر عارضش خطی خوش
یا رب نوشته بد از یار ما بگردان
حافظ ز خوبرویان بختت جز این قدر نیست
گر نیستت رضایی حکم قضا بگردان

غزل ۳۸۵

یـــا رب آن آهـــوی مشــکین به ختن بازرســان

وان ســهی ســرو خرامــان بــه چمن بازرســان

دل آزرده مــا را بــه نســیمی بنـواز

یعنــی آن جـان ز تــن رفتـه بــه تن بازرسان

مــاه و خورشــید به منــزل چو به امر تو رســند

یـار مــه روی مــرا نیــز بــه مــن بازرســان

دیده‌هـــا در طلــب لعــل یمانــی خــون شــد

یـا رب آن کوکـب رخشـان به یمن بازرسـان

بــرو ای طایـر میمــون همایــون آثـار

پیــش عنقـا سـخن زاغ و زغـن بازرسـان

ســخن این اسـت که ما بی تــو نخواهیم حیات

بشــنو ای پیـک خبرگیــر و ســخن بازرسـان

آن کــه بــودی وطنــش دیـده حافـظ یــا رب

بــه مــرادش ز غریبــی بــه وطـن بازرسـان

غزل ۳۸۶

خدا را کم نشین با خرقه پوشان
رخ از رندان بی‌سامان مپوشان

در این خرقه بسی آلودگی هست
خوشا وقت قبای می فروشان

در این صوفی وشان دردی ندیدم
که صافی باد عیش دردنوشان

تو نازک طبعی و طاقت نیاری
گرانی‌های مشتی دلق پوشان

چو مستم کرده‌ای مستور منشین
چو نوشم داده‌ای زهرم منوشان

بیا و از غبن این سالوسیان بین
صراحی خون دل و بربط خروشان

ز دلگرمی حافظ بر حذر باش
که دارد سینه‌ای چون دیگ جوشان

غزل ۳۸۷

شـــاه شمشـــادقدان خســـرو شـــیرین دهنـــان

کـــه بـه مـــژگان شـــکند قلب همه صف شـــکنان

مســـت بگذشـــت و نظر بر من درویش انداخت

گفت ای چشـــم و چراغ همه شـــیرین ســـخنان

تا کی از ســـیم و زرت کیســـه تهـــی خواهد بود

بنـــده مـــن شـــو و برخـــور ز همـــه ســـیمتنان

کمتـــر از ذره نـــه‌ای پســـت مشـــو مهـــر بـــورز

تـا بـه خلوتگه خورشـــید رســـی چـــرخ زنان

بـــر جهـــان تکیـــه مکـــن ور قدحی مـــی داری

شـــادی زهـــره جبینان خـــور و نـــازک بدنان

پیـر پیمانـــه کـش مـــن کـه روانش خـــوش باد

گفت پرهیـــز کـن از صحبت پیمان شـــکنان

دامن دوســـت به دســـت آر و ز دشـــمن بگسل

مـــرد یـــزدان شـــو و فـــارغ گـــذر از اهرمنان

بـــا صبا در چمـــن لالـــه ســـحر می‌گفتـــم

کـــه شـــهیدان که‌انـــد این همـــه خونیـــن کفنان

گفـت حافـــظ مـــن و تو محـــرم ایـــن راز نه‌ایم

از مـی لعـــل حکایـــت کـــن و شـــیرین دهنـــان

غزل ۳۸۸

بهار و گل طرب انگیز گشت و توبه شکن
به شادی رخ گل بیخ غم ز دل برکن
رسید باد صبا غنچه در هواداری
ز خود برون شد و بر خود درید پیراهن
طریق صدق بیاموز از آب صافی دل
به راستی طلب آزادگی ز سرو چمن
ز دستبرد صبا گرد گل کلاله نگر
شکنج گیسوی سنبل ببین به روی سمن
عروس غنچه رسید از حرم به طالع سعد
به عینه دل و دین می‌برد به وجه حسن
صفیر بلبل شوریده و نفیر هزار
برای وصل گل آمد برون ز بیت حزن
حدیث صحبت خوبان و جام باده بگو
به قول حافظ و فتوی پیر صاحب فن

غزل ۳۸۹

چو گل هر دم به بویت جامه در تن
کنم چاک از گریبان تا به دامن
تنت را دید گل گویی که در باغ
چو مستان جامه را بدرید بر تن
من از دست غمت مشکل برم جان
ولی دل را تو آسان بردی از من
به قول دشمنان برگشتی از دوست
نگردد هیچ کس دوست دشمن
تنت در جامه چون در جام باده
دلت در سینه چون در سیم آهن
ببار ای شمع اشک از چشم خونین
که شد سوز دلت بر خلق روشن
مکن کز سینه‌ام آه جگرسوز
برآید همچو دود از راه روزن
دلم را مشکن و در پا مینداز
که دارد در سر زلف تو مسکن
چو دل در زلف تو بسته‌ست حافظ
بدین سان کار او در پا میفکن

غزل ۳۹۰

افسر سلطان گل پیدا شد از طرف چمن
مقدمش یا رب مبارک باد بر سرو و سمن
خوش به جای خویشتن بود این نشست خسروی
تا نشیند هر کسی اکنون به جای خویشتن
خاتم جم را بشارت ده به حسن خاتمت
کاسم اعظم کرد از او کوتاه دست اهرمن
تا ابد معمور باد این خانه کز خاک درش
هر نفس با بوی رحمان می‌وزد باد یمن
شوکت پور پشنگ و تیغ عالمگیر او
در همه شهنامه‌ها شد داستان انجمن
خنگ چوگانی چرخت رام شد در زیر زین
شهسوارا چون به میدان آمدی گویی بزن
جویبار ملک را آب روان شمشیر توست
تو درخت عدل بنشان بیخ بدخواهان بکن
بعد از این نشکفت اگر با نکهت خلق خوشت
خیزد از صحرای ایذج نافه مشک ختن
گوشه گیران انتظار جلوه خوش می‌کنند
برشکن طرف کلاه و برقع از رخ برفکن
مشورت با عقل کردم گفت حافظ می بنوش
ساقیا می ده به قول مستشار متمن
ای صبا بر ساقی بزم اتابک عرضه دار
تا از آن جام زرافشان جرعه‌ای بخشد به من

غزل ۳۹۱

خوشــتر از فکــر مـی و جام چـه خواهد بودن

تـا ببینـم کـه سـرانجام چـه خواهـد بـودن

غـم دل چنـد تـوان خـورد کـه ایـام نمانـد

گو نــه دل بـاش و نه ایـام چه خواهـد بودن

مـرغ کم حوصله را گو غم خـود خور که بر او

رحــم آن کـس کـه نهـد دام چه خواهـد بودن

بـاده خـور غـم مخـور و پنـد مقلـد منیوش

اعتبـار سـخن عـام چـه خواهـد بـودن

دسـت رنج تو همان به که شـود صـرف به کام

دانـی آخـر کـه بـه نـاکام چـه خواهـد بودن

پیـر میخانـه همی‌خوانـد معمایـی دوش

از خـط جـام کـه فرجـام چـه خواهـد بودن

بـردم از ره دل حافـظ بـه دف و چنگ و غزل

تـا جـزای مـن بدنـام چـه خواهـد بودن

غزل ۳۹۲

دانـــی کـــه چیســـت دولـــت دیـــدار یـــار دیدن

در کـــوی او گدایـــی بـــر خســـروی گزیدن

از جـــان طمـــع بریـــدن آســـان بـــود ولیکـــن

از دوســـتان جانـــی مشـــکل تـــوان بریـــدن

خواهم شـــدن به بســـتان چون غنچه با دل تنگ

وان جـــا بـــه نیـــک نامـــی پیراهنـــی دریـــدن

گـــه چـــون نســـیم بـــا گل راز نهفتـــه گفتـــن

گـــه ســـر عشـــقبازی از بلبـــلان شـــنیدن

بوســـیدن لـــب یـــار اول ز دســـت مگـــذار

کخـــر ملـــول گـــردی از دســـت و لـــب گزیدن

فرصت شـــمار صحبت کـــز این دوراهـــه منزل

چـــون بگذریـــم دیگـــر نتـــوان به هم رســـیدن

گویـــی برفـــت حافـــظ از یـــاد شـــاه یحیـــی

یـــا رب بـــه یـــادش آور درویـــش پروریـــدن

غزل ۳۹۳

منـم کـه شـهره شـهرم بـه عشـق ورزیـدن

منـم کـه دیـده نیالـودم بـه بـد دیـدن

وفـا کنیـم و ملامـت کشـیم و خوش باشیـم

کـه در طریقـت مـا کافریسـت رنجیـدن

بـه پیـر میکـده گفتـم کـه چیسـت راه نجات

بخواسـت جـام مـی و گفـت عیب پوشیـدن

مـراد دل ز تماشـای بـاغ عالـم چیسـت

بـه دسـت مـردم چشـم از رخ تـو گـل چیدن

بـه مـی پرسـتی از آن نقـش خـود زدم بر آب

کـه تـا خـراب کنـم نقـش خـود پرسـتیدن

بـه رحمـت سـر زلـف تـو واثقـم ور نـه

کشـش چـو نبـود از آن سـو چـه سـود کوشیدن

عنـان بـه میکـده خواهیـم تافت زیـن مجلس

کـه وعـظ بـی عمـلان واجب اسـت نشـنیدن

ز خـط یـار بیامـوز مهـر بـا رخ خـوب

کـه گـرد عـارض خوبان خوش اسـت گردیدن

مبـوس جـز لـب سـاقی و جـام مـی حافظ

کـه دسـت زهدفروشـان خطاسـت بوسـیدن

غزل ۳۹۴

ای روی ماه منظر تو نوبهار حسن
خال و خط تو مرکز حسن و مدار حسن
در چشم پرخمار تو پنهان فسون سحر
در زلف بی‌قرار تو پیدا قرار حسن
ماهی نتافت همچو تو از برج نیکویی
سروی نخاست چون قدت از جویبار حسن
خرم شد از ملاحت تو عهد دلبری
فرخ شد از لطافت تو روزگار حسن
از دام زلف و دانه خال تو در جهان
یک مرغ دل نماند نگشته شکار حسن
دایم به لطف دایه طبع از میان جان
می‌پرورد به ناز تو را در کنار حسن
گرد لبت بنفشه از آن تازه و تر است
کب حیات می‌خورد از جویبار حسن
حافظ طمع برید که بیند نظیر تو
دیار نیست جز رخت اندر دیار حسن

غزل ۳۹۵

گلبـرگ را ز سنبل مشکین نقـاب کـن
یعنـی کـه رخ بپـوش و جهانـی خـراب کن

بفشـان عـرق ز چهـره و اطـراف بـاغ را
چـون شیشـه‌های دیـده مـا پـرگلاب کـن

ایـام گل چـو عمـر بـه رفتـن شتـاب کرد
سـاقی بـه دور بـاده گلگـون شتـاب کـن

بگشـا بـه شیـوه نرگس پرخـواب مسـت را
و از رشـک چشـم نرگس رعنا بـه خواب کن

بـوی بنفشـه بشنـو و زلـف نـگار گیـر
بنگـر بـه رنـگ لالـه و عـزم شـراب کن

زان جا که رسـم و عادت عاشق‌کشـی توست
بـا دشـمنان قـدح کـش و بـا مـا عتـاب کن

همچـون حبـاب دیـده بـه روی قدح گشـای
ویـن خانـه را قیـاس اسـاس از حبـاب کن

حافـظ وصـال می‌طلبـد از ره دعـا
یـا رب دعـای خسـته دلان مستجاب کـن

غزل ۳۹۶

صبح است ساقیا قدحی پرشراب کن
دور فلک درنگ ندارد شتاب کن
زان پیشتر که عالم فانی شود خراب
ما را ز جام باده گلگون خراب کن
خورشید می ز مشرق ساغر طلوع کرد
گر برگ عیش می‌طلبی ترک خواب کن
روزی که چرخ از گل ما کوزه‌ها کند
زنهار کاسه سر ما پرشراب کن
ما مرد زهد و توبه و طامات نیستیم
با ما به جام باده صافی خطاب کن
کار صواب باده پرستیست حافظا
برخیز و عزم جزم به کار صواب کن

غزل ۳۹۷

ز در درآ و شبستان ما منور کن

هوای مجلس روحانیان معطر کن

اگر فقیه نصیحت کند که عشق مباز

پیاله‌ای بدهش گو دماغ را تر کن

به چشم و ابروی جانان سپرده‌ام دل و جان

بیا بیا و تماشای طاق و منظر کن

ستاره شب هجران نمی‌فشاند نور

به بام قصر برآ و چراغ مه برکن

بگو به خازن جنت که خاک این مجلس

به تحفه بر سوی فردوس و عود مجمر کن

از این مزوجه و خرقه نیک در تنگم

به یک کرشمه صوفی وشم قلندر کن

چو شاهدان چمن زیردست حسن تواند

کرشمه بر سمن و جلوه بر صنوبر کن

فضول نفس حکایت بسی کند ساقی

تو کار خود مده از دست و می به ساغر کن

حجاب دیده ادراک شد شعاع جمال

بیا و خرگه خورشید را منور کن

طمع به قند وصال تو حد ما نبود

حوالتم به لب لعل همچو شکر کن

لب پیاله ببوس آنگهی به مستان ده

بدین دقیقه دماغ معاشران تر کن

پس از ملازمت عیش و عشق مه رویان

ز کارها که کنی شعر حافظ از بر کن

غزل ۳۹۸

ای نور چشم من سخنی هست گوش کن
چون ساغرت پر است بنوشان و نوش کن
در راه عشق وسوسه اهرمن بسیست
پیش آی و گوش دل به پیام سروش کن
برگ نوا تبه شد و ساز طرب نماند
ای چنگ ناله برکش و ای دف خروش کن
تسبیح و خرقه لذت مستی نبخشدت
همت در این عمل طلب از می فروش کن
پیران سخن ز تجربه گویند گفتمت
هان ای پسر که پیر شوی پند گوش کن
بر هوشمند سلسله ننهاد دست عشق
خواهی که زلف یار کشی ترک هوش کن
با دوستان مضایقه در عمر و مال نیست
صد جان فدای یار نصیحت نیوش کن
ساقی که جامت از می صافی تهی مباد
چشم عنایتی به من دردنوش کن
سرمست در قبای زرافشان چو بگذری
یک بوسه نذر حافظ پشمینه پوش کن

غزل ۳۹۹

کرشمه‌ای کن و بازار ساحری بشکن
به غمزه رونق و ناموس سامری بشکن
به باد ده سر و دستار عالمی یعنی
کلاه گوشه به آیین سروری بشکن
به زلف گوی که آیین دلبری بگذار
به غمزه گوی که قلب ستمگری بشکن
برون خرام و ببر گوی خوبی از همه کس
سزای حور بده رونق پری بشکن
به آهوان نظر شیر آفتاب بگیر
به ابروان دوتا قوس مشتری بشکن
چو عطرسای شود زلف سنبل از دم باد
تو قیمتش به سر زلف عنبری بشکن
چو عندلیب فصاحت فروشد ای حافظ
تو قدر او به سخن گفتن دری بشکن

غزل ۴۰۰

بالابلنـد عشـوه گـر نقـش بـاز مـن
کوتـاه کـرد قصـه زهـد دراز مـن

دیـدی دلا کـه آخـر پیـری و زهـد و علـم
بـا مـن چـه کـرد دیـده معشـوقه بـاز مـن

می‌ترسم از خرابـی ایمـان کـه می‌بـرد
محـراب ابـروی تـو حضـور نمـاز مـن

گفتـم بـه دلـق زرق بپوشـم نشـان عشـق
غمـاز بـود اشـک و عیـان کـرد راز مـن

مسـت اسـت یـار و یـاد حریفـان نمی‌کنـد
ذکرش بـه خیـر سـاقی مسـکین نـواز مـن

یـا رب کـی آن صبـا بـوزد کـز نسـیم آن
گـردد شمـامه کرمـش کارسـاز مـن

نقشـی بـر آب می‌زنـم از گریـه حالیـا
تـا کـی شـود قریـن حقیقـت مجـاز مـن

بر خـود چو شـمع خنـده زنان گریـه می‌کنم
تـا بـا تو سـنگ دل چه کند سـوز و سـاز من

زاهـد چـو از نمـاز تـو کاری نمـی‌رود
هـم مسـتی شـبانه و راز و نیـاز مـن

حافـظ ز گریـه سـوخت بگو حالـش ای صبا
بـا شـاه دوسـت پـرور دشـمن گـداز مـن

غزل ۴۰۱

چون شوم خاک رهش دامن بیفشاند ز من
ور بگویم دل بگردان رو بگرداند ز من
روی رنگین را به هر کس می‌نماید همچو گل
ور بگویم بازپوشان بازپوشاند ز من
چشم خود را گفتم آخر یک نظر سیرش ببین
گفت می‌خواهی مگر تا جوی خون راند ز من
او به خونم تشنه و من بر لبش تا چون شود
کام بستانم از او یا داد بستاند ز من
گر چو فرهادم به تلخی جان برآید باک نیست
بس حکایت‌های شیرین باز می‌ماند ز من
گر چو شمعش پیش میرم بر غمم خندان شود
ور برنجم خاطر نازک برنجاند ز من
دوستان جان داده‌ام بهر دهانش بنگرید
کو به چیزی مختصر چون باز می‌ماند ز من
صبر کن حافظ که گر زین دست باشد درس غم
عشق در هر گوشه‌ای افسانه‌ای خواند ز من

غزل ۴۰۲

نکته‌ای دلکش بگویم خال آن مه رو ببین
عقل و جان را بسته زنجیر آن گیسو ببین
عیب دل کردم که وحشی وضع و هرجایی مباش
گفت چشم شیرگیر و غنج آن آهو ببین
حلقه زلفش تماشاخانه باد صباست
جان صد صاحب دل آن جا بسته یک مو ببین
عابدان آفتاب از دلبر ما غافلند
ای ملامتگو خدا را رو مبین آن رو ببین
زلف دل دزدش صبا را بند بر گردن نهاد
با هواداران ره رو حیله هندو ببین
این که من در جست و جوی او ز خود فارغ شدم
کس ندیده‌ست و نبیند مثلش از هر سو ببین
حافظ ار در گوشه محراب می‌نالد رواست
ای نصیحتگو خدا را آن خم ابرو ببین
از مراد شاه منصور ای فلک سر برمتاب
تیزی شمشیر بنگر قوت بازو ببین

غزل ۴۰۳

شـراب لعـل کـش و روی مـه جبینـان بین
خـلاف مذهـب آنـان جمـال اینـان بیـن

بـه زیـر دلـق ملمـع کمندهـا دارنـد
درازدسـتی ایـن کوتـه آسـتینان بین

بـه خرمـن دو جهـان سـر فـرو نمی‌آرنـد
دمـاغ و کبـر گدایـان و خوشـه چینان بین

بهـای نیـم کرشـمه هـزار جـان طلبنـد
نیـاز اهـل دل و نـاز نازنینـان بین

حقـوق صحبـت مـا را بـه بـاد داد و برفـت
وفـای صحبـت یـاران و همنشـینان بین

اسـیر عشـق شـدن چـاره خلاص من اسـت
ضمیـر عاقبـت اندیـش پیـش بینـان بین

کـدورت از دل حافـظ بـبـرد صحبت دوسـت
صفـای همـت پـاکان و پاکدینـان بین

غزل ۴۰۴

می‌فکـن بر صـف رنـدان نظـری بهتـر از ایـن

بـر در میکـده مـی کـن گـذری بهتـر از ایـن

در حـق مـن لبت ایـن لطـف کـه می‌فرماید

سـخت خوب اسـت ولیکن قدری بهتر از ایـن

آن کـه فکـرش گـره از کار جهـان بگشـاید

گـو در ایـن کار بفرمـا نظـری بهتر از ایـن

ناصحـم گفت که جـز غم چه هنر دارد عشـق

بـرو ای خواجـه عاقـل هنـری بهتر از ایـن

دل بـدان رود گرامـی چـه کنـم گـر ندهـم

مـادر دهـر نـدارد پسـری بهتر از ایـن

مـن چو گویم که قدح نوش و لب سـاقی بوس

بشـنو از مـن کـه نگوید دگـری بهتـر از ایـن

کلـک حافظ شکرین میـوه نباتیسـت به چین

کـه در ایـن بـاغ نبینـی ثمـری بهتـر از ایـن

غزل ۴۰۵

به جان پیر خرابات و حق صحبت او
که نیست در سر من جز هوای خدمت او
بهشت اگر چه نه جای گناهکاران است
بیار باده که مستظهرم به همت او
چراغ صاعقه آن سحاب روشن باد
که زد به خرمن ما آتش محبت او
بر آستانه میخانه گر سری بینی
مزن به پای که معلوم نیست نیت او
بیا که دوش به مستی سروش عالم غیب
نوید داد که عام است فیض رحمت او
مکن به چشم حقارت نگاه در من مست
که نیست معصیت و زهد بی مشیت او
نمی‌کند دل من میل زهد و توبه ولی
به نام خواجه بکوشیم و فر دولت او
مدام خرقه حافظ به باده در گرو است
مگر ز خاک خرابات بود فطرت او

غزل ۴۰۶

گفتا برون شدی به تماشای ماه نو
از ماه ابروان منت شرم باد رو
عمریست تا دلت ز اسیران زلف ماست
غافل ز حفظ جانب یاران خود مشو
مفروش عطر عقل به هندوی زلف ما
کان جا هزار نافه مشکین به نیم جو
تخم وفا و مهر در این کهنه کشته زار
آن گه عیان شود که بود موسم درو
ساقی بیار باده که رمزی بگویمت
از سر اختران کهن سیر و ماه نو
شکل هلال هر سر مه می‌دهد نشان
از افسر سیامک و ترک کلاه زو
حافظ جناب پیر مغان مامن وفاست
درس حدیث عشق بر او خوان و ز او شنو

غزل ۴۰۷

مـزرع سـبز فلـک دیـدم و داس مـه نـو
یـادم از کشـته خویـش آمـد و هنـگام درو
گفتـم ای بخـت بخفتیـدی و خورشـید دمید
گفـت بـا ایـن همـه از سـابقه نومیـد مشـو
گـر روی پـاک و مجرد چو مسـیحا بـه فلک
از چـراغ تـو بـه خورشـید رسـد صـد پرتو
تکیـه بـر اختـر شـب دزد مکـن کایـن عیار
تـاج کاووس ببـرد و کمـر کیخسـرو
گوشـوار زر و لعـل ار چـه گـران دارد گوش
دور خوبـی گـذران اسـت نصیحـت بشـنو
چشـم بد دور ز خـال تو که در عرصه حسـن
بیدقـی رانـد که بـرد از مـه و خورشـید گرو
آسـمان گو مفـروش این عظمت کاندر عشـق
خرمن مـه به جوی خوشـه پروین بـه دو جو
آتـش زهد و ریـا خرمن دین خواهد سـوخت
حافـظ ایـن خرقـه پشـمینه بینـداز و بـرو

غزل ۴۰۸

ای آفتاب آینه دار جمال تو
مشک سیاه مجمره گردان خال تو
صحن سرای دیده بشستم ولی چه سود
کاین گوشه نیست درخور خیل خیال تو
در اوج ناز و نعمتی ای پادشاه حسن
یا رب مباد تا به قیامت زوال تو
مطبوعتر ز نقش تو صورت نبست باز
طغرانویس ابروی مشکین مثال تو
در چین زلفش ای دل مسکین چگونه‌ای
کشفته گفت باد صبا شرح حال تو
برخاست بوی گل ز در آشتی درآی
ای نوبهار ما رخ فرخنده فال تو
تا آسمان ز حلقه به گوشان ما شود
کو عشوه‌ای ز ابروی همچون هلال تو
تا پیش بخت بازروم تهنیت کنان
کو مژده‌ای ز مقدم عید وصال تو
این نقطه سیاه که آمد مدار نور
عکسیست در حدیقه بینش ز خال تو
در پیش شاه عرض کدامین جفا کنم
شرح نیازمندی خود یا ملال تو
حافظ در این کمند سر سرکشان بسیست
سودای کج مپز که نباشد مجال تو

زل ۴۰۹

ای خونبهای نافه چین خاک راه تو
خورشید سایه پرور طرف کلاه تو
نرگس کرشمه می‌برد از حد برون خرام
ای من فدای شیوه چشم سیاه تو
خونم بخور که هیچ ملک با چنان جمال
از دل نیایدش که نویسد گناه تو
آرام و خواب خلق جهان را سبب تویی
زان شد کنار دیده و دل تکیه گاه تو
با هر ستاره‌ای سر و کار است هر شبم
از حسرت فروغ رخ همچو ماه تو
یاران همنشین همه از هم جدا شدند
ماییم و آستانه دولت پناه تو
حافظ طمع مبر ز عنایت که عاقبت
آتش زند به خرمن غم دود آه تو

غزل ۴۱۰

ای قبـای پادشـاهی راسـت بـر بـالای تـو

زینـت تـاج و نگیـن از گوهـر والای تـو

آفتـاب فتـح را هـر دم طلوعـی می‌دهـد

از کلاه خسـروی رخسـار مـه سـیمای تـو

جلـوه گاه طایـر اقبـال باشـد هـر کجـا

سـایه‌اندازد همـای چتـر گـردون سـای تـو

از رسـوم شـرع و حکمت با هـزاران اختلاف

نکتـه‌ای هرگـز نشـد فـوت از دل دانـای تـو

آب حیوانـش ز منقـار بلاغـت می‌چکـد

طوطی خـوش لهجه یعنی کلک شـکرخای تو

گر چه خورشـید فلک چشم و چراغ عالم است

روشـنایی بخش چشـم اوسـت خـاک پای تو

آن چه اسـکندر طلـب کرد و نـدادش روزگار

جرعـه‌ای بـود از زلال جـام جـان افـزای تو

عرض حاجت در حریم حضرتت محتاج نیست

راز کـس مخفی نمانـد بـا فـروغ رای تـو

خسـروا پیرانـه سـر حافـظ جوانـی می‌کنـد

بـر امیـد عفـو جان بخـش گنـه فرسـای تو

غزل ۴۱۱

تـاب بنفشـه مـی‌دهـد طـره مشـک سـای تو

پـرده غنچـه مـی‌درد خنـده دلگشـای تـو

ای گل خوش نسـیم من بلبل خویش را مسوز

کز سـر صدق می‌کند شـب همه شب دعای تو

مـن کـه ملـول گشـتمی از نفـس فرشـتگان

قـال و مقـال عالمـی می‌کشـم از بـرای تـو

دولت عشـق بین که چون از سـر فقر و افتخار

گوشـه تـاج سـلطنت می‌شـکند گـدای تـو

خرقـه زهد و جام می گر چه نـه درخور همند

ایـن همـه نقـش می‌زنـم از جهت رضـای تو

شـور شـراب عشـق تو آن نفسـم رود ز سر

کاین سـر پرهوس شـود خـاک در سـرای تو

شاهنشـین چشـم من تکیـه گه خیال توسـت

جـای دعاسـت شـاه من بـی تو مبـاد جای تو

خوش چمنیست عارضت خاصه که در بهار حسن

حافـظ خوش کلام شـد مـرغ سخنسـرای تو

غزل ۴۱۲

مرا چشمیست خون افشان ز دست آن کمان ابرو
جهان بس فتنه خواهد دید از آن چشم و از آن ابرو
غلام چشـــم آن ترکم که در خواب خوش مستی
نگارین گلشنش روی است و مشکین سایبان ابرو
هلالی شـــد تنم زین غم که با طغـــرای ابرویش
کـــه باشـــد مه کـــه بنماید ز طـــاق آســـمان ابرو
رقیبان غافل و ما را از آن چشـــم و جبین هر دم
هزاران گونه پیغام اســـت و حاجب در میان ابرو
روان گوشـــه گیران را جبینش طرفه گلزاریست
که بر طرف ســـمن زارش همی‌گردد چمان ابرو
دگر حور و پری را کس نگوید با چنین حســـنی
که این را این چنین چشم است و آن را آن چنان ابرو
تـــو کافردل نمی‌بنـــدی نقاب زلف و می‌ترســـم
کـــه محرابـــم بگردانـــد خـــم آن دلســـتان ابـــرو
اگـــر چه مـــرغ زیرک بـــود حافظ در هـــواداری
به تیر غمـــزه صیدش کرد چشـــم آن کمان ابرو

غزل ۴۱۳

خط عذار یار که بگرفت ماه از او
خوش حلقه‌ایست لیک به در نیست راه از او
ابروی دوست گوشه محراب دولت است
آن جا بمال چهره و حاجت بخواه از او
ای جرعه نوش مجلس جم سینه پاک دار
کیینه‌ایست جام جهان بین که آه از او
کردار اهل صومعه‌ام کرد می پرست
این دود بین که نامه من شد سیاه از او
سلطان غم هر آن چه تواند بگو بکن
من برده‌ام به باده فروشان پناه از او
ساقی چراغ می به ره آفتاب دار
گو برفروز مشعله صبحگاه از او
آبی به روزنامه اعمال ما فشان
باشد توان سترد حروف گناه از او
حافظ که ساز مطرب عشاق ساز کرد
خالی مباد عرصه این بزمگاه از او
آیا در این خیال که دارد گدای شهر
روزی بود که یاد کند پادشاه از او

غزل ۴۱۴

گلبن عیش می‌دمد ساقی گلعذار کو
باد بهار می‌وزد باده خوشگوار کو
هر گل نو ز گلرخی یاد همی‌کند ولی
گوش سخن شنو کجا دیده اعتبار کو
مجلس بزم عیش را غالیه مراد نیست
ای دم صبح خوش نفس نافه زلف یار کو
حسن فروشی گلم نیست تحمل ای صبا
دست زدم به خون دل بهر خدا نگار کو
شمع سحرگهی اگر لاف ز عارض تو زد
خصم زبان دراز شد خنجر آبدار کو
گفت مگر ز لعل من بوسه نداری آرزو
مردم از این هوس ولی قدرت و اختیار کو
حافظ اگر چه در سخن خازن گنج حکمت است
از غم روزگار دون طبع سخن گزار کو

غزل ۴۱۵

ای پیک راستان خبر یار ما بگو
احوال گل به بلبل دستان سرا بگو
ما محرمان خلوت انسیم غم مخور
با یار آشنا سخن آشنا بگو
برهم چو می‌زد آن سر زلفین مشکبار
با ما سر چه داشت ز بهر خدا بگو
هر کس که گفت خاک در دوست توتیاست
گو این سخن معاینه در چشم ما بگو
آن کس که منع ما ز خرابات می‌کند
گو در حضور پیر من این ماجرا بگو
گر دیگرت بر آن در دولت گذر بود
بعد از ادای خدمت و عرض دعا بگو
هر چند ما بدیم تو ما را بدان مگیر
شاهانه ماجرای گناه گدا بگو
بر این فقیر نامه آن محتشم بخوان
با این گدا حکایت آن پادشا بگو
جان‌ها ز دام زلف چو بر خاک می‌فشاند
بر آن غریب ما چه گذشت ای صبا بگو
جان پرور است قصه ارباب معرفت
رمزی برو بپرس حدیثی بیا بگو
حافظ گرت به مجلس او راه می‌دهند
می نوش و ترک زرق ز بهر خدا بگو

غزل ۴۱۶

خنک نسیم معنبر شمامه‌ای دلخواه
که در هوای تو برخاست بامداد پگاه
دلیل راه شو ای طایر خجسته لقا
که دیده آب شد از شوق خاک آن درگاه
به یاد شخص نزارم که غرق خون دل است
هلال را ز کنار افق کنید نگاه
منم که بی تو نفس می‌کشم زهی خجلت
مگر تو عفو کنی ور نه چیست عذر گناه
ز دوستان تو آموخت در طریقت مهر
سپیده دم که صبا چاک زد شعار سیاه
به عشق روی تو روزی که از جهان بروم
ز تربتم بدمد سرخ گل به جای گیاه
مده به خاطر نازک ملالت از من زود
که حافظ تو خود این لحظه گفت بسم الله

غزل ۴۱۷

عیشم مدام است از لعل دلخواه
کارم به کام است الحمدلله
ای بخت سرکش تنگش به بر کش
گه جام زر کش گه لعل دلخواه
ما را به رندی افسانه کردند
پیران جاهل شیخان گمراه
از دست زاهد کردیم توبه
و از فعل عابد استغفرالله
جانا چه گویم شرح فراقت
چشمی و صد نم جانی و صد آه
کافر مبیناد این غم که دیده‌ست
از قامتت سرو از عارضت ماه
شوق لبت برد از یاد حافظ
درس شبانه ورد سحرگاه

غزل ۴۱۸

گر تیغ بارد در کوی آن ماه

گردن نهادیم الحکم لله

آیین تقوا ما نیز دانیم

لیکن چه چاره با بخت گمراه

ما شیخ و واعظ کمتر شناسیم

یا جام باده یا قصه کوتاه

من رند و عاشق در موسم گل

آن گاه توبه استغفرالله

مهر تو عکسی بر ما نیفکند

آیینه رویا آه از دلت آه

الصبر مر و العمر فان

یا لیت شعری حتام القاه

حافظ چه نالی گر وصل خواهی

خون بایدت خورد در گاه و بیگاه

غزل ۴۱۹

وصــال او ز عمــر جــاودان بــه

خداونــدا مــرا آن ده کــه آن بــه

بــه شمشــیرم زد و بــا کــس نگفتــم

کــه راز دوســت از دشــمن نهان بــه

بــه داغ بندگــی مــردن بــر ایــن در

بــه جــان او کــه از ملــک جهان بــه

خــدا را از طبیــب مــن بپرسید

کــه آخــر کــی شــود ایــن ناتــوان بــه

گلــی کان پایمــال ســرو ما گشت

بــود خاکــش ز خــون ارغــوان بــه

بــه خلــدم دعــوت ای زاهــد مفرما

کــه ایــن ســیب زنــخ زان بوستان بــه

دلا دایــم گــدای کــوی او بــاش

بــه حکــم آن کــه دولــت جاودان بــه

جوانــا ســر متــاب از پنــد پیــران

کــه رای پیــر از بخــت جــوان بــه

شــبی می‌گفــت چشــم کــس ندیده‌ست

ز مرواریــد گوشــم در جهان بــه

اگــر چــه زنــده رود آب حیــات است

ولــی شــیراز مــا از اصفهان بــه

سخن انــدر دهــان دوســت شــکر

ولیکــن گفتــه حافــظ از آن بــه

غزل ۴۲۰

ناگهـان پـرده برانداختـه‌ای یعنـی چـه

مسـت از خانـه بـرون تاختـه‌ای یعنـی چـه

زلـف در دسـت صبا گـوش به فرمـان رقیب

ایـن چنیـن بـا همـه درسـاختـه‌ای یعنـی چـه

شـاه خوبانـی و منظـور گدایـان شـده‌ای

قـدر ایـن مرتبـه نشـناختـه‌ای یعنـی چـه

نـه سـر زلـف خـود اول تو بـه دسـتم دادی

بـازم از پـای درانداختـه‌ای یعنـی چـه

سـخنت رمـز دهـان گفـت و کمر سـر میان

و از میـان تیـغ بـه مـا آختـه‌ای یعنـی چـه

هـر کـس از مهـره مهر تو به نقشـی مشـغول

عاقبت بـا همـه کـج باختـه‌ای یعنـی چـه

حافظـا در دل تنگـت چـو فـرود آمـد یـار

خانـه از غیـر نپرداختـه‌ای یعنـی چـه

غزل ۴۲۱

در سرای مغان رفته بود و آب زده
نشسته پیر و صلایی به شیخ و شاب زده
بوکشان همه در بندگیش بسته کمر
ولی ز ترک کله چتر بر سحاب زده
عاع جام و قدح نور ماه پوشیده
عذار مغبچگان راه آفتاب زده
روس بخت در آن حجله با هزاران ناز
شکسته کسمه و بر برگ گل گلاب زده
گرفته ساغر عشرت فرشته رحمت
ز جرعه بر رخ حور و پری گلاب زده
ز شور و عربده شاهدان شیرین کار
شکر شکسته سمن ریخته رباب زده
سلام کردم و با من به روی خندان گفت
که ای خمارکش مفلس شراب زده
که این کند که تو کردی به ضعف همت و رای
ز گنج خانه شده خیمه بر خراب زده
وصال دولت بیدار ترسمت ندهند
که خفته‌ای تو در آغوش بخت خواب زده
بیا به میکده حافظ که بر تو عرضه کنم
هزار صف ز دعاهای مستجاب زده
فلک جنیبه کش شاه نصره الدین است
بیا ببین ملکش دست در رکاب زده
خرد که ملهم غیب است بهر کسب شرف
ز بام عرش صدش بوسه بر جناب زده

غزل ۴۲۲

ای کـه بـا سلسـله زلـف دراز آمـده‌ای
فرصتـت بـاد کـه دیوانـه نـواز آمـده‌ای
سـاعتی نـاز مفرمـا و بگـردان عـادت
چـون بـه پرسـیدن اربـاب نیـاز آمـده‌ای
پیش بالای تو میـرم چه به صلح و چه به جنگ
چـون بـه هـر حـال برازنـده نـاز آمـده‌ای
آب و آتـش بـه هـم آمیختـه‌ای از لـب لعـل
چشـم بـد دور کـه بـس شـعبده بازآمـده‌ای
آفریـن بـر دل نـرم تـو کـه از بهـر ثـواب
کشـته غمـزه خـود را بـه نمـاز آمـده‌ای
زهـد من با تـو چه سـنجد که به یغمـای دلم
مسـت و آشـفته بـه خلوتگـه راز آمـده‌ای
گفت حافـظ دگرت خرقه شـراب آلوده‌سـت
مگـر از مذهـب ایـن طایفـه بازآمـده‌ای

غزل ۴۲۳

دوش رفتم به در میکده خواب آلوده
خرقه تردامن و سجاده شراب آلوده
آمد افسوس کنان مغبچه باده فروش
گفت بیدار شو ای ره رو خواب آلوده
شست و شویی کن و آن گه به خرابات خرام
تا نگردد ز تو این دیر خراب آلوده
به هوای لب شیرین پسران چند کنی
جوهر روح به یاقوت مذاب آلوده
به طهارت گذران منزل پیری و مکن
خلعت شیب چو تشریف شباب آلوده
پاک و صافی شو و از چاه طبیعت به درآی
که صفایی ندهد آب تراب آلوده
گفتم ای جان جهان دفتر گل عیبی نیست
که شود فصل بهار از می ناب آلوده
آشنایان ره عشق در این بحر عمیق
غرقه گشتند و نگشتند به آب آلوده
گفت حافظ لغز و نکته به یاران مفروش
آه از این لطف به انواع عتاب آلوده

غزل ۴۲۴

از مــن جــدا مشــو کــه تــوام نــور دیــدهای

آرام جــان و مونــس قلــب رمیــدهای

از دامــن تــو دســت ندارنــد عاشــقان

پیراهــن صبــوری ایشــان دریــدهای

از چشــم بخت خویــش مبادت گزنــد از آنک

در دلبــری بــه غایــت خوبــی رســیدهای

منعــم مکــن ز عشــق وی ای مفتــی زمــان

معــذور دارمــت کــه تــو او را ندیــدهای

آن ســرزنش کــه کــرد تــو را دوســت حافظا

بیــش از گلیــم خویــش مگــر پــا کشــیدهای

غزل ۴۲۵

دامـن کشـان همی‌شـد در شـرب زرکشـیده
صـد مـاه رو ز رشـکش جیب قصـب دریده
از تـاب آتـش مـی بر گـرد عارضـش خوی
چـون قطره‌هـای شـبنم بـر بـرگ گل چکیده
لفظـی فصیـح شـیرین قـدی بلنـد چابـک
رویـی لطیـف زیبـا چشـمی خوش کشـیده
یاقـوت جـان فزایـش از آب لطـف زاده
شمشـاد خـوش خرامـش در نـاز پروریـده
آن لعـل دلکشـش بیـن وان خنده دل آشـوب
وان رفتـن خوشـش بیـن وان گام آرمیـده
آن آهـوی سـیه چشـم از دام مـا بـرون شـد
یـاران چـه چـاره سـازم بـا ایـن دل رمیـده
زنهـار تـا توانـی اهـل نظـر میـازار
دنیـا وفـا نـدارد ای نـور هـر دو دیـده
تـا کـی کشـم عتیبـت از چشـم دلفریبـت
روزی کرشـمه‌ای کـن ای یـار برگزیـده
گـر خاطـر شـریفت رنجیـده شـد ز حافـظ
بـازآ کـه توبـه کردیـم از گفتـه و شـنیده
بـس شـکر بازگویـم در بندگـی خواجـه
گـر اوفتـد بـه دسـتم آن میـوه رسـیده

غزل ۴۲۶

از خــون دل نوشـتـم نزدیـک دوسـت نامــه

انــی رایــت دهــرا مــن هجـرک القیامــه

دارم مــن از فراقـش در دیـده صـد علامـت

لیسـت دمــوع عیـنـی هــذا لنـا العلامــه

هــر چنـد کزمـودم از وی نبـود سـودم

مــن جــرب المجـرب حلـت بـه النـدامـه

پرسـیدم از طبیبـی احـوال دوسـت گفتـا

فـی بعدهـا عـذاب فـی قربهـا الســلامه

گفتــم ملامـت آیـد گـر گـرد دوسـت گردم

و الله مـا راینـا حبـا بـلا ملامـه

حافـظ چـو طالب آمـد جامی به جان شـیرین

حتـی یـذوق منــه کاسـا مــن الکرامــه

غزل ۴۲۷

چـراغ روی تـو را شـمع گشـت پروانـه

مـرا ز حـال تـو بـا حـال خویـش پـروا نـه

خـرد کـه قیـد مجانیـن عشـق می‌فرمـود

بـه بـوی سنبل زلـف تـو گشـت دیوانـه

بـه بوی زلف تـو گر جان به باد رفت چه شـد

هـزار جـان گرامـی فـدای جانانـه

مـن رمیـده ز غیـرت ز پـا فتـادم دوش

نـگار خویـش چـو دیـدم بـه دسـت بیگانـه

چه نقشـه‌ها کـه برانگیختیم و سـود نداشت

فسـون مـا بـر او گشـته اسـت افسـانه

بـر آتـش رخ زیبـای او بـه جـای سـپند

بـه غیـر خـال سـیاهش کـه دیـد بـه دانـه

بـه مـژده جـان به صبا داد شـمع در نفسـی

ز شـمع روی تـواش چـون رسـید پروانـه

مـرا بـه دور لـب دوسـت هسـت پیمانـی

کـه بـر زبـان نبـرم جـز حدیـث پیمانـه

حدیـث مدرسـه و خانقـه مگـوی کـه بـاز

فتـاد در سـر حافـظ هـوای میخانـه

غزل ۴۲۸

سحرگاهان که مخمور شبانه
گرفتم باده با چنگ و چغانه
نهادم عقل را ره توشه از می
ز شهر هستیش کردم روانه
نگار می فروشم عشوه‌ای داد
که ایمن گشتم از مکر زمانه
ز ساقی کمان ابرو شنیدم
که ای تیر ملامت را نشانه
نبندی زان میان طرفی کمروار
اگر خود را ببینی در میانه
برو این دام بر مرغی دگر نه
که عنقا را بلند است آشیانه
که بندد طرف وصل از حسن شاهی
که با خود عشق بازد جاودانه
ندیم و مطرب و ساقی همه اوست
خیال آب و گل در ره بهانه
بده کشتی می تا خوش برانیم
از این دریای ناپیداکرانه
وجود ما معماییست حافظ
که تحقیقش فسون است و فسانه

غزل ۴۲۹

ساقی بیا که شد قدح لاله پر ز می
طامات تا به چند و خرافات تا به کی
بگذر ز کبر و ناز که دیده‌ست روزگار
چین قبای قیصر و طرف کلاه کی
هشیار شو که مرغ چمن مست گشت هان
بیدار شو که خواب عدم در پی است هی
خوش نازکانه می‌چمی ای شاخ نوبهار
کشفتگی مبادت از آشوب باد دی
بر مهر چرخ و شیوه او اعتماد نیست
ای وای بر کسی که شد ایمن ز مکر وی
فردا شراب کوثر و حور از برای ماست
و امروز نیز ساقی مه روی و جام می
باد صبا ز عهد صبی یاد می‌دهد
جان دارویی که غم ببرد درده ای صبی
حشمت مبین و سلطنت گل که بسپرد
فراش باد هر ورقش را به زیر پی
درده به یاد حاتم طی جام یک منی
تا نامه سیاه بخیلان کنیم طی
زان می که داد حسن و لطافت به ارغوان
بیرون فکند لطف مزاج از رخش به خوی
مسند به باغ بر که به خدمت چو بندگان
استاده است سرو و کمر بسته است نی
حافظ حدیث سحرفریب خوشت رسید
تا حد مصر و چین و به اطراف روم و ری

غزل ۴۳۰

به صوت بلبل و قمری اگر ننوشی می
علاج کی کنمت آخرالدواء الکی
ذخیره‌ای بنه از رنگ و بوی فصل بهار
که می‌رسند ز پی رهزنان بهمن و دی
چو گل نقاب برافکند و مرغ زد هوهو
منه ز دست پیاله چه می‌کنی هی هی
شکوه سلطنت و حسن کی ثباتی داد
ز تخت جم سخنی مانده است و افسر کی
خزینه داری میراث خوارگان کفر است
به قول مطرب و ساقی به فتوی دف و نی
زمانه هیچ نبخشد که بازنستاند
مجو ز سفله مروت که شیه لا شی
نوشته‌اند بر ایوان جنه الماوی
که هر که عشوه دنیی خرید وای به وی
سخا نماند سخن طی کنم شراب کجاست
بده به شادی روح و روان حاتم طی
بخیل بوی خدا نشنود بیا حافظ
پیاله گیر و کرم ورز و الضمان علی

غزل ۴۳۱

لبــش مـیبوسـم و در مـیکشـم مـی

بــه آب زندگانـی بـردهام پـی

نــه رازش مـیتوانـم گفـت بـا کـس

نــه کـس را مـیتوانـم دیـد بـا وی

لبـش مـیبوسـد و خـون مـیخـورد جـام

رخـش مـیبینـد و گل مـیکنـد خـوی

بـده جـام مـی و از جـم مکـن یـاد

کـه مـیدانـد کـه جـم کـی بـود و کـی کی

بـزن در پـرده چنـگ ای مـاه مطـرب

رگـش بخـراش تـا بخروشـم از وی

گل از خلـوت بـه بـاغ آورد مسـند

بسـاط زهـد همچـون غنچـه کـن طـی

چـو چشـمش مسـت را مخمـور مگـذار

بـه یـاد لعلـش ای سـاقی بـده مـی

نجویـد جـان از آن قالـب جدایـی

کـه بـاشـد خـون جامـش در رگ و پـی

زبانـت درکـش ای حافـظ زمانـی

حدیـث بـی زبانـان بشـنو از نـی

غزل ۴۳۲

مخمـور جـام عشـقم سـاقی بـده شـرابی
پـر کن قـدح که بـی مـی مجلس نـدارد آبی
وصـف رخ چـو ماهـش در پرده راسـت ناید
مطـرب بـزن نوایـی سـاقی بـده شـرابی
شـد حلقـه قامت مـن تا بعـد از ایـن رقیبت
زیـن در دگـر نرانـد مـا را بـه هیـچ بابـی
در انتظـار رویـت مـا و امیـدواری
در عشـوه وصالـت مـا و خیـال و خوابـی
مخمـور آن دو چشـمم آیـا کجاسـت جامـی
بیمـار آن دو لعلـم آخـر کـم از جوابـی
حافـظ چـه می‌نهـی دل تـو در خیـال خوبان
کـی تشـنه سـیر گـردد از لمعـه سـرابی

غزل ۴۳۳

ای که بـر ماه از خط مشـکین نقـاب انداختی
لطـف کـردی سـایه‌ای بـر آفتـاب انداختـی
تـا چه خواهد کـرد با مـا آب و رنگ عارضت
حالیـا نیرنگ نقشـی خـوش بـر آب انداختی
گـوی خوبی بـردی از خوبان خلخ شـاد باش
جـام کیخسـرو طلـب کافراسـیاب انداختـی
هر کسی با شمع رخسارت به وجهی عشق باخت
زان میـان پروانـه را در اضطـراب انداختـی
گنـج عشـق خـود نهـادی در دل ویـران مـا
سـایه دولـت بـر ایـن کنـج خـراب انداختی
زینهـار از آب آن عـارض کـه شـیران را از آن
تشـنه لب کـردی و گـردان را در آب انداختی
خـواب بیداران ببسـتی وان گـه از نقش خیال
تهمتـی بر شـب روان خیـل خـواب انداختی
پـرده از رخ برفکنـدی یک نظـر در جلوه گاه
و از حیـا حـور و پری را در حجـاب انداختی
بـاده نوش از جـام عالم بین که بـر اورنگ جم
شـاهد مقصـود را از رخ نقـاب انداختـی
از فریـب نرگـس مخمـور و لعل می پرسـت
حافـظ خلـوت نشـین را در شـراب انداختی
و از بـرای صیـد دل در گردنـم زنجیـر زلف
چـون کمنـد خسـرو مالـک رقـاب انداختی
داور دارا شـکوه‌ای آن کـه تـاج آفتـاب
از سـر تعظیـم بـر خـاک جنـاب انداختـی
نصـره الدین شـاه یحیی آن که خصـم ملک را
از دم شمشـیر چـون آتـش در آب انداختـی

غزل ۴۳۴

ای دل مبـاش یک دم خالی ز عشـق و مسـتی
وان گـه بـرو کـه رسـتی از نیسـتی و هسـتی

گـر جـان بـه تـن ببینـی مشـغول کار او شـو
هـر قبلـه‌ای کـه بینـی بهتـر ز خودپرسـتی

بـا ضعف و ناتوانی همچون نسیم خوش باش
بیمـاری انـدر ایـن ره بهتـر ز تندرسـتی

در مذهـب طریقـت خامی نشـان کفر اسـت
آری طریـق دولـت چالاکی اسـت و چسـتی

تـا فضـل و عقـل بینـی بی‌معرفت نشـینی
یـک نکتـه‌ات بگویم خـود را مبین که رسـتی

در آسـتان جانـان از آسـمان میندیـش
کـز اوج سـربلندی افتـی بـه خـاک پسـتی

خـار ار چه جـان بکاهد گل عـذر آن بخواهد
سـهل اسـت تلخـی مـی در جنب ذوق مسـتی

صوفـی پیالـه پیمـا حافـظ قرابـه پرهیـز
ای کوتـه آسـتینان تـا کـی درازدسـتی

غزل ۴۳۵

با مدعی مگویید اسرار عشق و مستی

تا بی‌خبر بمیرد در درد خودپرستی

عاشق شو ار نه روزی کار جهان سر آید

ناخوانده نقش مقصود از کارگاه هستی

دوش آن صنم چه خوش گفت در مجلس مغانم

با کافران چه کارت گر بت نمی‌پرستی

سلطان من خدا را زلفت شکست ما را

تا کی کند سیاهی چندین درازدستی

در گوشه سلامت مستور چون توان بود

تا نرگس تو با ما گوید رموز مستی

آن روز دیده بودم این فتنه‌ها که برخاست

کز سرکشی زمانی با ما نمی‌نشستی

عشقت به دست طوفان خواهد سپرد حافظ

چون برق از این کشاکش پنداشتی که جستی

غزل ۴۳۶

آن غالیه خط گر سوی ما نامه نوشتی
گردون ورق هستی ما درننوشتی
هر چند که هجران ثمر وصل برآرد
دهقان جهان کاش که این تخم نکشتی
آمرزش نقد است کسی را که در این جا
یاریست چو حوری و سرایی چو بهشتی
در مصطبه عشق تنعم نتوان کرد
چون بالش زر نیست بسازیم به خشتی
مفروش به باغ ارم و نخوت شداد
یک شیشه می و نوش لبی و لب کشتی
تا کی غم دنیای دنی ای دل دانا
حیف است ز خوبی که شود عاشق زشتی
آلودگی خرقه خرابی جهان است
کو راهروی اهل دلی پاک سرشتی
از دست چرا هشت سر زلف تو حافظ
تقدیر چنین بود چه کردی که نهشتی

غزل ۴۳۷

ای قصه بهشت ز کویت حکایتی
شرح جمال حور ز رویت روایتی
انفاس عیسی از لب لعلت لطیفه‌ای
آب خضر ز نوش لبانت کنایتی
هر پاره از دل من و از غصه قصه‌ای
هر سطری از خصال تو و از رحمت آیتی
کی عطرسای مجلس روحانیان شدی
گل را اگر نه بوی تو کردی رعایتی
در آرزوی خاک در یار سوختیم
یاد آور ای صبا که نکردی حمایتی
ای دل به هرزه دانش و عمرت به باد رفت
صد مایه داشتی و نکردی کفایتی
بوی دل کباب من آفاق را گرفت
این آتش درون بکند هم سرایتی
در آتش ار خیال رخش دست می‌دهد
ساقی بیا که نیست ز دوزخ شکایتی
دانی مراد حافظ از این درد و غصه چیست
از تو کرشمه‌ای و ز خسرو عنایتی

غزل ۴۳۸

سبت سلمی بصدغیها فادی
و روحی کل یوم لی ینادی

نگارا بر من بی‌دل ببخشای
و واصلنی علی رغم الاعادی

حبیبا در غم سودای عشقت
توکلنا علی رب العباد

امن انکرتنی عن عشق سلمی
تزاول آن روی نهکو بوادی

که همچون مت به بوتن دل و ای ره
غریق العشق فی بحر الوداد

به پی ماچان غرامت بسپریمن
غرت یک وی روشتی از امادی

غم این دل بواتت خورد ناچار
و غر نه او بنی آنچت نشادی

دل حافظ شد اندر چین زلفت
بلیل مظلم و الله هادی

غزل ۴۳۹

دیــدم بــه خــواب دوش کــه ماهــی برآمــدی
کــز عکــس روی او شــب هجران ســر آمدی
تعبیــر رفــت یــار ســفرکرده می‌رســد
ای کاج هــر چــه زودتــر از در درآمــدی
ذکــرش بــه خیــر ســاقی فرخنــده فــال مــن
کــز در مــدام بــا قــدح و ســاغر آمــدی
خــوش بودی ار به خــواب بدیدی دیار خویش
تــا یــاد صحبتــش ســوی مــا رهبــر آمــدی
فیــض ازل بــه زور و زر ار آمــدی بــه دســت
آب خضــر نصیبــه اســکندر آمــدی
آن عهــد یــاد بــاد کــه از بــام و در مــرا
هــر دم پیــام یــار و خــط دلبــر آمــدی
کــی یافتــی رقیــب تــو چندیــن مجــال ظلم
مظلومــی ار شــبی بــه در داور آمــدی
خامــان ره نرفتــه چــه داننــد ذوق عشــق
دریادلــی بجــوی دلیــری ســرآمدی
آن کــو تــو را بــه ســنگ دلــی کــرد رهنمون
ای کاشــکی کــه پــاش بــه ســنگی برآمــدی
گــر دیگــری بــه شــیوه حافــظ زدی رقــم
مقبــول طبــع شــاه هنرپــرور آمــدی

غزل ۴۴۰

سحر با باد می‌گفتم حدیث آرزومندی
خطاب آمد که واثق شو به الطاف خداوندی
دعای صبح و آه شب کلید گنج مقصود است
بدین راه و روش می‌رو که با دلدار پیوندی
قلم را آن زبان نبود که سر عشق گوید باز
ورای حد تقریر است شرح آرزومندی
الا ای یوسف مصری که کردت سلطنت مغرور
پدر را بازپرس آخر کجا شد مهر فرزندی
جهان پیر رعنا را ترحم در جبلت نیست
ز مهر او چه می‌پرسی در او همت چه می‌بندی
همایی چون تو عالی قدر حرص استخوان تا کی
دریغ آن سایه همت که بر نااهل افکندی
در این بازار اگر سودیست با درویش خرسند است
خدایا منعمم گردان به درویشی و خرسندی
به شعر حافظ شیراز می‌رقصند و می‌نازند
سیه چشمان کشمیری و ترکان سمرقندی

غزل ۴۴۱

چــه بــودی ار دل آن مــاه مهربــان بــودی
کــه حال مــا نــه چنین بــودی ار چنان بودی

بگفتمــی کــه چــه ارزد نســیم طــره دوست
گــرم بــه هــر ســر مویــی هــزار جان بودی

بــرات خوشــدلی مــا چــه کم شــدی یــا رب
گرش نشــان امــان از بــد زمــان بــودی

گــرم زمانــه ســرافراز داشتــی و عزیــز
ســریر عزتــم آن خــاک آستــان بــودی

ز پــرده کاش بــرون آمــدی چــو قطره اشــک
کــه بــر دو دیــده مــا حکــم او روان بــودی

اگــر نــه دایــره عشــق راه بربستــی
چــو نقطــه حافــظ سرگشتــه در میــان بــودی

غزل ۴۴۲

به جان او که گرم دسترس به جان بودی
کمینه پیشکش بندگانش آن بودی
بگفتمی که بها چیست خاک پایش را
اگر حیات گران مایه جاودان بودی
به بندگی قدش سرو معترف گشتی
گرش چو سوسن آزاده ده زبان بودی
به خواب نیز نمی‌بینمش چه جای وصال
چو این نبود و ندیدیم باری آن بودی
اگر دلم نشدی پایبند طره او
کی اش قرار در این تیره خاکدان بودی
به رخ چو مهر فلک بی‌نظیر آفاق است
به دل دریغ که یک ذره مهربان بودی
درآمدی ز درم کاشکی چو لمعه نور
که بر دو دیده ما حکم او روان بودی
ز پرده ناله حافظ برون کی افتادی
اگر نه همدم مرغان صبح خوان بودی

غزل ۴۴۳

چو سرو اگر بخرامی دمی به گلزاری
خورد ز غیرت روی تو هر گلی خاری
ز کفر زلف تو هر حلقه‌ای و آشوبی
ز سحر چشم تو هر گوشه‌ای و بیماری
مرو چو بخت من ای چشم مست یار به خواب
که در پی است ز هر سویت آه بیداری
نثار خاک رهت نقد جان من هر چند
که نیست نقد روان را بر تو مقداری
دلا همیشه مزن لاف زلف دلبندان
چو تیره رای شوی کی گشایدت کاری
سرم برفت و زمانی به سر نرفت این کار
دلم گرفت و نبودت غم گرفتاری
چو نقطه گفتمش اندر میان دایره آی
به خنده گفت که ای حافظ این چه پرگاری

غزل ۴۴۴

شهریست پرظریفان و از هر طرف نگاری
یاران صلای عشق است گر می‌کنید کاری

چشم فلک نبیند زین طرفه‌تر جوانی
در دست کس نیفتد زین خوبتر نگاری

هرگز که دیده باشد جسمی ز جان مرکب
بر دامنش مبادا زین خاکیان غباری

چون من شکسته‌ای را از پیش خود چه رانی
کم غایت توقع بوسیست یا کناری

می بی‌غش است دریاب وقتی خوش است بشتاب
سال دگر که دارد امید نوبهاری

در بوستان حریفان مانند لاله و گل
هر یک گرفته جامی بر یاد روی یاری

چون این گره گشایم وین راز چون نمایم
دردی و سخت دردی کاری و صعب کاری

هر تار موی حافظ در دست زلف شوخی
مشکل توان نشستن در این چنین دیاری

غزل ۴۴۵

تـو را که هـر چه مراد اسـت در جهـان داری
چـه غـم ز حـال ضعیفـان ناتـوان داری
بخـواه جـان و دل از بنـده و روان بسـتان
کـه حکـم بـر سـر آزادگان روان داری
میـان نـداری و دارم عجـب کـه هر سـاعت
میـان مجمـع خوبـان کنـی میانـداری
بیاض روی تو را نیسـت نقـش درخور از آنک
سـوادی از خـط مشـکین بـر ارغـوان داری
بنـوش مـی کـه سـبکروحی و لطیـف مـدام
علـی الخصـوص در آن دم که سـر گران داری
مکـن عتـاب از ایـن بیـش و جور بـر دل ما
مکـن هـر آن چـه توانی کـه جـای آن داری
بـه اختیـارت اگـر صـد هـزار تیر جفاسـت
بـه قصـد جـان مـن خسـته در کمـان داری
بکـش جفـای رقیبـان مـدام و جور حسـود
کـه سـهل باشـد اگـر یـار مهربـان داری
به وصل دوسـت گرت دسـت می‌دهد یک دم
بـرو کـه هر چه مـراد اسـت در جهـان داری
چـو گل بـه دامـن از این بـاغ می‌بـری حافظ
چـه غـم ز نالـه و فریـاد باغبـان داری

غزل ۴۴۶

صبا تو نکهت آن زلف مشک بو داری
به یادگار بمانی که بوی او داری
دلم که گوهر اسرار حسن و عشق در اوست
توان به دست تو دادن گرش نکو داری
در آن شمایل مطبوع هیچ نتوان گفت
جز این قدر که رقیبان تندخو داری
نوای بلبلت ای گل کجا پسند افتد
که گوش و هوش به مرغان هرزه گو داری
به جرعه تو سرم مست گشت نوشت باد
خود از کدام خم است این که در سبو داری
به سرکشی خود ای سرو جویبار مناز
که گر بدو رسی از شرم سر فروداری
دم از ممالک خوبی چو آفتاب زدن
تو را رسد که غلامان ماه رو داری
قبای حسن فروشی تو را برازد و بس
که همچو گل همه آیین رنگ و بو داری
ز کنج صومعه حافظ مجوی گوهر عشق
قدم برون نه اگر میل جست و جو داری

غزل ۴۴۷

بیا با ما مورز این کینه داری
که حق صحبت دیرینه داری
نصیحت گوش کن کاین در بسی به
از آن گوهر که در گنجینه داری
ولیکن کی نمایی رخ به رندان
تو کز خورشید و مه آیینه داری
بد رندان مگو ای شیخ و هش دار
که با حکم خدایی کینه داری
نمی‌ترسی ز آه آتشینم
تو دانی خرقه پشمینه داری
به فریاد خمار مفلسان رس
خدا را گر می‌دوشینه داری
ندیدم خوشتر از شعر تو حافظ
به قرآنی که اندر سینه داری

غزل ۴۴۸

ای کـه در کـوی خرابـات مقامـی داری
جـم وقت خـودی ار دسـت به جامـی داری
ای کـه با زلـف و رخ یار گذاری شـب و روز
فرصتـت باد کـه خوش صبحی و شـامی داری
ای صبـا سـوختگان بـر سـر ره منتظرنـد
گـر از آن یـار سـفرکرده پیامـی داری
خـال سرسـبز تو خـوش دانه عیشیسـت ولی
بـر کنـار چمنـش وه کـه چـه دامـی داری
بـوی جـان از لـب خنـدان قـدح می‌شـنوم
بشـنو ای خواجـه اگـر زان که مشـامی داری
چـون بـه هنـگام وفـا هیـچ ثباتیـت نبـود
می‌کنـم شـکر کـه بـر جـور دوامـی داری
نـام نیـک ار طلبـد از تـو غریبـی چه شـود
تویـی امـروز در ایـن شـهر کـه نامـی داری
بس دعای سـحرت مونـس جـان خواهد بود
تـو کـه چـون حافـظ شـبخیز غلامـی داری

غزل ۴۴۹

ای که مهجوری عشاق روا می‌داری
عاشقان را ز بر خویش جدا می‌داری
تشنه بادیه را هم به زلالی دریاب
به امیدی که در این ره به خدا می‌داری
دل ببردی و بحل کردمت ای جان لیکن
به از این دار نگاهش که مرا می‌داری
ساغر ما که حریفان دگر می‌نوشند
ما تحمل نکنیم ار تو روا می‌داری
ای مگس حضرت سیمرغ نه جولانگه توست
عرض خود می‌بری و زحمت ما می‌داری
تو به تقصیر خود افتادی از این در محروم
از که می‌نالی و فریاد چرا می‌داری
حافظ از پادشهان پایه به خدمت طلبند
سعی نابرده چه امید عطا می‌داری

غزل ۴۵۰

روزگاریست که ما را نگران می‌داری
مخلصان را نه به وضع دگران می‌داری

گوشه چشم رضایی به منت باز نشد
این چنین عزت صاحب نظران می‌داری

ساعد آن به که بپوشی تو چو از بهر نگار
دست در خون دل پرهنران می‌داری

نه گل از دست غمت رست و نه بلبل در باغ
همه را نعره زنان جامه دران می‌داری

ای که در دلق ملمع طلبی نقد حضور
چشم سری عجب از بی‌خبران می‌داری

چون تویی نرگس باغ نظر ای چشم و چراغ
سر چرا بر من دلخسته گران می‌داری

گوهر جام جم از کان جهانی دگر است
تو تمنا ز گل کوزه گران می‌داری

پدر تجربه ای دل تویی آخر ز چه روی
طمع مهر و وفا زین پسران می‌داری

کیسه سیم و زرت پاک بباید پرداخت
این طمع‌ها که تو از سیمبران می‌داری

گر چه رندی و خرابی گنه ماست ولی
عاشقی گفت که تو بنده بر آن می‌داری

مگذران روز سلامت به ملامت حافظ
چه توقع ز جهان گذران می‌داری

زل ۴۵۱

خوش کرد یاوری فلکت روز داوری
تا شکر چون کنی و چه شکرانه آوری
آن کس که اوفتاد خدایش گرفت دست
گو بر تو باد تا غم افتادگان خوری
در کوی عشق شوکت شاهی نمی‌خرند
اقرار بندگی کن و اظهار چاکری
ساقی به مژدگانی عیش از درم درآی
تا یک دم از دلم غم دنیا به دربری
در شاهراه جاه و بزرگی خطر بسیست
آن به کز این گریوه سبکبار بگذری
سلطان و فکر لشکر و سودای تاج و گنج
درویش و امن خاطر و کنج قلندری
یک حرف صوفیانه بگویم اجازت است
ای نور دیده صلح به از جنگ و داوری
نیل مراد بر حسب فکر و همت است
از شاه نذر خیر و ز توفیق یاوری
حافظ غبار فقر و قناعت ز رخ مشوی
کاین خاک بهتر از عمل کیمیاگری

غزل ۴۵۲

طفیل هستی عشقند آدمی و پری
ارادتی بنما تا سعادتی ببری
بکوش خواجه و از عشق بی‌نصیب مباش
که بنده را نخرد کس به عیب بی‌هنری
می صبوح و شکرخواب صبحدم تا چند
به عذر نیم شبی کوش و گریه سحری
تو خود چه لعبتی ای شهسوار شیرین کار
که در برابر چشمی و غایب از نظری
هزار جان مقدس بسوخت زین غیرت
که هر صباح و مسا شمع مجلس دگری
ز من به حضرت آصف که می‌برد پیغام
که یاد گیر دو مصرع ز من به نظم دری
بیا که وضع جهان را چنان که من دیدم
گر امتحان بکنی می خوری و غم نخوری
کلاه سروریت کج مباد بر سر حسن
که زیب بخت و سزاوار ملک و تاج سری
به بوی زلف و رخت می‌روند و می‌آیند
صبا به غالیه سایی و گل به جلوه گری
چو مستعد نظر نیستی وصال مجوی
که جام جم نکند سود وقت بی‌بصری
دعای گوشه نشینان بلا بگرداند
چرا به گوشه چشمی به ما نمی‌نگری
بیا و سلطنت از ما بخر به مایه حسن
و از این معامله غافل مشو که حیف خوری
طریق عشق طریقی عجب خطرناک است
نعوذبالله اگر ره به مقصدی نبری
به یمن همت حافظ امید هست که باز
اری اسامر لیلای لیله القمر

غزل ۴۵۳

ای کـه دایـم بـه خویـش مغـروری

گـر تـو را عشـق نیسـت معـذوری

گـرد دیوانـگان عشـق مـگـرد

کـه بـه عقـل عقیلـه مشـهوری

مسـتی عشـق نیسـت در سـر تـو

رو کـه تـو مسـت آب انگـوری

روی زرد اسـت و آه دردآلـود

عاشـقان را دوای رنجـوری

بگـذر از نـام و ننـگ خـود حافـظ

سـاغر می‌طلـب کـه مخمـوری

غزل ۴۵۴

ز کوی یار می‌آید نسیم باد نوروزی
از این باد ار مدد خواهی چراغ دل برافروزی
چو گل گر خرده‌ای داری خدا را صرف عشرت کن
که قارون را غلطها داد سودای زراندوزی
ز جام گل دگر بلبل چنان مست می لعل است
که زد بر چرخ فیروزه صفیر تخت فیروزی
به صحرا رو که از دامن غبار غم بیفشانی
به گلزار آی کز بلبل غزل گفتن بیاموزی
چو امکان خلود ای دل در این فیروزه ایوان نیست
مجال عیش فرصت دان به فیروزی و بهروزی
طریق کام بخشی چیست ترک کام خود کردن
کلاه سروری آن است کز این ترک بردوزی
سخن در پرده می‌گویم چو گل از غنچه بیرون آی
که بیش از پنج روزی نیست حکم میر نوروزی
ندانم نوحه قمری به طرف جویباران چیست
مگر او نیز همچون من غمی دارد شبانروزی
می‌ای دارم چو جان صافی و صوفی می‌کند عیبش
خدایا هیچ عاقل را مبادا بخت بد روزی
جدا شد یار شیرینت کنون تنها نشین ای شمع
که حکم آسمان این است اگر سازی و گر سوزی
به عجب علم نتوان شد ز اسباب طرب محروم
بیا ساقی که جاهل را هنیتر می‌رسد روزی
می اندر مجلس آصف به نوروز جلالی نوش
که بخشد جرعه جامت جهان را ساز نوروزی
نه حافظ می‌کند تنها دعای خواجه تورانشاه
ز مدح آصفی خواهد جهان عیدی و نوروزی
جنابش پارسایان راست محراب دل و دیده
جبینش صبح خیزان راست روز فتح و فیروزی

غزل ۴۵۵

عمــر بگذشــت بــه بی‌حاصلــی و بوالهوســی
ای پســر جــام مــی‌ام ده کــه بــه پیری برســی

چه شکرهاســت در این شــهر که قانع شــده‌اند
شــاهبازان طریقــت بــه مقــام مگســی

دوش در خیــل غلامــان درش می‌رفتــم
گفــت ای عاشــق بیچاره تــو باری چه کسی

بــا دل خون شــده چون نافه خوشــش باید بود
هر که مشــهور جهان گشــت به مشــکین نفسی

لمــع البــرق مــن الطــور و آنســت بــه
فلعلــی لــک آت بشــهاب قبــس

کاروان رفــت و تو در خــواب و بیابان در پیش
وه کــه بــس بی‌خبــر از غلغل چندین جرســی

بــال بگشــا و صفیــر از شــجر طوبــی زن
حیــف باشــد چو تــو مرغی که اسیر قفســی

تــا چــو مجمــر نفســی دامــن جانــان گیــرم
جــان نهادیــم بــر آتــش ز پــی خوش نفســی

چنــد پویــد به هــوای تــو ز هــر ســو حافظ
یســر الله طریقــا بــک یــا ملتمســی

غزل ۴۵۶

نوبهار است در آن کوش که خوشدل باشی
که بسی گل بدمد باز و تو در گل باشی
من نگویم که کنون با که نشین و چه بنوش
که تو خود دانی اگر زیرک و عاقل باشی
چنگ در پرده همین می‌دهدت پند ولی
وعظت آن گاه کند سود که قابل باشی
در چمن هر ورقی دفتر حالی دگر است
حیف باشد که ز کار همه غافل باشی
نقد عمرت ببرد غصه دنیا به گزاف
گر شب و روز در این قصه مشکل باشی
گر چه راهیست پر از بیم ز ما تا بر دوست
رفتن آسان بود ار واقف منزل باشی
حافظا گر مدد از بخت بلندت باشد
صید آن شاهد مطبوع شمایل باشی

غزل ۴۵۷

هزار جهد بکردم که یار من باشی
مرادبخش دل بی‌قرار من باشی
چراغ دیده شب زنده دار من گردی
انیس خاطر امیدوار من باشی
چو خسروان ملاحت به بندگان نازند
تو در میانه خداوندگار من باشی
از آن عقیق که خونین دلم ز عشوه او
اگر کنم گله‌ای غمگسار من باشی
در آن چمن که بتان دست عاشقان گیرند
گرت ز دست برآید نگار من باشی
شبی به کلبه احزان عاشقان آیی
دمی انیس دل سوکوار من باشی
شود غزاله خورشید صید لاغر من
گر آهویی چو تو یک دم شکار من باشی
سه بوسه کز دو لبت کرده‌ای وظیفه من
اگر ادا نکنی قرض دار من باشی
من این مراد ببینم به خود که نیم شبی
به جای اشک روان در کنار من باشی
من ار چه حافظ شهرم جوی نمی‌ارزم
مگر تو از کرم خویش یار من باشی

غزل ۴۵۸

ای دل آن دم کـه خـراب از می گلگون باشـی
بـی زر و گنـج به صد حشـمت قارون باشـی
در مقامـی کـه صـدارت بـه فقیـران بخشـند
چشـم دارم کـه بـه جـاه از همه افزون باشـی
در ره منـزل لیلـی کـه خطرهاسـت در آن
شـرط اول قـدم آن اسـت کـه مجنون باشـی
نقطـه عشـق نمـودم بـه تو هـان سـهو مکن
ور نـه چـون بنگـری از دایـره بیرون باشـی
کاروان رفـت و تو در خـواب و بیابان در پیش
کـی روی ره ز که پرسـی چه کنی چون باشـی
تـاج شـاهی طلبـی گوهـر ذاتـی بنمـای
ور خـود از تخمـه جمشـید و فریدون باشـی
سـاغری نـوش کن و جرعـه بر افلاک فشـان
چنـد و چنـد از غـم ایـام جگرخـون باشـی
حافـظ از فقر مکن ناله که گر شـعر این اسـت
هیچ خوشـدل نپسـندد کـه تو محزون باشـی

غزل ۴۵۹

زین خوش رقم که بر گل رخسار می‌کشی
خط بر صحیفه گل و گلزار می‌کشی
اشک حرم نشین نهانخانه مرا
زان سوی هفت پرده به بازار می‌کشی
کاهل روی چو باد صبا را به بوی زلف
هر دم به قید سلسله در کار می‌کشی
هر دم به یاد آن لب میگون و چشم مست
از خلوتم به خانه خمار می‌کشی
گفتی سر تو بسته فتراک ما شود
سهل است اگر تو زحمت این بار می‌کشی
با چشم و ابروی تو چه تدبیر دل کنم
وه زین کمان که بر من بیمار می‌کشی
بازآ که چشم بد ز رخت دفع می‌کند
ای تازه گل که دامن از این خار می‌کشی
حافظ دگر چه می‌طلبی از نعیم دهر
می می‌خوری و طره دلدار می‌کشی

غزل ۴۶۰

سلیمی منذ حلت بالعراق
الاقی من نواها ما الاقی

الا ای ساروان منزل دوست
الی رکبانکم طال اشتیاقی

خرد در زنده رود انداز و می نوش
به گلبانگ جوانان عراقی

ربیع العمر فی مرعی حماکم
حماک الله یا عهد التلاقی

بیا ساقی بده رطل گرانم
سقاک الله من کاس دهاق

جوانی باز می‌آرد به یادم
سماع چنگ و دست افشان ساقی

می باقی بده تا مست و خوشدل
به یاران برفشانم عمر باقی

درونم خون شد از نادیدن دوست
الا تعسا لایام الفراق

دموعی بعدکم لا تحقروها
فکم بحر عمیق من سواقی

دمی با نیکخواهان متفق باش
غنیمت دان امور اتفاقی

بساز ای مطرب خوشخوان خوشگو
به شعر فارسی صوت عراقی

عروسی بس خوشی ای دختر رز
ولی گه گه سزاوار طلاقی

مسیحای مجرد را برازد
که با خورشید سازد هم وثاقی

وصال دوستان روزی ما نیست
بخوان حافظ غزلهای فراقی

غزل ۴۶۱

کتبت قصه شوقی و مدمعی باکی
بیا که بی تو به جان آمدم ز غمناکی

بسا که گفته‌ام از شوق با دو دیده خود
ایا منازل سلمی فاین سلماک

عجیب واقعه‌ای و غریب حادثه‌ای
انا اصطبرت قتیلا و قاتلی شاکی

که را رسد که کند عیب دامن پاکت
که همچو قطره که بر برگ گل چکد پاکی

ز خاک پای تو داد آب روی لاله و گل
چو کلک صنع رقم زد به آبی و خاکی

صبا عبیرفشان گشت ساقیا برخیز
و هات شمسه کرم مطیب زاکی

دع التکاسل تغنم فقد جری مثل
که زاد راهروان چستی است و چالاکی

اثر نماند ز من بی شمایلت آری
اری مثر محیای من محیاک

ز وصف حسن تو حافظ چگونه نطق زند
که همچو صنع خدایی ورای ادراکی

غزل ۴۶۲

یـا مبسـما یحاکـی درجـا مـن اللالـی
یـا رب چـه درخور آمـد گردش خـط هلالی
حالـی خیـال وصلـت خـوش می‌دهـد فریبم
تـا خـود چه نقـش بازد ایـن صـورت خیالی
مـی ده کـه گر چـه گشـتم نامـه سـیاه عالم
نومیـد کـی تـوان بـود از لطـف لایزالـی
سـاقی بیـار جامـی و از خلوتـم بـرون کش
تـا در بـه در بگـردم قـلاش و لاابالـی
از چـار چیـز مگـذر گـر عاقلـی و زیـرک
امن و شـراب بی‌غش معشـوق و جـای خالی
چون نیسـت نقـش دوران در هیچ حـال ثابت
حافـظ مکـن شـکایت تا مـی خوریـم حالی
صافیسـت جـام خاطـر در دور آصـف عهـد
قـم فاسـقنی رحیقـا اصفـی مـن الـزلال
الملـک قـد تباهـی مـن جـده و جـده
یـا رب کـه جاودان بـاد این قدر و ایـن معالی
مسـندفروز دولـت کان شـکوه و شـوکت
برهـان ملـک و ملـت بونصـر بوالمعالـی

غزل ۴۶۳

سلام الله ما کر اللیالی
و جاوبت المثانی و المثالی
علی وادی الاراک و من علیها
و دار باللوی فوق الرمال
دعاگوی غریبان جهانم
و ادعو بالتواتر و التوالی
به هر منزل که رو آرد خدا را
نگه دارش به لطف لایزالی
منال ای دل که در زنجیر زلفش
همه جمعیت است آشفته حالی
ز خطت صد جمال دیگر افزود
که عمرت باد صد سال جلالی
تو می‌باید که باشی ور نه سهل است
زیان مایه جاهی و مالی
بر آن نقاش قدرت آفرین باد
که گرد مه کشد خط هلالی
فحبک راحتی فی کل حین
و ذکرک مونسی فی کل حال
سویدای دل من تا قیامت
مباد از شوق و سودای تو خالی
کجا یابم وصال چون تو شاهی
من بدنام رند لاابالی
خدا داند که حافظ را غرض چیست
و علم الله حسبی من سالی

غزل ۴۶۴

بگرفـت کار حسـنت چون عشـق مـن کمالی
خـوش بـاش زان که نبود این هـر دو را زوالی
در وهـم می‌نگنجـد کانـدر تصـور عقـل
آیـد بـه هیـچ معنـی زیـن خوبتـر مثالـی
شـد حظ عمـر حاصل گـر زان که با تـو ما را
هرگـز بـه عمـر روزی روزی شـود وصالـی
آن دم که با تو باشـم یک سـال هسـت روزی
وان دم که بی تو باشـم یک لحظه هسـت سالی
چـون من خیـال رویت جانـا به خـواب بینم
کـز خـواب می‌نبینـد چشـمم بجـز خیالـی
رحـم آر بـر دل مـن کـز مهـر روی خوبـت
شـد شـخص ناتوانـم باریـک چـون هلالـی
حافظ مکن شـکایت گر وصل دوسـت خواهی
زیـن بیشـتر ببایـد بـر هجـرت احتمالـی

غزل ۴۶۵

رفتم به باغ صبحدمی تا چنم گلی
آمد به گوش ناگهم آواز بلبلی
مسکین چو من به عشق گلی گشته مبتلا
و اندر چمن فکنده ز فریاد غلغلی
می‌گشتم اندر آن چمن و باغ دم به دم
می‌کردم اندر آن گل و بلبل تاملی
گل یار حسن گشته و بلبل قرین عشق
آن را تفضلی نه و این را تبدلی
چون کرد در دلم اثر آواز عندلیب
گشتم چنان که هیچ نماندم تحملی
بس گل شکفته می‌شود این باغ را ولی
کس بی بلای خار نچیده‌ست از او گلی
حافظ مدار امید فرج از مدار چرخ
دارد هزار عیب و ندارد تفضلی

غزل ۴۶۶

این خرقه که من دارم در رهن شراب اولی
وین دفتر بی‌معنی غرق می ناب اولی
چون عمر تبه کردم چندان که نگه کردم
در کنج خراباتی افتاده خراب اولی
چون مصلحت اندیشی دور است ز درویشی
هم سینه پر از آتش هم دیده پرآب اولی
من حالت زاهد را با خلق نخواهم گفت
این قصه اگر گویم با چنگ و رباب اولی
تا بی سر و پا باشد اوضاع فلک زین دست
در سر هوس ساقی در دست شراب اولی
از همچو تو دلداری دل برنکنم آری
چون تاب کشم باری زان زلف به تاب اولی
چون پیر شدی حافظ از میکده بیرون آی
رندی و هوسناکی در عهد شباب اولی

غزل ۴۶۷

زان مـی عشـق کـز او پختـه شـود هـر خامـی

گـر چـه مـاه رمضـان است بیـاور جامـی

روزهـا رفت که دسـت مـن مسکین نگرفت

زلـف شمشادقدی ساعد سـیم انـدامـی

روزه هـر چنـد که مهمـان عزیز اسـت ای دل

صحبتـش موهبتـی دان و شـدن انعامـی

مـرغ زیـرک بـه در خانقـه اکنـون نپـرد

کـه نهاده‌سـت بـه هـر مجلـس وعظـی دامـی

گلـه از زاهـد بدخـو نکنـم رسـم ایـن اسـت

کـه چو صبحـی بدمـد در پی اش افتد شـامـی

یـار مـن چـون بخرامـد بـه تماشـای چمن

برسانـش ز مـن ای پیـک صبا پیغامـی

آن حریفـی کـه شـب و روز می صاف کشـد

بـود آیـا کـه کنـد یـاد ز دردآشـامـی

حافظـا گـر نـدهـد داد دلـت آصـف عهـد

کـام دشـوار بـه دسـت آوری از خودکامـی

غزل ۴۶۸

که برد به نزد شاهان ز من گدا پیامی
که به کوی می فروشان دو هزار جم به جامی
شده‌ام خراب و بدنام و هنوز امیدوارم
که به همت عزیزان برسم به نیک نامی
تو که کیمیافروشی نظری به قلب ما کن
که بضاعتی نداریم و فکنده‌ایم دامی
عجب از وفای جانان که عنایتی نفرمود
نه به نامه پیامی نه به خامه سلامی
اگر این شراب خام است اگر آن حریف پخته
به هزار بار بهتر ز هزار پخته خامی
ز رهم میفکن ای شیخ به دانه‌های تسبیح
که چو مرغ زیرک افتد نفتد به هیچ دامی
سر خدمت تو دارم بخرم به لطف و مفروش
که چو بنده کمتر افتد به مبارکی غلامی
به کجا برم شکایت به که گویم این حکایت
که لبت حیات ما بود و نداشتی دوامی
بگشای تیر مژگان و بریز خون حافظ
که چنان کشنده‌ای را نکند کس انتقامی

غزل ۴۶۹

انـت رواح رنـد الحمـی و زاد غرامـی

فـدای خـاک در دوسـت بـاد جـان گرامـی

پیام دوسـت شـنیدن سعادت اسـت و سلامت

مـن المبلـغ عنـی الـی سـعاد سـلامی

بیـا بـه شـام غریبـان و آب دیـده مـن بیـن

بـه سـان بـاده صافـی در آبگینـه شـامی

اذا تغـرد عـن ذی الاراک طـار خیـر

فـلا تفـرد عـن روضهـا انیـن حمامـی

بسـی نمانـد کـه روز فـراق یـار سـر آیـد

رایـت مـن هضبـات الحمـی قبـاب خیـام

خوشـا دمـی کـه درآیـی و گویمـت بـه سلامت

قدمـت خیـر قـدوم نزلـت خیـر مقـام

بعـدت منـک و قـد صـرت ذابـا کهـلال

اگـر چـه روی چـو ماهـت ندیـده‌ام بـه تمامی

و ان دعیـت بخلـد و صـرت ناقـض عهـد

فمـا تطیـب نفسـی و مـا اسـتطاب منامـی

امیـد هسـت کـه زودت بـه بخـت نیـک ببینم

تو شـاد گشـته بـه فرماندهی و مـن بـه غلامـی

چو سـلک در خوشاب اسـت شـعر نغـز تو حافظ

کـه گاه لطـف سـبق می‌بـرد ز نظـم نظامـی

غزل ۴۷۰

سـینه مالامـال درد اسـت ای دریغـا مرهمـی
دل ز تنهایـی بـه جـان آمـد خـدا را همدمی

چشـم آسـایش کـه دارد از سـپهر تیـزرو
سـاقیا جامی بـه مـن ده تـا بیاسـایم دمـی

زیرکـی را گفتم این احـوال بین خندید و گفت
صعـب روزی بوالعجب کاری پریشـان عالمی

سـوختم در چـاه صبـر از بهر آن شـمع چگل
شـاه ترکان فارغ اسـت از حـال ما کو رسـتمی

در طریـق عشـقبازی امن و آسـایش بلاسـت
ریـش بـاد آن دل که با درد تـو خواهد مرهمی

اهـل کام و نـاز را در کـوی رندی راه نیسـت
ره روی بایـد جهان سـوزی نـه خامی بی‌غمی

آدمـی در عالـم خاکی نمی‌آیـد بـه دسـت
عالمـی دیگـر ببایـد سـاخت و از نـو آدمـی

خیـز تـا خاطر بـدان تـرک سـمرقندی دهیم
کـز نسـیمش بوی جـوی مولیـان آیـد همی

گریـه حافظ چه سـنجد پیش اسـتغنای عشـق
کانـدر ایـن دریـا نمایـد هفـت دریا شـبنمی

غزل ۴۷۱

ز دلبـرم کـه رسـاند نـوازش قلمـی

کجاست پیک صبا گـر همی‌کند کرمـی

قیـاس کـردم و تدبیـر عقـل در ره عشـق

چو شبنمی است که بـر بحر می‌کشد رقمی

بیـا کـه خرقـه من گر چـه رهن میکده‌هاست

ز مـال وقـف نبینـی بـه نـام مـن درمـی

حدیـث چـون و چـرا درد سـر دهـد ای دل

پیالـه گیـر و بیاسـا ز عمـر خویـش دمـی

طبیـب راه نشیـن درد عشـق نشناسـد

بـرو بـه دسـت کـن ای مـرده دل مسیـح دمی

دلـم گرفـت ز سـالوس و طبـل زیـر گلیـم

بـه آن کـه بـر در میخانـه برکشـم علمـی

بیـا کـه وقـت شناسـان دو کـون بفروشـند

بـه یـک پیالـه مـی صـاف و صحبـت صنمی

دوام عیـش و تنعـم نـه شیـوه عشـق است

اگـر معاشـر مایـی بنـوش نیـش غمـی

نمی‌کنـم گلـه‌ای لیـک ابـر رحمت دوست

بـه کشتـه زار جگرتشنگان نـداد نمـی

چـرا بـه یـک نـی قنـدش نمی‌خرند آن کس

کـه کـرد صـد شکرافشـانی از نـی قلمـی

سـزای قدر تو شـاها به دسـت حافظ نیست

جـز از دعـای شـبی و نیـاز صبحدمـی

زل ۴۷۲

احمــد الله علــی معدلــه الســلطان

احمــد شــیخ اویــس حســن ایلخانــی

خــان بــن خــان و شهنشــاه شهنشــاه نــژاد

آن کــه مــیزیبــد اگــر جــان جهانــش خوانــی

دیــده نادیــده بــه اقبــال تــو ایمــان آورد

مرحبــا ای بــه چنیــن لطــف خــدا ارزانــی

مــاه اگــر بــی تــو برآیــد بــه دو نیمــش بزنند

دولــت احمــدی و معجــزه ســبحانی

جلــوه بخــت تــو دل مــیبــرد از شــاه و گــدا

چشــم بــد دور کــه هــم جانــی و هــم جانانی

برشــکن کاکل ترکانــه کــه در طالــع توســت

بخشــش و کوشــش خاقانــی و چنگزخانــی

گــر چــه دوریــم بــه یــاد تــو قــدح مــیگیریم

بعــد منــزل نبــود در ســفر روحانــی

از گل پارســیم غنچــه عیشــی نشــکفت

حبــذا دجلــه بغــداد و مــی ریحانــی

ســر عاشــق کــه نــه خــاک در معشــوق بــود

کــی خلاصــش بــود از محنــت ســرگردانی

ای نســیم ســحری خــاک در یــار بیــار

کــه کنــد حافــظ از او دیــده دل نورانــی

وقت را غنیمت دان آن قدر که بتوانی
حاصل از حیات ای جان این دم است تا دانی
ام بخشی گردون عمر در عوض دارد
جهد کن که از دولت داد عیش بستانی
اغبان چو من زین جا بگذرم حرامت باد
گر به جای من سروی غیر دوست بنشانی
اهد پشیمان را ذوق باده خواهد کشت
عاقلا مکن کاری کورد پشیمانی
محتسب نمی‌داند این قدر که صوفی را
جنس خانگی باشد همچو لعل رمانی
با دعای شبخیزان ای شکردهان مستیز
در پناه یک اسم است خاتم سلیمانی
پند عاشقان بشنو و از در طرب بازآ
کاین همه نمی‌ارزد شغل عالم فانی
یوسف عزیزم رفت ای برادران رحمی
کز غمش عجب بینم حال پیر کنعانی
پیش زاهد از رندی دم مزن که نتوان گفت
با طبیب نامحرم حال درد پنهانی
می‌روی و مژگانت خون خلق می‌ریزد
تیز می‌روی جانا ترسمت فرومانی
دل ز ناوک چشمت گوش داشتم لیکن
ابروی کماندارت می‌برد به پیشانی
جمع کن به احسانی حافظ پریشان را
ای شکنج گیسویت مجمع پریشانی
گر تو فارغی از ما ای نگار سنگین دل
حال خود بخواهم گفت پیش آصف ثانی

غزل ۴۷۴

هواخــواه تــوام جانــا و می‌دانــم کــه می‌دانی
که هــم نادیده می‌بینی و هــم ننوشــته می‌خوانی
ملامتگــو چــه دریابد میان عاشــق و معشــوق
نبینــد چشــم نابینــا خصــوص اســرار پنهانی
بیفشــان زلف و صوفی را به پابازی و رقص آور
کــه از هر رقعــه دلقش هــزاران بت بیفشــانی
گشــاد کار مشــتاقان در آن ابروی دلبند اســت
خدا را یک نفس بنشــین گره بگشــا ز پیشــانی
ملــک در ســجده آدم زمین بوس تــو نیت کرد
که در حســن تو لطفی دید بیش از حد انســانی
چراغ افروز چشــم ما نســیم زلف جانان اســت
مبــاد ایــن جمع را یــا رب غم از باد پریشــانی
دریغا عیش شبگیری که در خواب سحر بگذشت
ندانی قــدر وقت ای دل مگر وقتــی که درمانی
ملــول از همرهــان بودن طریق کاردانی نیســت
بکــش دشــواری منــزل بــه یــاد عهد آســانی
خیــال چنبــر زلفــش فریبــت می‌دهــد حافظ
نگــر تــا حلقــه اقبــال ناممکــن نجنبانــی

غزل ۴۷۵

گفتند خلایق که تویی یوسف ثانی

چون نیک بدیدم به حقیقت به از آنی

شیرینتر از آنی به شکرخنده که گویم

ای خسرو خوبان که تو شیرین زمانی

تشبیه دهانت نتوان کرد به غنچه

هرگز نبود غنچه بدین تنگ دهانی

صد بار بگفتی که دهم زان دهنت کام

چون سوسن آزاده چرا جمله زبانی

گویی بدهم کامت و جانت بستانم

ترسم ندهی کامم و جانم بستانی

چشم تو خدنگ از سپر جان گذراند

بیمار که دیدهست بدین سخت کمانی

چون اشک بیندازیش از دیده مردم

آن را که دمی از نظر خویش برانی

غزل ۴۷۶

نسیم صبح سعادت بدان نشان که تو دانی
گذر به کوی فلان کن در آن زمان که تو دانی
تو پیک خلوت رازی و دیده بر سر راهت
به مردمی نه به فرمان چنان بران که تو دانی
بگو که جان عزیزم ز دست رفت خدا را
ز لعل روح فزایش ببخش آن که تو دانی
من این حروف نوشتم چنان که غیر ندانست
تو هم ز روی کرامت چنان بخوان که تو دانی
خیال تیغ تو با ما حدیث تشنه و آب است
اسیر خویش گرفتی بکش چنان که تو دانی
امید در کمر زرکشت چگونه ببندم
دقیقه‌ایست نگارا در آن میان که تو دانی
یکیست ترکی و تازی در این معامله حافظ
حدیث عشق بیان کن بدان زبان که تو دانی

غزل ۴۷۷

دو یار زیرک و از باده کهن دومنی
فراغتی و کتابی و گوشه چمنی
من این مقام به دنیا و آخرت ندهم
اگر چه در پی ام افتند هر دم انجمنی
هر آن که کنج قناعت به گنج دنیا داد
فروخت یوسف مصری به کمترین ثمنی
بیا که رونق این کارخانه کم نشود
به زهد همچو تویی یا به فسق همچو منی
ز تندباد حوادث نمی‌توان دیدن
در این چمن که گلی بوده است یا سمنی
ببین در آینه جام نقش بندی غیب
که کس به یاد ندارد چنین عجب زمنی
از این سموم که بر طرف بوستان بگذشت
عجب که بوی گلی هست و رنگ نسترنی
به صبر کوش تو ای دل که حق رها نکند
چنین عزیز نگینی به دست اهرمنی
مزاج دهر تبه شد در این بلا حافظ
کجاست فکر حکیمی و رای برهمنی

غزل ۴۷۸

نـوش کـن جـام شـراب یـک مـنـی

تـا بـدان بیـخ غـم از دل بـرکنـی

دل گشـاده دار چـون جـام شـراب

سـر گرفتـه چنـد چـون خـم دنـی

چـون ز جـام بیخـودی رطلـی کشـی

کـم زنـی از خویشـتن لاف مـنـی

سنگسـان شـو در قـدم نـی همچـو آب

جملـه رنـگ آمیـزی و تردامنـی

دل بـه مـی دربنـد تـا مردانـه وار

گـردن سـالوس و تقـوا بشـکنی

خیـز و جهـدی کـن چـو حافـظ تـا مگـر

خویشـتـن در پـای معشـوق افکنـی

غزل ۴۷۹

صبح است و ژاله می‌چکد از ابر بهمنی
برگ صبوح ساز و بده جام یک منی

در بحر مایی و منی افتاده‌ام بیار
می تا خلاص بخشدم از مایی و منی

خون پیاله خور که حلال است خون او
در کار یار باش که کاریست کردنی

ساقی به دست باش که غم در کمین ماست
مطرب نگاه دار همین ره که می‌زنی

می ده که سر به گوش من آورد چنگ و گفت
خوش بگذران و بشنو از این پیر منحنی

ساقی به بی‌نیازی رندان که می بده
تا بشنوی ز صوت مغنی هوالغنی

غزل ۴۸۰

ای که در کشتن ما هیچ مدارا نکنی
سود و سرمایه بسوزی و محابا نکنی
دردمندان بلا زهر هلاهل دارند
قصد این قوم خطا باشد هان تا نکنی
رنج ما را که توان برد به یک گوشه چشم
شرط انصاف نباشد که مداوا نکنی
دیده ما چو به امید تو دریاست چرا
به تفرج گذری بر لب دریا نکنی
نقل هر جور که از خلق کریمت کردند
قول صاحب غرضان است تو آن‌ها نکنی
بر تو گر جلوه کند شاهد ما ای زاهد
از خدا جز می و معشوق تمنا نکنی
حافظا سجده به ابروی چو محرابش بر
که دعایی ز سر صدق جز آن جا نکنی

غزل ۴۸۱

بشنو این نکته که خود را ز غم آزاده کنی
خون خوری گر طلب روزی ننهاده کنی
آخرالامر گل کوزه گران خواهی شد
حالیا فکر سبو کن که پر از باده کنی
گر از آن آدمیانی که بهشتت هوس است
عیش با آدمی ای چند پری زاده کنی
تکیه بر جای بزرگان نتوان زد به گزاف
مگر اسباب بزرگی همه آماده کنی
اجرها باشدت ای خسرو شیرین دهنان
گر نگاهی سوی فرهاد دل افتاده کنی
خاطرت کی رقم فیض پذیرد هیهات
مگر از نقش پراگنده ورق ساده کنی
کار خود گر به کرم بازگذاری حافظ
ای بسا عیش که با بخت خداداده کنی
ای صبا بندگی خواجه جلال الدین کن
که جهان پرسمن و سوسن آزاده کنی

غزل ۴۸۲

ای دل به کوی عشق گذاری نمی‌کنی
اسباب جمع داری و کاری نمی‌کنی
چوگان حکم در کف و گویی نمی‌زنی
باز ظفر به دست و شکاری نمی‌کنی
این خون که موج می‌زند اندر جگر تو را
در کار رنگ و بوی نگاری نمی‌کنی
مشکین از آن نشد دم خلقت که چون صبا
بر خاک کوی دوست گذاری نمی‌کنی
ترسم کز این چمن نبری آستین گل
کز گلشنش تحمل خاری نمی‌کنی
در آستین جان تو صد نافه مدرج است
وان را فدای طره یاری نمی‌کنی
ساغر لطیف و دلکش و می افکنی به خاک
و اندیشه از بلای خماری نمی‌کنی
حافظ برو که بندگی پادشاه وقت
گر جمله می‌کنند تو باری نمی‌کنی

غزل ۴۸۳

سحرگه ره روی در سرزمینی
همی‌گفت این معما با قرینی

که ای صوفی شراب آن گه شود صاف
که در شیشه برآرد اربعینی

خدا زان خرقه بیزار است صد بار
که صد بت باشدش در آستینی

مروت گر چه نامی بی‌نشان است
نیازی عرضه کن بر نازنینی

ثوابت باشد ای دارای خرمن
اگر رحمی کنی بر خوشه چینی

نمی‌بینم نشاط عیش در کس
نه درمان دلی نه درد دینی

درون‌ها تیره شد باشد که از غیب
چراغی برکند خلوت نشینی

گر انگشت سلیمانی نباشد
چه خاصیت دهد نقش نگینی

اگر چه رسم خوبان تندخوییست
چه باشد گر بسازد با غمینی

ره میخانه بنما تا بپرسم
مال خویش را از پیش بینی

نه حافظ را حضور درس خلوت
نه دانشمند را علم الیقینی

زل ۴۸۴

تو مگر بر لب آبی به هوس بنشینی
ورنه هر فتنه که بینی همه از خود بینی

به خدایی که تویی بنده بگزیده او
که بر این چاکر دیرینه کسی نگزینی

گر امانت به سلامت ببرم باکی نیست
بی دلی سهل بود گر نبود بی‌دینی

ادب و شرم تو را خسرو مه رویان کرد
آفرین بر تو که شایسته صد چندینی

عجب از لطف تو ای گل که نشستی با خار
ظاهرا مصلحت وقت در آن می‌بینی

صبر بر جور رقیبت چه کنم گر نکنم
عاشقان را نبود چاره بجز مسکینی

باد صبحی به هوایت ز گلستان برخاست
که تو خوشتر ز گل و تازه‌تر از نسرینی

شیشه بازی سرشکم نگری از چپ و راست
گر بر این منظر بینش نفسی بنشینی

سخنی بی‌غرض از بنده مخلص بشنو
ای که منظور بزرگان حقیقت بینی

نازنینی چو تو پاکیزه دل و پاک نهاد
بهتر آن است که با مردم بد ننشینی

سیل این اشک روان صبر و دل حافظ برد
بلغ الطاقه یا مقله عینی بینی

تو بدین نازکی و سرکشی ای شمع چگل
لایق بندگی خواجه جلال الدینی

غزل ۴۸۵

سـاقیا سـایه ابـر اسـت و بهـار و لـب جوی

مـن نگویـم چه کن ار اهل دلـی خود تو بگوی

بـوی یـک رنگـی از ایـن نقـش نمی‌آیـد خیز

دلـق آلـوده صوفـی بـه مـی نـاب بشـوی

سـفله طبع اسـت جهان بر کرمـش تکیه مکن

ای جهـان دیـده ثبـات قـدم از سـفله مجوی

دو نصیحـت کنمـت بشـنو و صـد گنـج ببـر

از در عیـش درآ و بـه ره عیـب مپـوی

شـکر آن را کـه دگربـار رسـیدی بـه بهـار

بیـخ نیکـی بنشـان و ره تحقیـق بجـوی

روی جانـان طلبـی آینـه را قابـل سـاز

ور نـه هرگز گل و نسـرین ندمد ز آهن و روی

گـوش بگشـای که بلبـل بـه فغـان می‌گویـد

خواجـه تقصیـر مفرمـا گل توفیـق ببـوی

گفتـی از حافـظ مـا بـوی ریـا می‌آیـد

آفریـن بـر نفسـت باد کـه خوش بـردی بوی

غزل ۴۸۶

بلبـل ز شـاخ سـرو بـه گلبانـگ پهلـوی

می‌خوانـد دوش درس مقامـات معنـوی

یعنـی بیـا کـه آتـش موسـی نمـود گل

تـا از درخـت نکتـه توحیـد بشـنوی

مرغـان بـاغ قافیـه سنجند و بذلـه گوی

تـا خواجـه مـی خـورد بـه غزل‌هـای پهلوی

جمشیـد جـز حکایـت جـام از جهـان نبـرد

زنهـار دل مبنـد بـر اسبـاب دنیـوی

ایـن قصـه عجـب شـنو از بخـت واژگـون

مـا را بکشـت یـار بـه انفـاس عیسـوی

خـوش وقـت بوریـا و گدایـی و خـواب امن

کایـن عیـش نیسـت درخـور اورنـگ خسـروی

چشمت بـه غمـزه خانـه مـردم خـراب کرد

مخموریـت مبـاد کـه خـوش مسـت می‌روی

دهقـان سـالخورده چه خـوش گفت با پسـر

کای نـور چشـم مـن بجـز از کشـته ندروی

سـاقی مگـر وظیفـه حافـظ زیـاده داد

کشـفته گشـت طـره دسـتار مولـوی

غزل ۴۸۷

ای بی‌خبر بکـوش کـه صاحب خبر شـوی

تـا راهـرو نباشـی کـی راهبر شـوی

در مکتـب حقایـق پیـش ادیـب عشـق

هـان ای پسـر بکـوش کـه روزی پدر شـوی

دسـت از مـس وجـود چو مـردان ره بشوی

تـا کیمیـای عشـق بیابـی و زر شـوی

خـواب و خـورت ز مرتبـه خویـش دور کرد

آن گه رسی به خویش که بی خواب و خور شوی

گـر نـور عشـق حـق بـه دل و جانـت اوفتد

بـالله کـز آفتـاب فلـک خوبتـر شـوی

یـک دم غریـق بحـر خـدا شـو گمـان مبر

کـز آب هفـت بحـر به یـک موی تر شـوی

از پـای تـا سـرت همـه نـور خـدا شـود

در راه ذوالجـلال چـو بـی پـا و سـر شـوی

وجـه خـدا اگـر شـودت منظـر نظـر

زین پس شکی نمانـد که صاحب نظر شـوی

بنیـاد هسـتی تـو چـو زیـر و زبـر شـود

در دل مـدار هیـچ کـه زیـر و زبـر شـوی

گـر در سـرت هـوای وصـال اسـت حافظا

بایـد کـه خـاک درگـه اهـل هنـر شـوی

غزل ۴۸۸

سحرم هاتف میخانه به دولتخواهی
گفت بازآی که دیرینه این درگاهی

همچو جم جرعه ما کش که ز سر دو جهان
پرتو جام جهان بین دهدت آگاهی

بر در میکده رندان قلندر باشند
که ستانند و دهند افسر شاهنشاهی

خشت زیر سر و بر تارک هفت اختر پای
دست قدرت نگر و منصب صاحب جاهی

سر ما و در میخانه که طرف بامش
به فلک بر شد و دیوار بدین کوتاهی

قطع این مرحله بی همرهی خضر مکن
ظلمات است بترس از خطر گمراهی

اگرت سلطنت فقر ببخشند ای دل
کمترین ملک تو از ماه بود تا ماهی

تو دم فقر ندانی زدن از دست مده
مسند خواجگی و مجلس تورانشاهی

حافظ خام طمع شرمی از این قصه بدار
عملت چیست که فردوس برین می‌خواهی

غزل ۴۸۹

ای در رخ تو پیدا انوار پادشاهی
در فکرت تو پنهان صد حکمت الهی
کلک تو بارک الله بر ملک و دین گشاده
صد چشمه آب حیوان از قطره سیاهی
بر اهرمن نتابد انوار اسم اعظم
ملک آن توست و خاتم فرمای هر چه خواهی
در حکمت سلیمان هر کس که شک نماید
بر عقل و دانش او خندند مرغ و ماهی
باز ار چه گاه گاهی بر سر نهد کلاهی
مرغان قاف دانند آیین پادشاهی
تیغی که آسمانش از فیض خود دهد آب
تنها جهان بگیرد بی منت سپاهی
کلک تو خوش نویسد در شان یار و اغیار
تعویذ جان فزایی افسون عمر کاهی
ای عنصر تو مخلوق از کیمیای عزت
و ای دولت تو ایمن از وصمت تباهی
ساقی بیار آبی از چشمه خرابات
تا خرقه‌ها بشوییم از عجب خانقاهی
عمریست پادشاها کز می تهیست جامم
اینک ز بنده دعوی و از محتسب گواهی
گر پرتوی ز تیغت بر کان و معدن افتد
یاقوت سرخ رو را بخشند رنگ کاهی
دانم دلت ببخشد بر عجز شب نشینان
گر حال بنده پرسی از باد صبحگاهی
جایی که برق عصیان بر آدم صفی زد
ما را چگونه زیبد دعوی بی‌گناهی
حافظ چو پادشاهت گه گاه می‌برد نام
رنجش ز بخت منما بازآ به عذرخواهی

غزل ۴۹۰

در همه دیر مغان نیست چو من شیدایی
خرقه جایی گرو باده و دفتر جایی
دل که آیینه شاهیست غباری دارد
از خدا می‌طلبم صحبت روشن رایی
کرده‌ام توبه به دست صنم باده فروش
که دگر می نخورم بی رخ بزم آرایی
نرگس ار لاف زد از شیوه چشم تو مرنج
نروند اهل نظر از پی نابینایی
شرح این قصه مگر شمع برآرد به زبان
ور نه پروانه ندارد به سخن پروایی
جوی‌ها بسته‌ام از دیده به دامان که مگر
در کنارم بنشانند سهی بالایی
کشتی باده بیاور که مرا بی رخ دوست
گشت هر گوشه چشم از غم دل دریایی
سخن غیر مگو با من معشوقه پرست
کز وی و جام می‌ام نیست به کس پروایی
این حدیثم چه خوش آمد که سحرگه می‌گفت
بر در میکده‌ای با دف و نی ترسایی
گر مسلمانی از این است که حافظ دارد
آه اگر از پی امروز بود فردایی

زل ۴۹۱

به چشم کرده‌ام ابروی ماه سیمایی
خیال سبزخطی نقش بسته‌ام جایی
امید هست که منشور عشقبازی من
از آن کمانچه ابرو رسد به طغرایی
سرم ز دست بشد چشم از انتظار بسوخت
در آرزوی سر و چشم مجلس آرایی
مکدر است دل آتش به خرقه خواهم زد
بیا ببین که که را می‌کند تماشایی
به روز واقعه تابوت ما ز سرو کنید
که می‌رویم به داغ بلندبالایی
زمام دل به کسی داده‌ام من درویش
که نیستش به کس از تاج و تخت پروایی
در آن مقام که خوبان ز غمزه تیغ زنند
عجب مدار سری اوفتاده در پایی
مرا که از رخ او ماه در شبستان است
کجا بود به فروغ ستاره پروایی
فراق و وصل چه باشد رضای دوست طلب
که حیف باشد از او غیر او تمنایی
درر ز شوق برآرند ماهیان به نثار
اگر سفینه حافظ رسد به دریایی

زل ۴۹۲

سلامی چو بوی خوش آشنایی
بدان مردم دیده روشنایی
درودی چو نور دل پارسایان
بدان شمع خلوتگه پارسایی
نمی‌بینم از همدمان هیچ بر جای
دلم خون شد از غصه ساقی کجایی
ز کوی مغان رخ مگردان که آن جا
فروشند مفتاح مشکل گشایی
عروس جهان گر چه در حد حسن است
ز حد می‌برد شیوه بی‌وفایی
دل خسته من گرش همتی هست
نخواهد ز سنگین دلان مومیایی
می صوفی افکن کجا می‌فروشند
که در تابم از دست زهد ریایی
رفیقان چنان عهد صحبت شکستند
که گویی نبوده‌ست خود آشنایی
مرا گر تو بگذاری ای نفس طامع
بسی پادشایی کنم در گدایی
بیاموزمت کیمیای سعادت
ز همصحبت بد جدایی جدایی
مکن حافظ از جور دوران شکایت
چه دانی تو ای بنده کار خدایی

غزل ۴۹۳

ای پادشه خوبان داد از غم تنهایی
دل بی تو به جان آمد وقت است که بازآیی
دایم گل این بستان شاداب نمی‌ماند
دریاب ضعیفان را در وقت توانایی
دیشب گله زلفش با باد همی‌کردم
گفتا غلطی بگذر زین فکرت سودایی
صد باد صبا این جا با سلسله می‌رقصند
این است حریف ای دل تا باد نپیمایی
مشتاقی و مهجوری دور از تو چنانم کرد
کز دست بخواهد شد پایاب شکیبایی
یا رب به که شاید گفت این نکته که در عالم
رخساره به کس ننمود آن شاهد هرجایی
ساقی چمن گل را بی روی تو رنگی نیست
شمشاد خرامان کن تا باغ بیارایی
ای درد توام درمان در بستر ناکامی
و ای یاد توام مونس در گوشه تنهایی
در دایره قسمت ما نقطه تسلیمیم
لطف آن چه تو اندیشی حکم آن چه تو فرمایی
فکر خود و رای خود در عالم رندی نیست
کفر است در این مذهب خودبینی و خودرایی
زین دایره مینا خونین جگرم می ده
تا حل کنم این مشکل در ساغر مینایی
حافظ شب هجران شد بوی خوش وصل آمد
شادیت مبارک باد ای عاشق شیدایی

غزل ۴۹۴

ای دل گر از آن چاه زنخدان به درآیی
هر جا که روی زود پشیمان به درآیی
هش دار که گر وسوسه عقل کنی گوش
آدم صفت از روضه رضوان به درآیی
شاید که به آبی فلکت دست نگیرد
گر تشنه لب از چشمه حیوان به درآیی
جان می‌دهم از حسرت دیدار تو چون صبح
باشد که چو خورشید درخشان به درآیی
چندان چو صبا بر تو گمارم دم همت
کز غنچه چو گل خرم و خندان به درآیی
در تیره شب هجر تو جانم به لب آمد
وقت است که همچون مه تابان به درآیی
بر رهگذرت بسته‌ام از دیده دو صد جوی
تا بو که تو چون سرو خرامان به درآیی
حافظ مکن اندیشه که آن یوسف مه رو
بازآید و از کلبه احزان به درآیی

غزل ۴۹۵

می‌خواه و گل افشــان کن از دهر چه می‌جویی
ایـن گفت ســحرگه گل بلبل تو چــه می‌گویی

مسـند بــه گلسـتان بـر تا شــاهد و ساقی را
لب گیری و رخ بوسـی می نوشـی و گل بویی

شمشـاد خرامـان کـن و آهنـگ گلسـتان کن
تـا ســرو بیامـوزد از قـد تـو دلجویـی

تــا غنچـه خندانـت دولت بـه که خواهـد داد
ای شــاخ گل رعنـا از بهـر کـه می‌رویـی

امـروز کـه بــازارت پرجـوش خریدار اسـت
دریــاب و بنـه گنجـی از مایـه نیکویـی

چــون شــمع نکورویـی در رهگذر باد اسـت
طـرف هنـری بربنـد از شــمع نکورویـی

آن طـره کـه هر جعدش صـد نافه چیـن ارزد
خوش بودی اگر بـودی بوییش ز خوش خویی

هـر مـرغ بـه دسـتانی در گلشـن شـاه آمـد
بلبـل بـه نواسـازی حافـظ بـه غـزل گویـی

Publication information is on Persian side of book

THE COMPLETE GHAZALS OF HAFEZ

[PERSIAN LANGUAGE]
BASED ON THE
MOHAMMAD GHAZVINI AND GHASSEM GHANI
EDITION

Ibex Publishers,
Bethesda, Maryland

The Complete Ghazals of Hafez